MAO ZEDONG
YU WANG MING

叶健君 王龙彪 熊廷华 等著

毛泽东与王明

人民东方出版传媒
東方出版社

前　言

毛泽东和王明，在中国革命的舞台上，扮演着性格截然不同的正反两个角色，长达半个世纪之久。

毛泽东出生于19世纪末，王明降生在20世纪初，两者相差11岁。他们都在偏辟的山乡度过少年时代，他们天资聪颖，熟读经书。在风云变换的世纪之交，先后接受马克思主义思想，成为共产主义事业奋斗的一员，并把各自的家人引上了革命道路。

然而，他们的最终选择及其对中国革命的贡献，又使他们不能相提并论。毛泽东从经史子集里拾回了反抗的因子，从马列经典里取了“阶级斗争”四个字，脚踏实地啃“中国”这本书。他曾三次受到处分，也曾被撤职，被光荣地孤立，但他以无与伦比的无产阶级战略家的眼光和胆略，高瞻远瞩、气吞山河，凭着运筹帷幄、决胜千里的过硬本领，和他的战友们一道，经过二十多年的艰苦奋斗，赢得了一个崭新的人民共和国。他的名字和业绩将在这块生育他的沃土上，树起永久的丰碑。他晚年也犯了错误。但从他的一生来看，他对中国革命的功绩远远大于他的过失。他的功绩是第一位，错误是第二位。

王明在学生时代，是具有爱国思想的进步青年，加入中国共产党以后，也做过一些有益的工作。但是，他从故纸堆里只学会了词章诗法，凭着良好的记忆力，对马列经典里的名言警句背得滚瓜烂熟。他总是用条条框框去套没有“章法”的中国革命，几乎断送了中国共产党和整个事业。

1931年1月，由于共产国际的支持和米夫的力荐，年仅27岁、入党才6年的王明，平步青云，由一个刚从学校毕业不久的一般干部，当了上中央政治局委员，并实际掌握了中共中央的领导权。从此，他在全党推行“左”倾错误主张，中央苏区的毛泽东因此而靠边站，红军也不得不进行艰苦的长征。“左”倾教条主义使党在白区的力量损失了百分之百，在红区的力量也损失了百分之九十。

1937年11月，在莫斯科待了6年的王明以共产国际“钦差大臣”的身份回到延安。在建立抗日民族统一战线中，做过好事。但他很快滋长了右倾思想，并发展成右倾投降主义，给党的事业又一次造成损失。

王明坚持教务主义、宗派主义，拒不承认错误，对批评置若罔闻，终于落得众叛亲离，成为“孤家寡人”，只好到他认为最合适的地方寄人篱下，过那靠人施舍的生活。在行将就木之前，还念念不忘把最恶毒的语言奉送给他的对手。

在中共党内，毛泽东与王明较量长达40年。由于特殊的政治背景，这场红色帷幕内的斗争显得格外复杂、尖锐和激烈。他们两人的不同性格、政治主张和斗争策略，很大程度上影响了中国革命的进程。

70年代中期，王明与毛泽东先后谢世。王明是带着深深的憾意而去的，作为一个中国人，他的形象将铭记于苏联人民的心中，与他朝夕相伴的只有异国他乡教堂里那神圣的钟声。毛泽东是“功成名就”去见马克思的，巨星陨落，曾使地球颤抖。

这就是结论！

人们或许要问，这种结局是命运的捉弄，还是历史的安排，我们不妨一起来寻找答案。

毛泽东与王明

目　录 / CONTENTS

第一章　天之骄子

第二章　歧径探路

第三章　历史错位

第四章　峰回路转

第五章　短兵相接

第六章　延安交锋

第七章　大局已定

第八章　分道扬镳

第一章　天之骄子

1. 举国之悼与冷落红场

1976年9月9日下午，在960万平方公里的神州大地上，人们都在倾听中央人民广播电台几小时以前就预告了的“重要广播”。三时整，哀乐响起，中央台播音员用沉痛低缓的声音宣读中国共产党中央委员会、中华人民共和国全国人民代表大会常务委员会、中华人民共和国国务院、中国共产党中央军事委员会告全党全国各族人民书：

我党我军我国各族人民敬爱的伟大领袖、国际无产阶级和被压迫民族被压迫人民的伟大导师、中国共产党中央委员会主席、中国共产党中央军事委员会主席、中国人民政治协商会议全国委员会名誉主席毛泽东同志，在患病后经过多方精心治疗，终因病情恶化，医治无效，于1976年9月9日零时10分在北京逝世。

顿时，辽阔的国土上，党政军民学、东西南北中，从城市到乡村、从万里边疆到南海诸岛，行人肃立，车辆停驶，飘扬在中国上空的千万面五星红旗垂首静默。全国沉浸在悲痛之中。

为了表达全党全军全国各族人民对毛泽东主席的无限崇敬和深切哀悼，同一天，中共中央、全国人大常委会、国务院、中央军委发布公告，决定9月11日至9月17日，在人民大会堂举行吊唁。全国各机关、部队、厂矿企业、商店、人民公社、学校、街道等基层单位人员，可在本单位吊唁。9月18日北京时间下午3时，在天安门广场举行隆重的追悼会；9月9日至9月18日，全国各地和我驻外使领馆及其他驻外机构，一律下半旗致哀，同时停止一切娱乐活动；9月18日下午3时整，一切在机关、部队、厂矿企业、商店、人民公社、学校、街道的人员以及在外行进中的人员，除不能中断工作者外，均应就地肃立，静默致哀3分钟；有汽笛的单位和地方，如火车、轮船、军舰、工厂等，应鸣3分钟致哀。

史无前例的举国哀悼，人民共和国成立以来最高规格的丧礼。

在北京，30万人秩序井然地从这位伟人的灵柩旁走过，向他的遗体告别。9月18日下午，百万人聚集天安门广场，参加追悼大会。

全国9亿人民，以无比沉痛的心情，向他志哀。

国际上，30多个国家和政党举行了追悼大会，用本国、本民族的传统方式，寄托对这位伟人的哀思。123 个国家的政府给中国政府或领导人发来唁电，怀念这位世界历史巨人对人类进步和世界和平建立的丰功伟绩。

在联合国总部，9 月 9 日全天下半旗志哀，来自五大洲的 120 多个国家的常驻代表团和外国朋友前往中国代表团驻地哀悼。

即使他的对手，也不能不承认他在历史上具有任何人不可替代的地位。

联合国秘书长瓦尔德海姆在唁电中说：

半个多世纪来他的献身的领导，使他赢得了中国人民的热爱和全世界的尊敬。他为增进国际了解和世界和平所作的孜孜不倦的努力将永远为人民所记忆。在联合国，中国在他的领导下，同其他国家一起需要建立一个对于大家都更美好的世界。在执行这项任务方面，世界现在失去了毛泽东的伟大智慧和经验。

美国总统福特发表声明说：

毛泽东是中国现代史的一位巨人，他是一位以他的行动深刻地影响到他的国家的发展的领导人，他对历史的影响远远超出了中国国界。在任何时代成为历史伟人的人是很少的。毛泽东是其中的一位。他的领导是几十年来改造中国的决定性因素，他的著作给人类文化留下了深刻的印记。他的确是我们时代的一位杰出人物。

英国前首相希斯在声明说：

在创建自己的国家方面，只有很少数几个人超过像毛泽东对中华人民共和国所起的那样大的作用。作为一位实践家和哲学家，他在统一中国的革命中，既提供了实践的领导，又提供了思想上的支柱。

这些，绝不是一些华丽辞藻的堆砌，也不是活着的人对逝世者人生评价的慷慨奉献，毛泽东以其人格的力量和创造的业绩，获得这些殊荣，是当之无愧的。

一个人的逝世，在世界各国引起如此普遍关注，在世界现代史上恐怕是少有的。生前轰轰烈烈，死后震撼世界，毛泽东的结局是完美的。直到今天，韶山毛泽东故居仍是人来人往；大小城市遍布四处的书摊上摆满了有关毛泽东的书籍。“毛泽东热”又在神州大地汹涌、奔腾。

在毛泽东告别人世的前两年半，即 1974 年 3 月 27 日，另一位在中共历史上曾经显赫一时的人物王明也去世了。曾几何时，他是毛泽东的上司，在中共上层的政治较量中比毛泽东得意得多。几天后，他被苏联政府安葬在莫斯科近郊的新圣母公墓。40年前，他凭着共产国际的青睐，一举掌握了中共领导权。他在实际执掌中共实权的短短四年里，几乎使中国革命在轰轰烈烈中失败。他也曾想拥有成功的事业、伟大的人生，却失去了一切，包括生他养他的祖国。也许他觉得愧对在他“左”倾错误指挥下不该死去的战士，或许他认为祖国和人民有负于他，他至死也不愿回头，只好在异国他乡找了块栖身之地。但他那块用俄文书写的墓碑，并没有能引起俄国人的兴趣。在新圣母公墓静静的墓场里，尽管和果戈理、赫鲁晓夫等俄国名人躺在一起，但在这位离弃了自己祖国的“国际主义”战士面前，谁也不愿驻足长留。历史注定了他将与冷清和寂寞为伴。

是历史安排了结局，还是自己选择的结局？无论怎样，结论是公正的！

2.《世界英雄豪杰传》给毛泽东以很大启发，他取名“子任”，决心以天下为己任

1893年12月26日，毛泽东在韶山冲里一个普通农家诞生。他和千百人拥有同一个诞生日。但他后来在历史上的作用，当时谁也没有料到。

韶山，地处湘潭、宁乡、湘乡三县交界（这与我们书中另一位主人公的出生地有相似之处），距县城45公里。这里山峦起伏，连绵不断，山峰中尤以气势雄伟、挺拔俊秀的韶峰著名。

据传，远古时期，虞舜曾来过这里，舜帝还在此狩猎、耕作。他对这里优美的环境赞不绝口，便让随行的乐队奏起韶乐，引得凤凰来仪、百鸟和鸣。孔

1893年12月26日，毛泽东诞生在韶山冲上屋场

夫子闻韶，三月不知肉味，足见韶乐的艺术魅力远远胜过美味佳肴。

毛泽东的祖辈都是勤劳质朴的农民。祖父毛翼臣（1846—1904 年），名思普，字寅宾，一生清贫。父亲毛顺生（1870—1920 年），名贻昌，号良弼，读过几年私塾，17 岁时即当家理事。他勤俭持家，精明能干，在兼营粮食和生猪贩运的过程中，逐渐有了积蓄，除还清父辈的债务外，还将余款押进田产，使一家过上了相当于富农水平的生活。毛顺生凭着自己发家的本领，对儿辈要求相当严格苛刻，他为毛泽东设计了一条经商的道路，希望他能成为毛家发家致富的后继者。

毛泽东的母亲文素勤（1876—1919 年），娘家住湘乡四都唐家坨（后改称棠佳阁，今属湘潭市韶山市大坪乡）。她没有念过书，到毛家时才 13 岁，18 岁正式结婚。文氏性情温柔，心地善良，这些优良的品质在孩子们幼小的心灵里撒下了种子，对他们后来的成长产生了深刻影响。

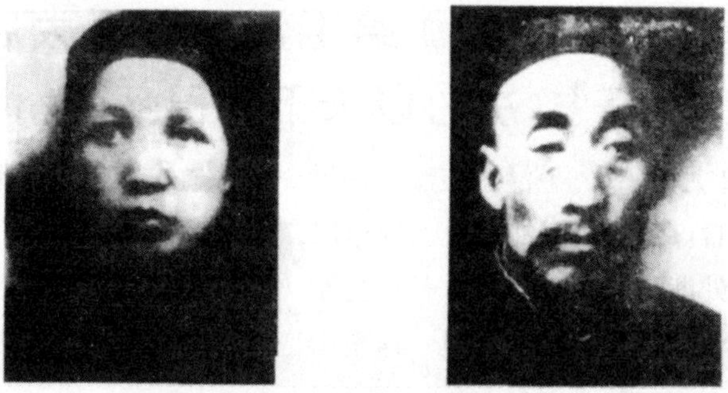

毛泽东的双亲

望子成龙是中国家庭的定格模式，毛顺生也不例外。他期望毛泽东按他早已安排好的人生之路走下去，而毛泽东却要按自己认定的路干下去，这样父子俩一开始就播下了矛盾的种子，他们的紧张关系直到毛顺生逝世也未见缓和。有些书上把毛顺生描绘成暴君式的人物，以此推论毛泽东后来的革命精神是由于小时候反抗父亲开始，有些牵强附会。毛顺生早年从军，十几岁当家，且没有文化，深受“养不教，父之过”的影响，因此，当时他的严厉是可以理解的。有一次，他与别人因柴山打官司，对方引经据典，转败为胜，而他有理说不出来，眼睁睁看着柴山给了别人。他决心送儿子上学，期望儿子能够有出息，为毛家争气。

这时毛泽东已经 8 岁。

毛泽东在韶山南岸私塾开始了他的读书生活。从接触书本起，毛泽东的独特品性就显现出来了。读古书讲究朗朗上口，人家放声高读，他却从不出声；

先生要求填红蒙字，他却要自己放手写。他记忆力独特，过目不忘。

从 1902 年到 1906 年夏，毛泽东先后在韶山附近的四所私塾求学，书给了他一个崭新的天地，他嗜书如命，夏天闷热，他把头伸到蚊帐外面看书；冬天天气冷，就干脆躺在床上看。

1906 年秋，毛泽东因偷看禁书，被开除失学。已有了一定自学基础的毛泽东，白天在田间劳作，晚上得帮父亲记账。暗淡的豆油灯常伴他自学到深夜。整个韶山冲里几乎能借到的书，他都想方设法借阅过，包括和尚念的经书，甚至连那些列入不能看的禁书，如《精忠传》《水浒传》《隋唐》《三国》和《西游记》等，他也读了，并在他的思想深处产生强烈的影响。

毛泽东停学在家的两年时间里，读了对他来说至关重要的《盛世危言》。如果说以前读的杂记小说，还只是拨动了他心灵中反抗意识的那根弦的话，那么《盛世危言》中对当时中国国情的透彻分析和饱满爱国主义激情，进一步激发了他“国家兴亡、匹夫有责”的责任感，强烈的求知欲望驱使他再次进了学堂，到 1910 年夏，他又读了《汉书》《通鉴纲目》等，也读了许多时论和新书。

六年的私塾生活，他七进七出，共换了七所私塾，拜了七个老师。老师严格要求和自己的刻苦攻读，为他深厚的古文功底打下了基础。读书懂得了许多原来不懂的东西，也使他对更多的问题迷惑不解。少年毛泽东决心要到山外的世界去寻找答案。

1910 年秋，在族人、先生和外祖亲戚的劝说下，父亲终于改变了让他去县城米店当学徒的主意，使他走向了近代学校的大门。临行前，他留给父亲的一首诗是：

孩儿立志出乡关，学不成名誓不还；
埋骨何须桑梓地，人生无处不青山。

16 岁的毛泽东自己挑着简单的行李，翻山越岭，到离家 50 里的湘乡东山高等小学去读书。这个山冲里来的土包子遇到了洋学堂学生的戏弄，他强忍着，并以自己执着的追求获得了准考资格。他在试题《言志》的答作中，畅抒了自己求学救国的志愿，校长李元甫批阅后，大加赞赏，高兴地说：“我们学堂里取了一名建国材。”

东山学校是当时的新式小学，既教经书，也教自然科学、英语、音乐等。西方新学教得比较多，教学方法也比较先进。毛泽东在这里接触到了很多韶山冲里没有接触到的东西，尤其是读了梁启超主编的《新民丛报》，从内容到文

梁启超（1873—1929 年）

体都使他感到新鲜，眼界大为开阔。在此期间，他还借阅了《世界英雄豪杰传》，从中认识了拿破仑、叶卡捷琳娜女皇、彼得大帝、惠灵顿、格莱斯顿、卢梭、孟德斯鸠和林肯等近代外国著名政治家、思想家、文学家，对书中的这些人物钦佩不已，他觉得中国也要有这类人物，讲求救国强兵之道，表示要作长期的准备。他还接触到了自然科学和西学的一些新学科，学了一些外国的历史、地理知识。他第一次听说美国这个国家。当听到老师讲“华盛顿经八年苦战，始获胜利，遂建国家”时，他说：“中国也要有这样的人物。”救国救民、改革社会的思想已印在他的脑海里。他决心以天下为己任，故取名“子任”。

3. 诗词楹联是王明的拿手好戏，他出众的才华赢得乡邻的公认

1904 年 5 月 23 日，安徽省六安县（现六安市）六区金家寨镇下码头附近诞生了一个后来在中共党史上颇有名气的人物，他就是王明。这时，毛泽东已经 12 岁了。

鄂豫皖边重镇金家寨

金家寨位于鄂豫皖边区的大别山腹地，是六安县（现六安市）的一个小市镇。和韶山冲以及许许多多的乡村一样，金家寨也有迷人传说。相传金家寨街区兴建于康朝末年，古名“金钗镇”。镇名的由来说法不一，有人说宋代杨门女将杨乃红等追击叛军“黄花天子”至此，遗落金钗而得名；也有人说，明末清初，义军曾据寨抗清，且多为金氏家族，故称“金家寨”。传说归传说，到明末清初时，“金钗镇”被通称为“金家镇”已是事实。由此可见，王明的家乡也称得上历史悠久。

金家寨与韶山相似，周围山高岭叠，史河北向南从镇西而过。它处在河南、安徽两省交界处，又是六安、商城、固始三县界碑之所在，金家寨的人以身处“鸡鸣听两省，狗咬闻三县”而自豪。这一独特的地理环境，使金家寨成了周围货物的集散地。

王明祖籍安徽泾县云岭村，他的五辈祖爷为逃避战乱而离乡背井，最后在穷乡僻壤的金家寨安家落户、繁衍生息。

王明的祖父陈亨锡，号毓亭，是一私塾先生。擅长书法，精于裱糊，在山寨也算得上一位才子，没有田产，以教书为生，生活清苦。父亲陈嘉渭，字炳森，号聘之，生于1877年，小时读过三年私塾，与毛泽东之父毛顺生相比，他算是知书达理了，因家境艰难，后到离家25里的胡家店子当学徒，学满三年后，回到金家寨帮助父亲开香铺，干起了小店员的营生。

陈聘之

王明母亲喻幼华，号淑连（1880—1930年），家住离金家寨五六公里的张家畈村。她个子很小，恐怕正是这难以改变的遗传基因，使得王明也个子矮小，但她善良、能干、贤惠、有正义感，这些品质与毛泽东的母亲文氏有相似之处。不识字的她结婚后，在陈家祠堂办了一所女子学校，并自任校长，学校专招那些无门读书的女子。当时，在闭塞的山区，在“女子无才便是德”的时代，这种有远见的举动是难能可贵的。

母亲的影响在王明的人生旅程中起的作用是重大的。王明对母亲极为敬重，这一点与毛泽东也颇为相似。

王明，原名陈绍禹，字露清，乳名禹子。1931年到共产国际后取王明为笔名。他长得又小又瘦，这点，恰好与毛泽东形成鲜明对照。小时候的毛泽东长得比一般人快，身材的发育总是走在同龄人的前面。他后来伟岸的身躯，从小时候就有了基础。

1909年，5岁的王明就由曾当过私塾先生的父亲启蒙，父亲规定他每天学会五个字。而在同一时期，毛泽东的父亲则一心一意要毛泽东学做生意，并几次把他从学校拉回。这说明毛、陈两家的教育方法是有区别的。王明走的是父亲精心为他设计的路，而毛泽东是违背父亲的志愿，走自己选择的路。尽管他们都是求学，但动机是有差异的。

王明7岁时，在父亲严格要求下，已学完了《三字经》《百家姓》。他聪明好学，使父亲望子成龙的心理更加坚定。陈聘之决心克服家庭困难，咬紧牙关送儿子上私塾接受正规教育。在外祖父办的私塾里，王明很快发挥了读书的天分。他能说会道，能文能诗，8岁就可以写对联赚钱。

由于先生的严格要求，加上王明对古书的特别爱好，凭着惊人的记忆力，四书五经被他背得滚瓜烂熟，七八年的私塾生活，使他满腹经纶，打下了深厚的古文基础。相对毛泽东在私塾时对各种杂书小说如痴如迷而言，王明的私塾生活则要发愤得多，平静得多。因此，他没有毛泽东那样被赶出校门的经历。

到十四五岁时，王明对诗已能挥洒自如。1919年，金家寨的名流李少山先生拟作一联上联是：

山海关虎啸龙吟，漫道风云难际会。

上联出来后，却对不出下联。往来征对者十余人，都不满意。他为这成为绝对的得意之作既沾沾自喜，又扼腕叹息。不承想，15岁的王明一语惊人：

子午谷鸟飞兔走，顺知日月易蹉跎。

对仗之工整、学知之广博、意义之明了，使李少山拍手叫绝，连声叫好，他深感后生可畏，并设宴款待王明，以礼物送，以示谢勉。

由此可见，少年王明才华出众是公认的。

毛泽东和王明在私塾上先后起步，在私塾待的时间也差不多，使他们都有相当的功底。但有一点不可忽视，即毛泽东是以畅抒自己情感的《言志》，泼墨挥洒议论文征服了校长和老师；王明则是通过诗作和楹联赢得先生和众乡亲的交口称赞。可以这样认为，毛泽东读书注重消化，吸收文字中的实质内容，为己所用；王明却比较注意形式，着意在刻板的诗律章词上下力气。读书方式的差异，在他们日后走过的生活历程中，留下了两行距离越来越远的脚印。

1919年夏，聪明灵秀、小有才名的王明得到了当地富户晁三的接济。他认为王明家境虽寒，但品学出类拔萃，很有培养前途，于是认王明为干儿子，愿意出资让他上学。这对王明和他的一家都不是小恩小惠，因为连维持生计都困难的陈家，要花一大笔钱送王明上学，实在是件不容易的事。在晁三的资助下，王明来到当时属于河南省固始县远东南区的志诚小学学习。

志诚小学是一所有300多名师生的公立学校。校长李少樵是位开明人士，他聘请了当地一些比较知名和思想进步的人士执教，使这所学校朝气蓬勃，远近有名。

王明进入志诚小学后，由学识渊博、思想激进的詹谷堂担任国文教师。詹老师是具有爱国热情的青年教师，对黑暗的社会制度深感不满，向往光明和进步。在詹老师指点下，王明的文字水平有了进一步的提高，并学会了写通俗、流畅的白话文。这对王明日后的写作，起了很大作用。更重要的是，在詹老师思想的潜移默化下，正处于幻想年龄的王明对外面的世界充满了神奇的向往。他决心走出去开辟新的生活。

4. 一个善读无字之书，一个整天闭门苦读，求学治学上的差距影响了他们的人生之路

1911 年春的一天，在开往长沙的一艘小货轮上，一位血气方刚的年轻人站在甲板上，此时，他两眼凝视远方，心情就像江中的浪花一样翻滚不息。这是毛泽东第一次离开韶山出远门，也是他从此一发不可收，开创出震古烁今事业的第一步。

顺江而北上，江面越来越宽阔，水流趋于平静。年轻人环视着波光粼粼的水面和两岸的山丘，国字型的脸庞露出了坚定和自信。

他遵照湘乡东山学校校长李元甫和教师谭咏春、贺岚光嘱咐，来省会长沙求学，此时他 18 岁。这一年，他才第一次看到中国地图与世界地图，看到了一个未了解的博大世界。

货轮到了长沙，他带着自己的行李匆匆下船，他操着浓重的湘潭话打听湘乡驻省中学堂，由于有老师的推荐，他顺利地被这所颇有名气的学校录取了。

从偏僻的韶山冲来到省会长沙，毛泽东感到一切都很新鲜。他第一次看到了同盟会会员宋教仁、于右任主编的进步报刊——《民立报》。深受《民立报》犀利文风和爱国激情的感染，第一次发表了自己的政见。他主张推翻清王朝，组织民国新政府，请孙中山回国当总统，康有为当国务总理，梁启超当外交部长。由此可见，当年的毛泽东向往改良主义，想向资本主义找出路，走西方富国强兵的路子。他既崇拜革命的孙中山，又不愿放弃保皇的康、梁。但反对封建帝制，拥护民主共和，在“政见”里已有了明确表露。

武昌起义的枪声，用硝烟给中国历史留下了永恒的一页。湖南是第一个响应的省份。10 月 22 日，建立了“中华革命军湖南军政府”。

在人生的十字路口，毛泽东作了一个大胆的决定。他投笔从戎，自告奋勇地参加了湖南新军，被编入二十五混成协五十标第一营左队，成为一名列兵。

1912 年春，当兵仅半年的毛泽东退出了兵营，继续走求学之路。但到底学什么，他犹豫不决，在报考学校时举棋不定，难下决心，在择业上又遇到了难题。

在报纸上众多招生广告中毛泽东流连忘返。他先是报了警察学校；随后被一个肥皂制造学校招生广告的优越条件所吸引，想成为一名肥皂制造专家；接着他的朋友劝他投考政法学堂，该校的广告也写得娓娓动听，毛泽东为自己将来能成为一名法官而兴奋不已；不久他又为商业中学和高等商业学校广告而动心，这个在韶山冲坚决不肯从商的青年，一年的都市生活使他想成为一名商业家。遗憾的是，这所学校大多数课程用英语讲授，对一个除了字母什么都不知道的人来说，困难实在太大了。毛泽东在商业学校待了一个多月就退学了。

不久，毛泽东以第一名的成绩被湖南全省高等中专学校录取。在这所学校里，毛泽东进步很快，他的文学爱好得到发挥。但习惯了思维上的自由，不满意规矩生活的毛泽东，很快就厌倦了学校的刻板生活。在当时，年轻的毛泽东作出令同辈人难以理解的抉择——从省立第一中学退学，到省图书馆去自学。在图书馆的半年，是他认为极有价值的半年。晚上，他和许多士兵一起，住在湘乡会馆；白天整天待在图书馆，猛看猛记。在这里，他第一次认识到世界之大、自己责任之重。

相比之下，王明的求学之路就要顺利得多。毛泽东敢于同自己挑战，大胆进行了多项选择，自己认为不满意的，即予放弃，决不强迫自己的意志。而生活在皖西山区的穷才子王明，对外面的世界知之甚少，不可能有毛泽东在长沙那样可供选择的机会。他和毛泽东对求学有着不同的理解。毛泽东更多地注重实际收获，为学到更多的东西，他宁愿离开束缚他的学校也义无反顾；而王明在报考“三农”时，连学校开哪些课程都没弄清楚。当然可能他抱有农业救国的愿望。

1920 年秋，16 岁的王明考入安徽省第三甲种农业学校，简称“三农”。“三农”创立于 1919 年 3 月，是由朱蕴山等安徽教育界进步人士开办的一所新型中等专业学校。学校设在六安县城，学费较低，这对家境贫困的王明来说，是再好不过的事。

在五四运动影响下，由于广大教职工的努力，“三农”很快办成安徽省著名的学校。在进步思潮影响下，王明的爱国热情进一步焕发。一方面，他坚决反对帝国主义入侵；另一方面，他抱定“倘真农业能救国，我愿为农又为圃”的决心。因此，他在学习上专心攻读，成绩优异，尤其是国文课成绩更为突出，深得任课教师的褒奖。

在“三农”，王明对自己基础不太好的功课舍得花气力。理科、农科的课程，这些他以前几乎没有接触过，学起来很吃力，但他不轻易放过。尤其是外语，由于发音的自然条件不好，他坚持反复学、反复练，多记多背，进步很快，取得不错的成绩。在这方面，王明比毛泽东略胜一筹。毛泽东把学习的重点放在社会科学、哲学、历史、国文课上，成绩出类拔萃，但他对理科不感兴趣，图画课可以以半个圆加一条线释为“半坐见海日”应付老师，画出一个椭圆，就代替一个鸡蛋。王明后来俄语学得快、进步快，除天赋外，主要还是靠勤奋。他掌握这些工具，对后来的事业起了主要作用。

1924 年夏，王明从“三农”毕业后，以优异成绩考入国立武昌商科大学。他东借西凑仍不够上学的经费，最后还是靠慈母积攒了大半生的七块大洋送他上路。从此，王明进入了一个新天地。

毛泽东与王明的求学之路有显著区别，治学方法也迥然相异。

在长沙城南妙高峰下的省立第一师范，从 1914 年到 1918 年，阅历丰富、年刚 20 的毛泽东度过了一生极其重要的时期。后来他深情地回忆说：在那一段生活中发生了很多事情，我的政治思想在这里开始形成，并且获得了初步的社会经验。

湖南省立第一师范学校

在这里，一师全新的教育方针、良师熏陶、同学间的互助互勉、追求向上的精神对毛泽东的成长提供了重要条件，但毛泽东独特的治学方法更是他完成飞跃的重要因素。

在求知上，广采博学是毛泽东对自己的严格要求。为此，他虚心向老师请教。他是杨昌济、徐特立等老师宿舍的常客。1916 年暑假，为了探寻自己心目中的偶像杨昌济先生学问博大精深的底细，以求得进一步指教，他冒着烈日酷暑，步行 120 华里，来到板仓杨家。请教之余，还以极大兴趣浏览了杨先生的藏书，联系到杨先生的高尚品德和中西贯通学识，毛泽东又有了一种感受，“是的，是书培养了先生”，他得出了这样的结论。

在和杨昌济先生的交谈中，他得知柳午亭（柳直荀烈士之父）先生从日本留学归国，他不顾长途跋涉的辛苦，又徒步 40 里，特意去向这位热心体育运动的长者请教。他后来写的《体育之研究》多少得益于这些走访。

当时，长沙城里有学问的人，或从外地来讲学的名流学者，毛泽东总是千方百计打听，想方设法去拜访、听讲。

向书本学习，是毛泽东获得知识的重要途径。进入一师后不久，毛泽东也曾有退学的念头，但书本的魅力使他最终没有离校。在学校，他把“贵有恒，何必三更眠五更起；最无益，莫过一日曝十日寒”作为座右铭。从早到晚，读书不休，晚上熄灯后，他还常到茶炉房、走廊里有灯光的地方去看书，近乎荒唐的是，他居然捧着书本到车水马龙的南门口去看，在这繁闹的地方，他如入无人之境，口中念念有词。这种闹中求静的学习方法，不仅使他增长了知识，并且养成了专注成思的习惯。

坚持独立思考，不动笔墨不看书是他读书的秘诀。在一师学习期间，他准备了很多笔记本，从读书笔记、课堂笔记、阅报摘抄本到随感录、日记本等等，应有尽有。从现在尚存的《讲堂录》可以看出，毛泽东的功底正是一字一句逐步积累、不断丰富的结果。凡他看过的书，其间杠杠、圈圈、点点各种记号数不胜数，且批语众多，内容繁杂。若不好学多思是不可能做到这一点的。

向社会大课堂吸取营养，善读无字之书，是毛泽东的独异之处。1917 年暑假，他和萧子升分文未带，只带上简便的行李和笔墨，从长沙出发，先后到达宁乡、安化、益阳、沅江等县。一个多月，步行上千里，游历了五个县的山山水水，走访了广大农村、城镇、寺院、劝学所和学校，接触了各种各样的社会人物，厚着脸皮给人送字联，尝尽了风餐露宿的滋味。皮肤被太阳烤成了黝黑色，脚上的水泡变成了老茧，他乐意。此后，他又多次到农村游历。既丰富了生活，又磨炼了意志，也增长了见识。

毛泽东游学之举，或许不被人理解。而这正是他的可贵之处。他读书不生吞活剥，力求接近社会现实，这不是简单的读书方法问题，而是思想方法问题，然而，当时却被大多数人所忽视。

千里之外的王明大概就属于不理解之列。这时的他虽愿为农又为圃，但却从不愿走出校园，假期本是学生走向社会的好时机，但王明却把它看成是改换学习地点而已，他把厚厚的书本带回家，整天闭门苦读，至多也不过是在学习之余，为轻松一下，到外面去钓钓鱼罢了。

毛泽东的游学和王明的垂钓，是他们各自假期生活的一部分，但却有着截然不同的意义。前者是主动的自讨苦吃，后者是被动的自寻乐趣；前者是为了体验人生，了解社会，后者却仅仅是为了劳逸结合。把他们当时的这两种态度和他们以后各自对中国革命的态度相提并论，未免有些牵强附会，但处在人生观形成时期对社会生活所取的态度，不能说对世界观的形成全没有影响。有趣的是，他们后来的观点和政治事业，正是这时态度的延续，乃至一种更大范围的扩展。

5. 在校园反校长风波的不同态度，折射出不同的境界

毛泽东在湖南一师就读和王明在安徽“三农”读书时，两校分别发生了反对校长的运动。在运动中，两人分别采取了截然不同的态度。

1915 年上学期快结束时，湖南省议会颁布一项新规定，即从下学期开始，学生每人每月将交纳 10 元学杂费。消息传到一师，立即引起学生的反对，尤其是那些家境贫寒和因种种原因得不到家庭接济的学生，他们报考一师，很大程度上就是看中这里收费低、食宿便宜。现在要加收学费等于让他们在学校多待半年，这对生活本来就艰苦的他们，无异于雪上加霜。不久学生们得知这项新规定是根据他们张干校长的提议制定的，于是把满腔怨恨对准这个只顾讨好当局，而不体贴学生的校长。

张干（1884—1967 年），别号次伦，湖南新化人，毕业于湖南优级师范。到一师时，先担任数学教师，他精明能干、言辞练达，很有社会活动能力，善于结交上司，不到 30 岁就当上了一师校长，称得上年轻有为，前程似锦。然而，这一次却栽在了他的学生手上。

因原四师是春季开学，而一师是秋季开学，从第四师转来一师的学生早就为两校合并后要多读半年书，而窝了一肚子火，正没处发泄，因此，在有人提出要赶走校长时，校园里就像在干柴堆上点了一把火，立即冲腾起来。在第八班学生的发动下，全校开始了罢课，并到处散发传单，揭露张干不忠、不孝、不仁、不义的一类事实，企图通过舆论搞垮校长。

家境相当于富农的毛泽东，生活上算不上很宽裕，但比一般的农家子弟还是要好些。因此，纯粹为 10 元钱去反对校长，不是他的初衷。驱张运动一开始，作为二年级学生的他，与校长作对的后果是难想象的。但毛泽东没有在个人利益上多想，而是积极参与了这一运动。

一天，毛泽东得到一张揭露张干品德如何不好的《驱张宣言》，对同学周世钊说，我们反对张就要揭发他对上阿谀奉承，对下专横跋扈，办学无方，贻误青年的事实，因此，他主张重写一个宣言。这说明了他比别的同学站得高，看得远。

下午，毛泽东跑到学校后山上的君子亭，一份笔锋犀利、措辞激烈的宣言很快写成。经与人商量后，立即在印刷局连夜印刷上千份。第二天，这份宣言

就在学生中传开了。果然。这份宣言具有更大的煽动性．全校上下就像炸开了的油锅。

此事引起了省教育当局的重视，派了一位督学到一师召开全校大会，要求学生复课，劝他们不要再“胡闹”。但学生的态度坚决，纷纷表示，“张干一日不出校，我们一日不复课”。这位督学只好答复说，下学期张干不来了。

学生的举动，使张干怒不可遏，他想借机整治闹事学生。他从告密者口中得知，那份使他下不了台的宣言出自毛泽东之手，更是恼羞成怒。他知道毛泽东是个才华出众的学生，作为校长，他也为有这样的学生骄傲，但这群乳臭未干的学生太不给他面子了，所以，他坚持挂牌开除毛泽东在内的 17 名学生。张干这一举动，引起了一些具有正义感教师的反对，经杨昌济、王秀范等教师仗义执言，据理力争，迫使张干收回成命，毛泽东等虽免遭开除，但却记了一次大过。张干也不得不离开了一师。

事隔 30 多年后，险被张干开除的毛泽东成了中国领袖。他道出了当时参加驱张运动的原委。他说：“原来我不高兴他，再估计他一定要向上爬的。他要往上爬是有本钱的。如果他下决心向上爬，一定爬得上去。”但事实证明，张干没有向上爬，吃了几十年的粉笔灰。因此，毛泽东称赞他有操守，难能可贵。从反张到赞张，世道沧桑，几十年过去了，毛泽东已不是当年的小青年，张干也不再是年轻有为的张校长。

毛泽东继续反思道：现在看来，当时赶走张干没有多大必要。他甚至不无自责地说：“每个师范生交十元学杂费的事，也不能归罪于他，至于多读半年书，有什么不好呢？”

是毛泽东几十年后肚量大了，还是当年太冲动？当年反张，他冲锋在前，义无反顾；而当张干成了人民的专政对象，正在为当年开除毛泽东而惶惶不安、夜不能寝时，他又成了张干的保护神，使张干安度晚年。

一师学生发动驱张后的第九年，即 1924 年，安徽“三农”学生也发起了驱赶校长刘先黎的斗争。这时，王明已是该校即将毕业的高年级学生了。

王明 1920 年入“三农”，在随后的几年里，学校经过了一系列运动的洗礼。1921 年，安徽省政府在编制预算时，将前两年结存的教育经费，拨给“公益维持会”，作为省议会选举之用。这件事引起全省教育界人士的极大愤慨。6 月 2 日，师生请愿代表在省议会门前遭军警屠杀，死伤 50 余人。王明和“三农”师生一道参加了抗议当局制造“六·二”惨案的游行、罢课等活动。

这以后不久，“三农”学生又积极参加了抵制省议会贿选、驱逐县知事骆通运动和打倒胡子派运动。王明在这些斗争中，态度不激进，比较温和，也很

倪嗣冲解散學生之

当年报纸关于倪嗣冲镇压学生的报道

少出头露面，他往往站在保守派和激进派的中间立场。但对待新任校长刘先黎，王明则一改中间派的立场，站到了学生对面，扮演了一个不光彩的角色。

1924 年初，安徽省教育厅下令撤换“三农”校长沈子修，任命思想顽固守旧的封建卫道士刘先黎担任校长。刘上任后，拉拢社会上的士绅官吏，压制学生中的进步势力，在学校刮起了一股复古守旧之风。刘的所作所为，早已引起了广大师生的不满。

一天晚上，刘先黎召开全校人员大会，他请来的军警早已布满了会场。刘在会上当众宣布逮捕进步学生，引起了师生的激愤，学生和军警发生冲突。这样一个凭借警棍和刺刀建立威信的校长，理所当然地激起了全校绝大部分师生的反对，学校掀起了反对刘先黎继任的斗争。但狡诈的刘先黎事先即利用小恩小惠分化瓦解学生，宣布王明等家境贫寒的学生可以免交伙食费和其他费用，以换取一部分人的支持。在百分之八十的学生反对刘继任的情况下，王明等少数人却站到支持、拥护刘的立场上，结果全校有近一半的学生被开除。

王明拥刘的态度，可以这样理解。一方面他家境不好，需要校方在经济上给予照顾；另一方面，他即将毕业，一旦被开除，四年的寒窗苦读连一纸文凭也没拿到，岂不前功尽弃：对一个崇尚“万般皆下品，唯有读书高”的山区学生，他的考虑也不无道理。

不难看出，毛、王在驱赶校长运动中的态度是截然相反的。他们两人参加运动时的年龄仅差两岁，王明 20，毛泽东 22，都是风华正茂的青年时代。而且，湖南一师的驱张在五四运动前，而安徽“三农”的反刘在五四之后。毛泽东驱张是因为增加学生的经费而引起的，要达到的却不是经济目的，而是要与教育当局对抗，迫使其撤换校长，即使被开除也毫无畏惧。“三农”反刘，一开始就带有浓厚的政治色彩，但在王明眼里，却只有那点伙食和那张白纸黑字的证书，别的什么也不闻不问了。

在学校里，不能说学生一味反对校长就绝对好，也不能说支持拥护校长就绝对不好。即使一师的驱张运动，当年的毛泽东肯定是正确的，后来也觉得有些过分，没有必要。“三农”的刘先黎品质上比张干要恶劣得多，利用军警对付学生，实在腐败透顶，反对这样的人当校长，是顺乎潮流的。王明站在它的对面，完全从个人得失考虑，这只能说明他是政治上的近视眼。也许后来王明也意识到了这一点，不然，他怎么会对这段生活讳莫如深呢！

6. “青年时代一批朋友去法国勤工俭学，我没有去，打定主意走自己的路”

1918年夏天，杨昌济应蔡元培的邀请，到北京大学任伦理学教授，举家迁往北京，住在豆腐池9号。杨昌济到京后，一直惦记着自己的得意门生，多次写信，劝毛泽东入北京大学学习，同时，把华法教育会正组织青年到法国去勤工俭学的消息告诉了他。

毛泽东接到杨昌济先生的信后，立即组织在长沙的新民学会会员，集中讨论会友向外发展的问题。大家认为，留法运动很有必要，应尽快进行，便先派蔡和森到北京联络各项事宜。

留法勤工俭学是曾在法国留学的吴玉章、蔡元培、李石曾等人发起的，由华法教育会主办。华法教育会成立于1916年3月，会址在法国巴黎。该会的宗旨是：“发展中法两国之友谊，尤重以法国科学与精神之教育，图中国道德知识经济的发展。”1917年，在北京设立总会，并在北京、保定、长辛店等地开办留法预备学校。当时一批有志青年积极报名参加这一活动，先后有1600多人赴法勤工俭学。他们中产生了一大批中国共产党早期的重要领导人，如蔡和森、周恩来、邓小平、李富春、向警予等。

毛泽东到北京后，全力从事赴法勤工俭学的组织工作，从制订计划、筹措经费，到帮助开办留法预备班。他尽心尽力，其组织才能和实干精神，为同学们交口称赞。当时，为了工作方便，他搬出了杨家，和蔡和森等人住在天安门三眼井吉安东夹道7号，晚上八个人同睡在一个小炕上，挤得透不过气来，谁要想翻身，就得先把两旁的人叫醒。生活如此艰苦，他们没有一个有怨言，也无一人灰心丧气。

待会友们的事都安顿好后，毛泽东又为自己的生计发愁了。经杨昌济介绍，他很顺利地在北京大学图书馆找了份差事，解决了生活的费用问题。这份薪水不高的工作，虽算不上美差，但对一个借钱来北京的人来说已是很不错了。更何况，毛泽东正是从这个岗位上开始接受马克思主义和接触后来对他影响极大的几个引路人的。

1919 年 3 月，毛泽东恋恋不舍地告别了生活了近七个月的北京和自己的恋人杨开慧，前往上海。但这位后来的巨人，此时却有些狼狈，他只有到天津的车票，要不是一位同学借给他 10 元钱，此行能否如愿就难说了。他买了一张到浦口的车票，上车后又不名一文了，仅有的一双鞋子也被小偷偷去。像神话书上描述的一样，毛泽东在窘况之际又遇到了“救命菩萨”，一位朋友不仅借钱给他买了双鞋，而且还借给了他足够买一张到上海的车票钱。毛泽东的此次上海之行，是为参加环球中国学会在静安路 51 号举行的欢送赴法青年活动，并到黄浦江码头为启程赴法的青年送行。

新民学会会员中有三分之一先后踏上了赴法的征程，这倾注了毛泽东大量的心血。这样一位青年领袖如果想赴法，大概是不会碰到什么麻烦的。当时，喝洋墨水也是一种时尚。但毛泽东没有去赶时髦，他决心留在中国。直到晚年，他与人谈起自己当时的决定时，仍有一种自豪感。他说：“我们青年时代一批朋友去法国勤工俭学，我没有去，打定主意走自己的路。”这种富有个性的选择，毛泽东是经过深思熟虑而作出的。当时他并不像晚年那样闭关自守，他思想是开明的，对出国留学的人是积极支持的。他说：“我们要有人到外国去看些新东西，学些新道理，研究些有用的学问，等回来改造我们的国家。”很明确，他一方面认为出国留学是很有必要的；另一方面，他认为出国的目的最终还是要改造我们的国家，多么有气魄！没有一点崇拜外洋，也没有半点妄自菲薄。

但是，他又觉得，“也要有人留在本国，研究本国问题”。

赴法的会友中有人劝他同往，他委婉地拒绝了。

“润之，你为什么不出国呢？”有些人不解地问他。

他说：“关于自己的国家，我所知道的还太少，假使我把时间花在本国，则对本国更为有利。求学实在没有必要在什么地方的道理，出洋两字，对好些人只是一种迷。中国出过洋的总不下几万至几十万，好的实在很少。多数呢？仍旧是糊涂，仍旧是莫名其妙。因此，我想暂不出国去，暂时在国内研究各种学问纲要。”

在这里，青年毛泽东又一次显示出他不同凡响的抱负与见地，与同时代的优秀青年相比，他总是具有人所不及的眼光与谋略。

以后，他虽有过赴俄的思想，但终未实现。

不要忽视毛泽东这个“暂时”，它至少包含两层意义，即现在时机不成熟，不能去；但他并不反对去，恰恰相反，暂时不去，是为以后创造条件。他接着说：“第一，看译本较看原本快速得多，可于较短的时间求得较多知识；第二，世界文明分东西两流，东方文明在世界文明内，要占半壁的地位，然东方文明可以说就是中国文明，吾人似应先研究吾国学说制度的大要，再到西洋留学才有可资比较的东西；第三，吾人如果要在现今的世界稍为尽一点力，当然脱不开‘中国’这个地盘。”

实实在在，没有半点矫揉造作。

五四运动时期的毛泽东

世界上没有分身术。可以设想，按照毛泽东青年时代的思想轨迹，如果他当时出洋了，毫无疑问，他也会成为迅速接受马克思主义真理的人，并成为早期的中共党员。那样的话，后来也不至于有人骂他为“山沟里”的“土包子”。

但毛泽东不是别人，他是毛泽东。就当时而言，他对中国的了解并不亚于他同时代的人，但他却仍觉得不够，他认为这块地盘太博大、太精深、太耐人寻味了，值得为它去花更大的力气。比起在法国废寝忘食、猛看猛译的蔡和森来说，系统了解马克思主义，毛泽东要晚些。但他在两年的时间内，在湖南干了一番轰轰烈烈的事业，从驱张运动到自治运动，现实斗争使他比一般人（包括留法的）更深切地感受到政治改良一课，可谓绝无希望，我们只有不顾一切，另造环境。这种体会不是读一二本书就会有的。当他接触到马克思主义后，立即认识到“阶级斗争”就是自己盼望已久的改造中国的新路子，是医治中国积贫积弱的最好良方。

我们可以这样认为，毛泽东在法国的会友（包括蔡和森）是从外文书得出中国应走俄国人的路的结论，而毛泽东是凭自己对中国的研究和实践得出走俄国人道路的结论，殊途同归，但起点不同。

对毛泽东没有出国，当然不能片面地理解，以为毛泽东是神仙，他后来的成功，主要是因为他没有出国等等。事实上，毛泽东作出暂时不出国的选择，有其主观因素，也有很多客观原因，如大多数会员希望他殿后，而在当时出国的人当中，确有一批优秀人物，在后来中国革命中发挥了重要作用。

当然，如果毛泽东出国勤工俭学，中共党史湖南小组部分就要改写了。

历史是不能假设的。

7. 留学苏俄是当年的时髦，王明软磨硬泡，幸运地成为中山大学第一期学员

1924 年夏，王明在“三农”毕业，这个原来愿为农为圃的优秀生，不知道是兴趣骤改，还是受其父亲做生意的影响，这时又热衷于商业了，考入国立武汉商科大学，简称“商大”。

10 年前，毛泽东入了商校又退学。

对王明来说，考取容易，但要家里负担他上学却很困难，因为他家实在太穷了。王明上高中，陈家是喜忧参半。喜的是山沟里飞出金凤凰，金家寨又多了一个见世面的人，也可以光宗耀祖了。忧的是要那么多钱，到哪里去筹措，没钱，拿什么送子上学？陈家虽为此发愁，但全家认识还是统一的。别人想上学还考不上呢，我们既然考上了，勒紧腰带也要送。陈聘之对儿子说：“去年春初，桂四爷和汪四爷合资领了个行贴，叫旧地保张培村出面开行。谁都知道这是顶我家生意，叫你今年不能升学。他们越是捣乱，不叫升学，我们就一定升。为人要穷得有骨气，要有硬骨头！”掷地有声，铿锵有力。

那位曾当过女校长的母亲，也对儿子说：“禹子，你爸说得对，穷人要有硬骨头。你看芍药哪样不如牡丹，就是没有硬骨头，所以经不住霜打。”不愧是私塾先生的女儿，虽然没有文化，但说出来的话却带有诗情韵味、富有哲理。

在父母的鼓励下，王明决心到武昌上学。决心归决心，但没有钱，寸步难行，他不可能从金家寨飞到武昌。王明东挪西借，金家寨能借的人家都借了，还是不够，又跑到 15 里以外的朋友家借，仍然没有凑足，最后还是慷慨的母亲把积攒了大半生的七元大洋全部给了心爱的儿子作学费。

枕边摸索七元洋，慈母交儿泪两行。

知道此钱升学少，半生辛苦积私房。

情和爱的凝聚，血和泪的诉说。七块大洋系真情，孩儿永难忘。

王明

王明来到湖北省会武汉市，年仅 20 岁。毛泽东进湖南省长沙时，年仅 18 岁。不同的是，一个读大学，一个考中学。

从皖西山区来到大都市武汉，王明对这里的一切都感到新奇。他怀着难以抑制的兴奋心情，抽空游览了市容和名胜，并怀着好奇的心情专门去火车站看火车，这是他第一次看到火车。喜欢写诗的他，又书七律一首，大发感慨：

工人开动火车头，地动天惊震九州。
南北东西成一体，农工商学尽同仇。
推翻军阀为民主，打倒帝强好自由。
我辈青年无量勇，献身革命变全球。

这是王明来武汉后的第三个月写的。他借题发挥，一抒情怀，字里行间表明了这位青年思想上的进步和在他身上雄姿英发的革命精神。这在某些方面就应该归功于“商大”的熏染。

王明就读的“商大”，创立于1920 年，位于武昌三道街，是在原武昌商业专业学校的基础上建立起来的。它在湖北省享有盛名，一批进步教师，如李汉俊、危浩生都在该校任教。在这些老师的影响和当时政治气氛的熏陶下，王明一方面刻苦学习，获得了学校的奖学金，上学有了经济来源，也减轻了家庭负担；另一方面，他积极参加一些社会活动。入校才一个月，他就在商大发起组织了豫皖青年学会，探求救国求学方法，并被推为学会教务处长，还担任了“安徽同学会”会刊《皖光》的编辑。可见他是一位在学生社交活动中颇为活跃的人物。

王明良好的表现，引起了中国共产主义青年团组织的关注。他们派人给王明讲述俄国十月革命和中国共产党的情况，还向他介绍马列书籍和中国国民党一大文件，王明深受启发。他写了一首《喜闻道》的诗，表达自己当时的心情：

塾窗十载又中学，舍我韶华逝水过。
聆教一朝开眼界，得书百读喜心窝。

儒知世事仁风少，佛识人生苦味多。

唯有马恩新意境，列宁实现首苏俄。

这里有对自己人生的反思，也有对未来前程的向往。谁能说这不是王明思想上的飞跃呢？从“两耳不闻窗外事，一心只读圣贤书”的一介儒生，到接受马列，从事社会政治活动的积极分子，王明完成这个转变的速度是惊人的。虽然比起毛泽东来，他已经落后几年了，并且接受的方式也不一样，但他毕竟在20岁时就做到了这一点。

到1925年4月，王明以自己的处女作开始发表政治见解，比起毛泽东第一次发表政见，王明的观点要成熟得多。当然，两者所处的时代已大不一样。在这里，王明从一年前在“三农”站在思想顽固守旧的校长一边，转变到积极驱逐军阀的代言人（校长）的革新运动，且言辞激烈、态度坚决。王明参加的活动和他这时写的文章，表明他已经开始向马克思主义者转变。是年夏，他积极投身武汉声援“五卅”运动的活动，成为中国共产主义青年团团员和中国共产党党员。这年他21岁。

1924年1月的中国国民党一大，标志着国共两党第一次合作的实现。苏联为了声援中国革命，继帮助孙中山创办了黄埔军校之后，又于次年9月，在莫斯科成立了“中国孙逸仙劳动大学”，习惯上称“莫斯科中山大学”，简称“中山大学”。它是专为培养中国青年而设立的高等学府。

1925年10月7日，共产国际驻中国代表、国民政府首席政治顾问鲍罗廷，在国民党中央政治会议第二十六次会议上，正式宣布中山大学成立，会上成立了选拔学生委员会。决定在广州、上海、北京、天津、武汉等地通过考试，选拔学生。但由于军阀割据，通过考试录取学生，实际上只在广州一地进行。广州以外的省份只能由组织上秘密选派，这项工作主要由中国共产党人来完成。

王明是中山大学第一期学员。他赴苏的经历是曲折的。他既不是在广州通过考试录取的，也不是由湖北党组织或上海党组织选派的，而是由于他去苏联的执着愿望和反复不懈的努力，被特别批准的。

中山大学招生的消息传出后，去苏联留学立即成为一种时尚，一些国民党要人也纷纷把自己的子女送往俄国。如蒋介石的儿子蒋经国、冯玉祥的儿子冯洪国、邵力子的儿子邵志刚、叶楚伧的儿子叶楠、于右任的女儿于秀芝、汪精卫的内侄陈春圃、李宗仁的弟弟李宗义，还有后来成为蒋介石“十三太保”中的康泽、贺衷寒、郑介民等，都纷纷进入中山大学学习。

由于第一期学生只获准招收300余人，而且蒋经国等这批要人子弟又是“保送”的，所以，分配给湖北省的名额就只有10名。王明虽然在“商大”很

莫斯科中山大学旧址

活跃，可是，湖北省选送的10人中并没有王明。

据由湖北党组织派往中山大学的伍修权回忆说：

我们由汉口出发，共十一个人，由胡彦彬（又名胡伊然）带队，男生有贝云峰、熊效远、梁仲民、潘文育、濮世铎、高衡和我共八名。还有三名女生，他们是黄励、杜琳和宋伟。

胡彦彬的爱人宋伟也回忆说：

1925年，苏联政府为了纪念孙中山，创办了中山大学，招收中国学生进行培养。当时，各省都以国民党的名义选派了一些青年，送到苏联学习。我们湖北省分得10个名额。有我、胡彦彬、伍修权等人。我们湖北10人中没有王明。王明是武汉商业专科学校的学生，湖北选派的学生中没他，在上海上船时有他。具体他怎样来的不了解。

虽然伍修权和宋伟在回忆中说的人数略有出入，但都一致肯定没有王明。

的确，王明没有被湖北党组织选中去苏联留学，这对渴望打开一片新天地的王明而言是无法接受的。争强好胜的王明也绝不会放过这次出国深造的绝好机会。于是，这个小个子青年独自一人开始了争取去苏留学的奔波。

湖北省没有名额，王明就跑到南昌，找到了他在“商大”时的入党介绍人许凌青（许鸿），希望许凌青能让他占江西的名额去苏留学。不巧得很，江西分配的名额也已满。王明只好又直接来到负责接送学生去俄国的上海，并找到已经来到上海的湖北省党部负责人，以及专门负责办理去苏留学的江苏省国民党党部秘书长姜长林。

湖北省的负责人见王明去意坚定，不辞奔波，便来找姜长林替王明通融。但姜长林坚持分配的名额不能突破，并向中共江浙区委做了通报，中共江浙区委也同意不能突破名额让王明去苏留学。

王明从5岁启蒙，经过私塾、小学、中专、大学的学习，虽然已经成为一名中共党员，但“万般皆下品，唯有读书高”的传统意识仍然深深植根于他的头脑之中。王明没有直接参加过生产劳动和社会实践，长期的学习生涯使他视读书为最高贵，以读书为最荣耀。虽然王明还只是刚刚正式跨入大学校门，但在中国的读书道路似乎已经走到了尽头，能够漂洋过海，去异国就读，而且是到飘扬着红旗的社会主义国家留学，这对王明的吸引力太大了。

可是，没有名额，不被批准，怎么办呢？

王明并没有气馁，“软磨硬泡皆为功”，吵闹不行就哭泣，强求不准就恳求。王明三番五次地来到国民党江苏省党部，向姜长林反复陈述自己的愿望，恳求批准他去苏留学。

1986年5月19日，姜长林在病榻上曾生动地回忆了这段往事：

1925年，苏联为纪念孙中山先生，创办了中山大学，招收中国学生。当时以国民党名义，分配给每省10个名额。我当时任江苏省国民党党部秘书长，侯绍裘任宣传部长，在房志路（现兴业路）办公。侯绍裘在苏州教书，每周来上海三天。招生的事情，由我俩承办。他不在上海时，就由我承办。陈绍禹是安徽人，可是在湖北读书。湖北去中山大学的名额是10名，可是来了11人。他们负责人对我说，如果能通融11人都去，如果不行，就不让陈绍禹去。我说，11人不行，不能让陈绍禹去。湖北负责人回去告诉陈绍禹，说人家不同意你去。于是，陈绍禹到省党部和我吵，甚至说：‘你们不要我去，我就报告巡捕房，大家都去不成。’我回答说：‘你报告去好啦，这样帝国主义对你会更严厉！’他说：‘这是为什么？’我说：‘我不去苏联，不害怕。你要去苏，帝国主义就会抓你。’他不吱声了。当时，正是国共合作。我就把这事向中共江浙区委报告了。区委也说，不能让他去。陈绍禹三番五次来省党部，开始是吵闹，然后是哭泣，最后是恳切要求。我们又把这种情况，反映给中共江浙区委。区委和我商量说，如果别的省有空缺名额，是否可以考虑让他去。我们回去查查各省名额，正好有空缺，于是批准陈绍禹去苏学习。这样，湖北就去了11人，有陈绍禹、伍修权等。

至于王明是否威胁要报告巡捕房，目前还没有其他的证明材料，但王明费尽周折终被批准的欣喜之情则是一定的。

1925年10月，踌躇满志的王明在赴苏前夕，赋诗一首，赠豫皖青年学会和湖北青年团体联合会的青年朋友：

我们是革命青年

（一）

我们是革命青年，我们要覆地翻天。
学习马克思主义，学习共产党宣言。
学习列宁主义，学习革命的苏联。

（二）

我们是革命青年，我们要裕后光前。
打倒帝国主义，打倒军阀汉奸。
实行马列主义的光辉理想，创建富强幸福的中华乐园。

（三）

我们是革命青年，我们是党员团员。
接受党和团的任务，走上革命的各个战线。
我们要勇敢、勇敢、再勇敢！
我们要向前、向前、再向前！

此时的王明年仅21岁，确实是一位勇敢向前的革命青年。

热血青年也有友情。10月25日，王明在离开武昌去上海赴苏前夕，与同学詹禹生“倾谈竟日夜”，并写了一首双五律赠送，表达“滚滚长江水，依依战友情”。当他把诗交给詹禹生时，二人“相顾对视，旋复共勉，同歌不息”。

1925年11月2日，王明由武汉乘船去上海。临行前，同学朋友来到码头送行。大家依依不舍，相互勉励，握手告别。

上船后，心潮澎湃的王明写了一首五律，表达了自己不远万里赴苏取经的豪情：

鸣笛诸友别，船驶大江孤。
天地载歌舞，城乡泛有无。
一心赴圣境，万里取长途。
东亚病夫久，唯凭马列苏。

到上海后，王明等赴苏青年被安排到法租界平安大旅馆等待去苏联的轮船。11月下旬，王明与俞秀松、董亦湘、张闻天、乌兰夫、王稼祥、吴亮平、伍修权、孙冶方、沈泽民、张琴秋、李培之等60余人一道，先乘船来到符拉迪沃斯托克，然后转乘火车，于1925年11月末，在大雪纷飞中来到了莫斯科。

8. 毛泽东、王明引导家人先后参加革命，是一个名副其实的革命家庭

正当王明秘密派人到莫斯科“状告”毛泽东，焦虑地等待共产国际回音之时，任弼时前往共产国际，实事求是地汇报了中国革命的情况，化解了毛泽东的危机。

这时身处武汉的王明并不清楚顶头上司已经承认毛泽东为中共领袖的意向，还在日夜盼望着共产国际指示。唯一能给他慰藉的，是几年未见面的父亲和兄妹，从未见过面的岳父、岳母相逢在武汉，实现了全家的大团圆，让心情焦灼的王明享受了一点天伦之乐。直到1938年春，日军长驱直入，兵临武汉城，敌机不断轰炸武汉三镇，王明家人才先后撤离武汉分别去了新疆、延安。为纪念这次难忘的团聚，王明题诗《久别重逢》抒发情怀：

（一）

一别家园十数春，
哪知今日又逢亲。
见儿慈父不相识，
请坐连忙问姓名。

（二）

几度锒铛当罪囚，
为儿辛苦为儿愁。
发须斑白母何在？
背父沾巾泪涌流。

武汉，也许是毛泽东、王明家庭生活的“福地”，就在11年前（1927年）的同一时候，长期奔忙在外，时为中央农民运动委员会书记、中共中央候补委员的毛泽东也享受到了家庭的温暖。1927年3月，毛泽东分别多年的爱妻杨开慧带着三个年幼的儿子毛岸英、毛岸青、毛岸龙和保姆陈玉英从长沙赶到武汉，和毛泽东团聚，解除了毛泽东的相思之苦。

这对于毛泽东来说，也是很难得的时光。在以后险恶的环境中，先后被毛

泽东引导走上革命道路的一家人，就有多位亲人牺牲在敌人屠刀下。

还在1921年正月，毛泽东从长沙回到韶山过春节。正月初八晚上，他就把全家人喊到火炉边，围炉向火，一边品尝食品，闲话家常，一边教育全家人干革命。在毛泽东的耐心开导下，毛泽民和弟妹们懂得了“国乱民不安生”的道理，决心舍家为国，舍己为民。正月初十，毛泽东离开了韶山。毛泽覃、毛泽建也跟着走了。一个星期后，毛泽民和妻子王淑兰也带着孩子走出了韶山冲，投入革命的洪流之中。

“我觉得我为母亲所生之外，就是为了他。假设有一天母亲不在了，他被人捉住了，我要去跟着他同享一个命运。”1983年，在毛泽东妻子杨开慧牺牲50多年后，人们在她长沙板仓老家住所的墙缝里发现了这些笔记。而她也践行了自己的誓言，于1930年为革命、为丈夫献出了年仅29岁的生命。

1918年，杨昌济到北京大学任教，杨开慧随父亲来到北京。这时，因组织赴法勤工俭学，毛泽东也到了北京，被李大钊聘为北京大学图书馆管理员。在毛泽东帮助下，杨开慧阅读了大量进步刊物，开阔了眼界。后来，杨开慧回忆说：“自从听到他许多事，看了他许多文章、日记，我就爱了他。”

1920年冬，毛泽东和杨开慧结合。1922年初，杨开慧加入中国共产党。从此，她不但是毛泽东生活上的好伴侣，也是他革命事业上的好助手，跟随毛泽东辗转各地参加革命运动。大革命失败后，杨开慧带着孩子回到长沙板仓开展地下斗争，组织领导了多地的武装斗争，1930年10月不幸被捕，8岁的大儿子毛岸英也被一同抓进监狱。

在狱中，杨开慧受尽酷刑始终不屈服，敌人要她公开宣布与毛泽东脱离夫妻关系，她斩钉截铁地回答，除非“海枯石烂”，不久英勇就义。

杨开慧牺牲后，毛岸英经党组织营救出狱，并和两个弟弟毛岸青、毛岸龙一同被送到上海，由党所领导的大同幼稚园抚养。

不久，小弟毛岸龙去世（另一说法为失踪），党组织也因叛徒告密遭到破坏，两兄弟一度过着流浪的生活。后来毛岸英一直怕看《三毛流浪记》，他曾对妻子刘思齐说：“除了给资本家当干儿子以外，三毛遭遇过的，我都差不多遭遇过。”

1936年，两兄弟被送往莫斯科国际儿童院，在苏联参加学习。1946年回国后，毛岸英遵照父亲“补上中国劳动大学这一课”的要求，向农民学习种地，在多处搞土改，做过宣传工作，当过翻译、秘书，任过企业党总支副书记。毛岸英从不以领袖的儿子自居，时刻以“毛泽东的儿子”自省，处处严格要求自己，和普通劳动群众打成一片。

1950年，朝鲜战争爆发，新婚不久的毛岸英请求加入中国人民志愿军，很多人劝阻毛泽东不要让毛岸英参军，毛泽东却回答道："谁叫他是毛泽东的儿子！他不去谁还去?"毛岸英的请求得到了批准，并担任志愿军司令部俄语翻译和秘书。然而入朝参战才34天，11月25日，志愿军司令部突遭美军空袭，毛岸英以身殉国，年仅28岁。

据毛泽东的贴身警卫回忆，得知儿子牺牲，毛泽东点烟，火柴盒在面前，却在口袋里找，泪汪汪的，又不想让人看出来他在哭。整整一夜，坐在沙发上没有起身，只是一根接一根抽烟。

周恩来总理曾以报告的形式向毛泽东提出，应将毛岸英的遗体运回国内安葬，毛泽东却说："青山处处埋忠骨，何必马革裹尸还。"就这样，父亲把儿子永远留在了他曾经战斗过的朝鲜三千里江山。

不仅挚爱的妻儿先后为革命事业献出了生命，毛泽东的弟弟毛泽民、毛泽覃，妹妹毛泽建也先后牺牲。

毛泽民是毛泽东的大弟弟，在哥哥的教育和影响下毅然走上革命道路，先后担任苏区的国家银行行长、国民经济部部长。抗日战争爆发后，受党中央派遣到新疆工作，先后出任财政厅厅长、民政厅长等职。1942年，被反动军阀盛世才逮捕，次年被秘密杀害。

小弟弟毛泽覃参加了南昌起义，在战争中很快成长为一名优秀指挥员。1934年红军主力长征后，留在赣南坚持游击战争，任独立师师长，后在江西瑞金被敌人包围，为掩护战友撤离时不幸中弹牺牲。

毛泽建本是毛泽东堂妹，过继给毛泽东的父母做女儿，1923年加入中国共产党，后在湖南地区领导游击斗争，1928年被捕，英勇就义。

毛家最小的烈士是毛泽东的侄儿、毛泽覃之子毛楚雄。1946年8月10日，在随八路军谈判代表赴西安途中，毛楚雄被胡宗南扣押。22日深夜，被敌人活埋，就义时年仅19岁。

此外，为革命献出生命的毛家亲属还有毛泽覃之妻赵先桂、毛泽覃继娶贺怡、毛泽建丈夫陈芬，以及毛泽东表侄王德恒、毛泽东内弟杨开明、向钧、毛泽东内侄女杨展等。

在中国共产党的政治舞台上，相当长时间内王明一直扮演反派角色，成为毛泽东的政敌。但应该实事求是的是：在反对帝国主义，抗击日本帝国主义的侵略，实现中华民族的独立等大的方面王明与毛泽东是一致的，而且王明的家庭也和毛泽东的家庭一样，在他的影响、带动下，先后投身到革命斗争的洪流中。

王明一家共有7口人：父母、一个姐姐、一个弟弟、两个妹妹。

父亲陈聘之，为人淳朴、主持公道，热心助人。土地革命战争时期，鄂豫皖燃起革命烽火，陈聘之就卷入了革命洪流之中。1929年5月，陈聘之参加了中国共产党领导的金寨地区立夏节起义，被任命为六安六区赤色互经会主任。1932年，他先后被调到鄂豫皖革命根据地的霍山县任专用公司经理、霍山县运输公司经理。红军离开鄂豫皖根据地，他又回到家乡。

1936年国民党反动派把宁夏作战被俘的上千名红四方面军西路军的红军战士运到安徽，押在立煌县监狱。中共安徽省委的何叶邦和中共湖北省委郑位三请陈聘之出头营救这些同志，陈聘之慷慨应允，不顾个人安危，四处奔走。他利用自己的老关系一次又一次请保长吃饭，借口被关押的红军战士有自己的亲戚，一个个往外保释，先后营救出30名红军战士。

王明的母亲喻幼华，个子不高，认字不多，但明白事理，能干泼辣。1924年，她冲破重重阻力，倡议其父创办女子学校。鄂豫皖苏区建立后，喻幼华又担任女子小学校长，参与其他妇女工作。她时常跋山涉水，动员妇女帮助苏区政府和红军，为革命做了一些有益的工作。

王明受母亲影响不小，很是敬重他的母亲，1930年母亲病逝，王明闻讯特地写了一首《闻母死》以示悼念：

离别五年兮，谁知别千古？
万苦不苦兮，青年丧母苦。
全心革命兮，略以慰我母，
梦中母来兮，知儿地址否？

王明的姐姐陈先民，20岁时即因病早逝。大妹妹陈觉民1929年参加了鄂豫皖革命根据地的工作，并加入了中国共产党。

小妹妹陈映民又名王营，在她出生后仅七天，由于家境贫寒，父母忍痛将她送给别人作童养媳。鄂豫皖革命根据地开辟后，陈映民随同丈夫吕绍文一起参加革命斗争。1930年加入共青团，1931转为中共党员，参加红军，在红四方面军第十二师政治部做妇女工作。1932年，陈映民担任了川陕省委妇女部副部长。1934年，踏上了二万五千里的艰苦征程，爱人牺牲，自己被俘。据她回忆："西路军失败，我被俘押送回金家寨。我们这批人不多，就我一个女同志。当时汪惠生（陈觉民的丈夫——引者）是金寨的督学，通过他，我才被营救出来。"后来，陈映民辗转到了陕北，在中央党校文化班学习。

陈绍炜又名甘宁，是王明唯一的弟弟，也是兄妹中最小的一个。他生于

1911年，在六安县（现六安市）读完初中，毕业后回到金家寨教书。土地革命战争时期，他参加了革命工作，先后在商城县一区一乡模范小学、七区列宁小学教书，任过六安县（现六安市）七区四乡苏维埃文化教员会宣传员。1938年去了延安，不久，陈绍炜在延安入陕北公学，参加了共产党。

王明的两个舅舅也先后参加了革命，大舅喻幼堂，中共党员，曾任鄂豫皖革命根据地六安六区十三乡苏维埃政府主席。二舅喻百方，共产党员，是六安六区游击队副队长。他们于1930年5、6月被国民党反动派逮捕，英勇不屈壮烈牺牲。

而王明本人则参加革命最早，他1925年入党，在党的历史上尽管犯了严重的错误，但多少也为革命做了一些有益的工作。全家都被他先后引上了革命道路，也可算是他对党的一个重大贡献。

毛泽东与王明

第二章　歧径探路

1. 毛泽东、王明与他们的恩师

一个人的人生历程，当然不可能完全由老师来设计，但是，人生旅程中，不可能不留下老师的痕迹。一个伟人身后，必定有几位乃至更多的对他成长有着重要影响的老师，懦夫亦然。青年时代，老师的作用尤为明显。

毛泽东在求学生涯中，遇到过10位好老师。可以说，毛泽东能从韶山冲里走出来，很大程度上是因为老师的指导。在这些老师中，对他影响最大的要数杨昌济和陈独秀。

杨昌济（1871—1920年），号华生，字怀中，湖南长沙人，出身于板仓农村的一个读书人家。他从小熟读儒家经典和宋明理学著作。19岁中秀才，后几次参加举人应试均不中，遂在乡授徒。1889年入岳麓书院，参加谭嗣同等人组织的维新改良运动。1903年去日本留学，1909年考入英国北淀大学，毕业后，曾赴德国短期考察。1913年回国后，当时的湖南省政府打算聘他做官，但他拒绝了，并毅然来到湖南第四师范和第一师范等校任教。

毛泽东是杨昌济的得意门生。作为学贯中西的知名学者和爱国主义、民主主义教育家，杨昌济以其严谨的操行和优良的品德、广博的学问影响着他的学生，同学们听了他的教诲，都树立了一种奋斗向上的人生观，毛泽东等人组织的新民学会奉杨昌济为精神导师。

杨昌济“以直接感化青年为己任，意在多布种子，俟其发生”。在当时的社会环境下，他曾写下“强避桃源作太古，欲栽大木拄长天”的诗句以明志。在一师求学时毛泽东那远大的抱负，刻苦好学的精神，俭朴谦虚的作风，坚忍顽强的意志，得到杨昌济的赏识和钦佩。他对家里人说：“我在第一师范看到了两个最好的学生，一个是毛泽东，一个是蔡和森。特别是毛泽东，他将来定能成为国家的栋梁。”由此出发，杨先生对毛泽东特别钟爱，不仅免费向他提供《新青年》，向陈独秀推荐毛泽东的习作，而且常和毛泽东等亲切交谈，到了北大后，仍时刻惦记着毛泽东，希望他能入北大学习。

毛泽东与杨昌济从相识到永别，只不过五年时间，但他们建立了超坚强的情谊。杨昌济在临终前不久，还特地写信给他的老朋友，恳切地说：“吾郑重语君，二子（毛泽东、蔡和森——作者注）海内人才，前程远大，君不言救国则已，救国必先重二子。”杨先生不愧为有眼光的教育家，毛、蔡也不负恩师众望，干出了一番惊天动地的事业。

杨先生去世16年后，毛泽东和那位有名的美国记者斯诺谈起自己青年时代的生活时说："给我印象最深的教员是杨昌济，他是从英国回来的留学生，后来我同他的生活有密切的关系。他教伦理学，是一个唯心主义者，一个道德高尚的人。他对自己的伦理学有强烈信仰，努力鼓励学生立志做有益于社会的正大光明的人。"他还说："在我的青年时代，杨昌济对我有很深的影响，后来在北京成了我的一位知心朋友。"

杨先生去世的同年冬天，毛泽东娶了他的掌上明珠杨开慧为妻。先生在天之灵如有所知，一定会感到欣慰的。

毛泽东受杨昌济的影响是多方面的，并且这种影响贯穿毛泽东后来生活的始终，尤其在教育方面，毛泽东的教育思想与杨昌济的教育观在一定意义上有一脉相承的关系。

毛泽东青年时代的另一位恩师是安徽人陈独秀。

1915年9月15日，陈独秀在上海创办的《青年杂志》第一卷第一号封面

陈独秀（1897—1942年），字仲甫，号实庵，笔名顽石等。早年曾四次去日本留学，1903年7月，与章世钊等在上海主编《国民日报》，1904年创办《安徽俗话报》，1913年参加讨伐袁世凯的"二次革命"，1915年创办并主编《新青年》（第一卷名为《青年杂志》）。他曾参与过暗杀清朝大臣的密谋，参加过"励志会"、"中国青年会"、"爱国会"、"光复会"、"岳王会"、"欧事研究会"等团体。辛亥革命爆发后，安徽省随即宣布独立，陈独秀被新任安徽都督孙毓筠特聘为都督府秘书长。不久，柏文蔚继任都督，陈仍执秘书长职，并实际主持都督府工作。由此可见，陈独秀非等闲之辈，而是一个极富革命精神、擅长以文笔作投枪的革命分子。

1916年12月26日，曾名噪一时的光复会会长，担任过孙中山南京临时政府教育总长的蔡元培被任命为北京大学校长。蔡元培主张"思想自由、兼容并包"，他深知：要使这所最高学府焕发生机，就必须要由一批新思想、新文化的有识之士占据学校讲坛。于是他四处网罗人才，陈独秀也成了其中一员。因为在这之前，有人向他推荐了陈独秀主编的《新青年》，他一口气翻了十来本，深为杂志的思想倾向和丰富的内容所感动，是啊，青年人的变化不可估量，想不到当年在暗杀团共事时才二十出头的小伙子，几年不见，竟长进得如此睿智而博学。他心中一亮，北大文科学长一职非他莫属。

事有凑巧，此时陈独秀正在北京。求才若渴的蔡元培听到这一消息时，正是他获得北京大学校长正式任命的当天上午，于是他匆匆赶往陈独秀下榻的中西旅馆看望陈。两人寒暄一番后，蔡校长说明来意，可陈独秀并不领情，委婉地谢绝了北大新校长的美意。

蔡元培已铁了心。他想，要使这位晚辈应允就得靠诚意。作为长辈和校长，他太看重这个年轻人的才气了。他施展了三顾茅庐的战术，首先在心理上俘虏这位江南才子。没过两天，他又早早地来到中西旅馆陈独秀居住的房子外面坐等。待陈独秀开门来，见此情景，心中立即被一种负疚感侵袭，眼前这位戴金边眼镜、留长山羊胡子的学者，仿佛一下子高大起来。这次，他不得不向这位令人肃然起敬的长者掏心里话了。原来，他担心自己从未在大学上过课，既无博士头衔，又无教授职称，很难胜任博士、教授云集的北大文科长。还有一点，就是他为正办得红火的《新青年》担心，每月一期，编辑部在上海，脱不了身。

蔡元培听后，轻松了许多。他原以为陈独秀有什么大的难言之隐，或者会提出一些过分的要求，为自己不愿意就职找借口，原来却是这两件都不难解决的事。他痛快地说："凭先生的学识，完全可以授予教授职称，到北大后就可办手续。至于《新青年》也可以搬到北大来办，在人才济济的北大，一定会比在上海办得更有影响。"在这位善于排忧解难、惜才如命的全国最高学府的校长面前，陈独秀还能说什么呢。他只得乖乖就范，愉快地答应了。

就在这次谈话后的第 10 天，1917 年 1 月 13 日，蔡元培向陈独秀发出了由北京政府教育总长范源濂签署的教育部令第三号："兹派陈独秀为北京大学文科学长。此令。"

仅过两天，北京大学布告栏里又贴出了校长蔡元培签署的关于陈独秀任职的布告。陈于 1 月下旬赴京上任，挑起了北大文科学长的大梁。他的到来，给北大的历史写了光辉的一页。

从蔡、陈第一次面谈，到陈独秀上任，前后只有一个月，效率之高，现代人也为之咋舌。

蔡元培得陈独秀，北大文科面貌为之一新，尤其是《新青年》，被蔡言中，在人才济济的北大，办得更红火，它影响了整整一代人，开辟了一个新纪元。

蔡元培爱才，在这一点上，陈独秀也不亚于蔡元培。他对毛泽东的特殊关照，使其成为毛泽东处在人生关键时期的引路人。

1917 年 3 月，陈独秀正在寓所兼《新青年》杂志编辑部编审稿件，他被一篇寄自湖南、署名“二十八画生”的《体育之研究》而吸引。几千言的文章，从体育的定义、地位及如何开展体育锻炼等方面进行系统的论述，有理有据，史论结合，更可贵的是把他自己实践的“六段操”的体会直言陈述。在众多的理论文章中，此文文字尚欠练达，但善于求新的陈独秀被文章中独特的见解所驱使，决定采用，于是在《新青年》1917 年四月号中就有了《体育之研究》。

陈独秀当然不可能知道“二十八画生”就是毛泽东，也不会知道毛泽东在几十年后会成为左右中国历史的伟人。也许他也不知道他采用的文章是一个年仅 24 岁学生的“处女作”。他凭的是直觉，是对自己事业的严谨负责的态度。从这时开始，陈、毛结下了文字之交。尽管在这之前，毛泽东早就从杨昌济赠给他的《新青年》中知道了陈独秀。从此以后，他无时不想面见这位自己所崇拜的人物的尊容。

机会终于来了。1918 年 8 月，毛泽东为他的战友们——新民学会会员赴法勤工俭学第一次来到北京。为了生计，他必须找份工作，于是只好求助他的老师。杨昌济在向李大钊推荐毛泽东时，仍不忘他三年前写在日记中的称毛泽东“资质俊秀”的话，李大钊毫不犹豫就答应了。从此，毛泽东成了北大图书馆的一名助理员。在那里，第一次见到了比他大 14 岁的文科学长陈独秀。他曾经去拜访过陈独秀，毛泽东试图和来图书馆的名流学者交谈，但他们却没有功夫听他讲湖南话。陈独秀却不同，他不仅给了这位湖南青年陈述已见的机会，甚至乐于和他交谈。他们每次见面，文科学长对操着浓重湖南口音的年轻人提出的问题，表现出极大兴趣。以后毛泽东来访，他总是放下手上的工作与毛泽东热烈交谈。通过短暂的接触，毛泽东为陈独秀对社会问题的精辟见解而钦佩，正是在这样一种环境下，进步很快。他后来回忆说：“我对政治的兴趣继续增加，我的思想越来越激进，我在李大钊手下的国立北京大学图书馆当助理员的时候，就迅速地朝着马克思主义的方向发展。”对此，他深深地感激陈独秀，他说：“他对我的影响也许超过任何人。”

诚然，毛泽东的转变主要原因是他本人内因的作用，但外因的作用也不可低估。如果说在毛泽东的成长过程中，杨昌济等人是教他如何做人的启蒙老师的话，那么陈独秀、李大钊则是他转向马克思主义的引路人。

共同的追求，使他们的关系日渐密切，后来虽天各一方，身处异地，但却经常保持联系。

1920 年 3 月，毛泽东和陈独秀联名在《申报》上登载了《上海工读互助团募捐启》，重申了他们发起工读互助团的目的。5 月，毛泽东途经上海，立即找到陈独秀商讨组织“改造湖南同盟”的计划。陈独秀除对该计划提出详细的意见外，还谈了自己的建党计划。毛泽东在后来回忆起这次相处时说：“陈独秀谈他自己信仰的那些话，在我一生中可能是关键的时期，对我产生了深刻的影响。”现在看起来，那个时期不仅是“可能”，而且确确实实是毛泽东一生中的关键时期。

在组建党的过程中，陈独秀和毛泽东配合默契。1920 年 8 月，上海共产主义小组刚刚成立，陈独秀即给长沙的毛泽东寄来了社会主义青年团的章程，并介绍了上海共产主义小组的情况。由此可见，陈独秀不仅绝对信任毛泽东，而且把毛泽东作为湖南地区建党的负责人。

在党的一大上，陈独秀被选为党的中央局书记，名正言顺地担负起领导全党的责任。11 月，他在起草中央局通告时，要求长沙与上海、北京、广州、武汉五区，在近两年内发展组织 30 人，以便成立地方执行委员会。可见，在陈独秀眼里，长沙是建党初期的几个重要区域之一，也可以说，陈独秀把毛泽东作为自己的得力助手，而以重任相托，毛泽东也对陈独秀表现了极大的尊敬。毛泽东接到通告后，先后到衡阳、安源等地从事活动，秘密发展党员，并在衡阳、常德、岳阳等地建立了党的小组，1922 年 5 月成立了中共湘区委员会。到党的二大召开时，全国 121 名党员中，湖南占了三分之一。为此，陈独秀多次表扬湖南的工作做得好，并为毛泽东出色的组织能力和工作实绩而高兴。

由此可见，陈独秀这位当年思想界的明星，不但在思想上给了毛泽东很大影响，而且在实践中也精心指导，使毛泽东能更积极有效地开展工作，为后来毛泽东迅速成为执掌中央部分大权的人物创造了条件。

1923 年 4 月底，毛泽东接到中共中央的调令，奉命参加党中央的领导工作。显然，这与总书记陈独秀是分不开的。毛泽东在党的三大上初露锋芒，当选为中央执行委员和中央局委员，并在中央全会上被选为执委会秘书长。

根据三大制定的《中国共产党中央执行委员会组织法规定》：“秘书长负责党内外文书和通信及开会记录之责任，并管理本党文件。本党一切函件由委员长及秘书长签字”，“执行委员会之一切会议，须由委员长和秘书长召集之”。从此以后，毛泽东协助委员长（陈独秀）处理日常事务，成为党的主要领导者之一。

王明的学历比毛泽东高，但他在国内求学期间，拜的老师却没有毛泽东多。王明天资聪颖，记忆力强，不到10岁就能撰写对联，并能赋诗作词，从小学到大学，凭着自己的天分和刻苦学习的精神，成绩一直优秀，因此，也博得一些老师青睐。在一些进步老师影响下，他立志为国家和民族的振兴而学好本领。因此，在接触了马克思主义后，他很快成了他的崇拜者，并成为中共党员。可以说，这个时期尽管王明内心深处也有不健康的东西，但他的生活轨迹是奋斗向上的。

但是，到莫斯科中山大学后，王明在其“恩师”米夫的扶持下，两人气味相投，表演了一场场闹剧，可以说，米夫是对王明一生影响最大的老师，我们在后面再详细叙述。

2. 无论是共产党内还是国民党内，毛泽东都是公认的农民问题专家

立足现实，脚踏实地，是毛泽东的性格，也是他和王明的主要差异之一，对此，王明望尘莫及。

毛泽东的务实精神，在学生时代就开始形成了。在新民学会中，他强调会员要取潜在务实的态度，不图虚荣，不标榜；在刮起出国勤工俭学风的时候，他没去赶时髦，而是决心要把本国的“书”读好；参加革命斗争后，他从最基层的工作做起，下矿井、去车间，力求把自己与工农的差距缩得最短。最能体现毛泽东默默耕耘精神的，要数对待中国农民的问题了。

作为工人阶级政党的中国共产党，在建党初期，大部分成员都把注意力放在工人运动上，这无可非议。但是，有相当一部分同志，包括总书记陈独秀在内，都不同程度地忽视农民运功。而恰恰在这一点上，毛泽东与他们不同，他在注重工人运动的同时，也注重农民运动，并且随着革命形势的发展，把农民问题作为中国革命的根本问题来看待，正因为如此，无论在共产党还是在国民党内，他都是公认的农民问题专家。他对农民问题的研究，对他最终选准中国革命的正确道路，提供了可靠的理论和实践依据，在被人忽视的领域探索正确的途径，正是毛泽东默默耕耘的结果。

1925年毛泽东在韶山冲的一把火，把穷苦人民的心里烧得亮堂了，也把土豪劣绅烧得坐立不安了。吃了哑巴亏的成胥生更是把毛泽东看成了眼中钉、肉中刺。他把毛泽东在韶山组织“过激党”，煽动农民造反的情况通过关系，密报给了军阀赵恒惕。

赵省长火冒三丈，想：当初我赵某人把谭延闿赶下台，搞“湘人治湘”时，很多文人墨客都喝彩拥护，在报上撰文支持，就是这个毛泽东却要对此评头品足，在组织示威游行后，还把省政府戏弄了一番。因为当时自己刚上台，不好众目睽睽之下整治这个在省会兴风作浪的人物，现在还在为此后悔呢。“这一回算你撞在我枪口上了”，赵恒惕想，“组织过激党，罪该万死，恰好又在偏僻的韶山冲，杀他十次也没人知道”。

“湖南有毛泽东，就没有我赵恒惕。”赵下定了决心，他立即命令湘潭团防局，迅速派兵，捉拿毛泽东，就地正法，以清除心腹之患。

一切布置妥当后，赵恒惕脸上露出了狰狞的奸笑，洋洋得意道：“毛泽东啊毛泽东，这回你就是插翅也难逃了！”

赵恒惕又失算了！他的精心策划被开明绅士、湘潭县议员郭麓宾探悉了。这位郭议员富有正义感，也欣赏毛泽东的人品和才华，认为毛泽东是湘潭不可多得的人才，他不希望毛泽东遭人暗算，于是，立即派人将这一紧急情况送到韶山。毛泽东得知后，从容地对韶山今后的工作向韶山支部负责人作了交代，掌灯时分，在三个农民护送下离开了韶山。随后，杨开慧和他们的两个儿子也被接离了上屋场。

当团防局的枪兵们提着灯笼赶到上屋场时，这里已是人去屋空。他们怎么也不会想到，在他们来的路上，毛泽东就是从他们眼皮底下“溜走”的。

毛泽东的这些经历，对王明来说就好像是天方夜谭。

很多年以后，一位美国学者在台湾采访了赵恒惕。学者问道：“你当时完全有机会杀掉毛，为什么没有做到呢?”

这位当年的赵省长耸了耸肩，笑着回答：“我也不知道，可能是因为他的能量太大了。”

赵恒惕总算客观了。但他只说对了一半，毛泽东有能量，且有很大的能量，但当时，比起有权有势的一省之长而言，毛泽东的能量就小得多。

当然，他不愿承认自己太无能，尽管这种无能是好事，而不是坏事。

回到韶山点火后，毛泽东对中国农民问题的兴趣更加强烈了。不久，他就撰写了《中国社会各阶级的分析》的论文，并发表在中国国民党第二军司令部1925年12月1日出版的《革命》半月刊第四期上。文章主要是针对共产党内的两种错误倾向而写的。第一种错误倾向是以陈独秀为代表的右倾错误，他们只注重同国民党合作，忘记了农民，放弃共产党的领导权；第二种错误倾向是以张国焘为代表的“左”倾错误，只注重工人运动，同样忘记了农民。他们都感觉到自己力量不足，而不知道到何处去寻找同盟军。因此，毛泽东在文章中，就开宗明义地提出，“分清敌友是革命首要问题”。

为了阐明自己的观点，期望全党和革命同志关注农民问题，毛泽东接着写了《中国农民中各阶级的分析及其对革命的态度》一文，发表在1926年1月出版的《中国农民》第二期上。在这篇文章中，毛泽东没有分析城里各阶级，集中笔墨分析农村中各阶级的地位及其对革命的态度。他的结论是：我们组织农民，乃组织自耕农、半自耕农、半益农、贫农、雇农及手工业工人五种农民于一个组织之下。对于地主阶级原则上用争斗的方法，请他们在经济政治上让步，在特别情形上，即是遇如海丰、广宁等处最反动、最凶恶、极端鱼肉的土豪劣绅时，则须完全打倒他。对于游民无产阶级，则劝他们帮忙农民协会一边，加入革命的大运动，以求突出问题的解决。切不要逼其跑向敌人那边，做了反动派的力量。

应该说，毛泽东对中国革命的最主要的同盟军——农民的认识，在当时已达到了较高水平。正因为如此，1926年2月，他被国民党中央任命为中央农民运动委员会委员，该委员会是“为实现本党政纲及指导全国农民运动”而设立的，并决定由毛泽东主办第六届农民运动讲习所。

农讲所，是培养农民运动骨干的学校，由国民党农民部主办。1924年7月开始，已办了五期，共产党人彭湃、罗绮园、谭植棠、阮啸仙先后担任过农讲所主任，周恩来、萧楚女、恽代英、李立三等曾在农讲所担任教员或讲课。

毛泽东1925年在广州

毛泽东被任命为第六届农讲所所长。他于2月上旬即开始筹办。选定广州市番昌学宫为所址，决定向全国招收300名学员。汪精卫、林祖涵、陈公博等是农讲所教员，毛泽东任命高语罕为政治训练主任。

一切准备就绪。3月底来自20个省的学员到达广州，考试录取了327人。5月中旬正式开学。本届农讲所共设25门课程，毛泽东亲授的“中国农民问题”占总课的十分之一，此外还担任了“农村教育”、“地理”等课程的教学。

“中国农民问题”课程共分五编。毛泽东在讲授时旁征博引、深入浅出，深受学员的欢迎。从盘古开天地到辛亥革命，都没人专门研究过农民问题。辛亥革命的失败，主要是没有得到农民的拥护和支持。在中国四万万人口中，农民有三万万多，占了百分之八十。因此，中国国民革命，首先要解决农民问题。

在注重课堂理论教育的同时，毛泽东十分注重实践，这是他的特长。在为期四个月的训练中，他组织学员到韶关、海丰等地实习了三个星期，培养学员理论联系实践的工作作风。

9月中旬，农讲所的学员毕业。毛泽东语重心长地告诫学员，回到各地后：要“拜农民为师，同农民做朋友，脱掉知识分子的皮服，放下臭架子，敢于同反动势力作斗争，不怕艰苦，不怕牺牲，为农民求解放，为农民谋利益”，这样才不愧为我们农讲所培养出来的好学生。这些学员绝大部分没有辜负毛泽东的期望，在各地成了农民运动的骨干。

因为毛泽东对农民问题的深入研究，设在广州的国民党中央党务宣传员养成所、国民党中央政治讲习班、国民革命军第二军官学校第二期、国民党广东省党部青年部训练员养成所、广东大学附属中学、国民党广东青年部夏令营讲习班，都请他去讲授“中国农民问题”、“农民运动”、“农工政策”等课程或作有关农民问题的专题报告。他的课材料翔实、内容丰富、语言幽默诙谐，深受听众的欢迎。

在讲授的同时，他还写了《国民革命与农民运动》等重要文章。这些文章发表后，取得了广泛影响，在全国各地，尤其在他的家乡湖南，很快形成了一股农民运动的猛烈旋风。

他此时已不愧为农民运动专家了。

1926年10月底，毛泽东接到中共中央通知，要他出任中共中央农民运动委员会书记。毛泽东随即携妻儿离开广州赴上海就职。

中共中央农民运动委员会是1925年9月中共中央四届二次扩人会议决定设立的。一年多来，困难甚多，组织尚不完备，实际形同虚设。待毛泽东上任，才正式决定以阮啸仙、彭湃、易礼容、陆沉、萧人鹄及团中央二人组成中央农委。在汉口设办事处，就便指导湘、鄂、豫、赣、川各省农运工作。

毛泽东上任后，一面组织农委机构，一面制定农运计划，决定在武昌开办农民运动讲习所。为此，他于11月下旬从上海溯江而上，视察江西、湖南、湖北农运情形，于12月到达武汉，参加了中共中央在汉口召开的特别会议。

在会上，对农民运动出现了两种完全不同的估价。为了给自己的观点找到更充分的证据，反击诬蔑农运的倾向，毛泽东决定回乡考察农民运动。此时正值湖南省召开第一次工农代表大会，电邀毛泽东回湘指导工作。于是，他起程回湘，于12月中旬到达长沙。随后在湖南工农代表大会上作了关于农民运动的讲演。

1927年1月初，毛泽东开始了一个多月的考察运动。在这以前，国民党湖南省党部专门召开常委会议，为这位该党中央候补执行委员的考察作了周密安排，并派省党部监察委员戴述人陪同开展这一工作。

毛泽东身穿蓝布长衫，脚穿草鞋，手拿雨伞，从长沙乘船到达湘潭，于1月5日到了银田镇。一年前，他在家乡点火时，这里曾成功地进行平粜阻禁的斗争。在这里举行的调查会上，一位农民说："宁乡事露乡国民党区分部实行'二民主义'。"

毛泽东不无惊讶地问："什么'二民主义'?"那位农民回答说："他们取消平粜米，还把领斗闹平粜米的鞋匠欧二保抓进了县监狱，就是不要'民主主义'。"

听到这，毛泽东连连点头："这个'二民主义'的区分部，不但把民生主义丢了，而且把孙中山的联俄、联共、扶助农工政策中的'扶助农工'也丢了。我赞成你们的意见，到县政府示威，要求释放欧二保，实行平粜米。"

参加会议的农民看到中央来的人都支持他们。个个摩拳擦掌，要求立即找区党部算账。

毛泽东对坐在一旁的戴述人说："国民党宁乡县党部最近开县代表大会。你去出席揭露那'二民主义'的区分部破坏农运的错误。"

与会者见有中央的人给他们撑腰，纷纷把满肚子的怨气倒了出来。银田寺乡农协负责人反映：原团防局长汤峻岩杀了两个叫花子开张，他当团防局长时，杀了50多个人，还组织保产党，破坏农民运动，农民对他恨之入骨，都要求法办他。

毛泽东听后，十分气愤，他说："对那些残酷杀害农民的大土豪劣绅，枪毙一个，全县震动，这对肃清封建余孽，极有效力。汤峻岩不杀，不足以平民愤。"

这番话极大地鼓舞了当地农民的革命热情。

第二天，毛泽东回到了自己的家乡。一年多前，农民运动被赵恒惕视为洪水猛兽，北伐军打败了赵恒惕，这里的农民运动又高涨起来了。去年，这里的农民冒着生命危险护送他，如今却毫无遮掩地为他举行欢迎会。他在欢迎会上说："民国十四年开展农运以前，人家说我们八字好。才几个月光景，我们突然走运，大家坟山都贯气，这个巧得很！如果不要农会，只要关圣帝，观音大士，能打倒土豪劣绅吗？现在你们想减租，有什么法子呢！信神呀，还是相信农民协会呢！只有靠农民、靠团结、靠斗争。"

信惯了神的乡民们，如今都亲身体会到信农会比信神管用。

15日，毛泽东一行来到衡山白果，白果的农民具有反抗的光荣传统，很早就起来对抗地主恶霸了。1923 年，中共湘区委员会就派了刘东轩、谢怀德等来这里开展农民运动，9 月就建立了岳北农工会，这是共产党领导下的湖南第一个农会组织，有 6000 多户农民参加，后来会员达 10 万人。阻禁平粜、减租等活动开展得有声有色。就像在统治者的心脏上插上的一把刀。因此，毛泽东在白果的座谈会上说："岳北人民像孙大圣钻进铁扇公主肚里一样，敢于在军阀赵恒惕（衡山人）的胞衣盘里闹革命。你们要发扬这种革命精神，把南岳衡山的革命烽火引燃其他各'岳'，让革命风暴席卷全国。"

毛泽东这次考察，历时 32 天，行程 700 多公里，每到一地，都认真听取共产党和国民党地方组织以及群众团体的汇报，邀集有代表性的农民及农运骨干开运动会，还找懂得三教九流的下层人士交谈，搜集了大量的第一手资料，得出一个结论："农民运动好得很。"这个结论，为井冈山道路铺垫了基石。

3. 颇有才干的王明赢得了米夫的赏识，一个培养中国革命领导人的想法开始付诸实施

莫斯科近郊的沃尔洪卡大街 16 号，原是沙俄时期一个大资本家的别墅。整个楼房完全采用俄罗斯建筑风格，楼前是个大花园，宏伟气派，对面是莫斯科大教堂，庄严肃穆，两幢建筑交相辉映，使得这里的环境寂静、别致。这就是"中国孙逸仙劳动大学"，简称"中山大学"，王明在国内争吵着要来的就是这个地方。

王明和他那即将成为同学的一帮人经过长途旅行，于 1925 年底到达了他朝思暮想的地方。刚来的王明对莫斯科的一切比起他第一次到武汉感到更新鲜和好奇。尽管学校对中国学生特别关照，但生活上的不习惯，语言的不通，使王明他们仍感到陌生，感到困难重重。好在中山大学都是自己的同胞，要不，他真不知道怎样过下去呢！

中山大学学制两年，为了符合培养目标的要求，学校开设了经济、历史、地理、现代世界观问题、俄国革命的理论与实践、民族和殖民地问题、中国社会发展问题、语言学等课程。王明入学后，被编在第一班学习。

中山大学的教员几乎都是俄国人，中国学生首先面临的是语言关，为了解决这一问题，学校安排学生到俄国居民家里实行一段时间的三同（同吃、同住、同学习），然后，把俄语学得比较好的学生组成一个速成班，由教员直接用俄语教课，培养速成翻译。善于博闻强记的王明，在学习语言上，又发挥了

自己的天赋，他凭借原有的英语基础和刻苦钻研，俄语水平提高很快。因此，他自然就成了速成班的学生，并给自己取了一个俄文名字——克劳白夫。

速成班只有十多个人，开设四门课程。给该班讲授马列主义课的就是中大的副校长米夫，米夫和克劳白夫糅合在一块，在中山大学和中国共产党的历史上演出了一幕幕恶作剧。

米夫（1901—1938 年），原名米哈依尔·亚历山大罗维奇·福尔图，出生于俄国赫尔松省阿列克谢夫卡村的一个小官吏家庭。1917 年 5 月，刚中学毕业即投身革命，加入了俄国社会民主工党（布），先后两次参加红军，1920 年入斯维尔德洛夫共产主义大学学习，专攻马克思主义经典作家关于资产阶级民主主义革命的民族殖民地的革命理论，后在该校当研究员，并兼东方大学研究员。1925 年，他被调往中山大学任副校长。此时。他才 24 岁，真可谓是坐直升机的人物，年纪轻轻，却经历辉煌。也正是这一点，对王明产生了强大的吸引力。

也许是罗森塔尔效应的作用，在学习中，王明对其他课程没有表现出特别的兴趣，成绩也一般，但对俄语却肯下功夫，不到半年，他就达到了能说会谈的程度。对米夫讲授的列宁主义课程，王明挖空心思，认真揣摩，死记硬背，很快取得了发言权。该门课程以自学为主，由老师列出学习提纲，指定阅读参考书目，然后学生看书，再组织全班讨论。在其他课堂上很少发言的王明，一旦上列宁主义课，就沉不住气，滔滔不绝地讲个不停，他的同桌同学庄东晓回忆说：

> 每逢上列宁主义课，他总是争着第一个发言，看他紧张的面颊青筋爆出，口水四溅。……他的每次发言成了我的灾难。好在上其他课，他就不出声了。为什么呢？因为列宁主义课的主讲人是该校副校长——米夫。

原来，这一切正是王明为了讨好任课教师米夫，而精心设计的表演。

这位副校长也确实没有辜负这位“优等生”的此番表现，他对这些中国学生中有这样一位俄语流畅，对列宁、斯大林的教导如此谙熟的角色而暗自高兴。他庆幸他那干巴巴的讲授有了听众，庆幸有了一位来自中国的黄皮肤的知己，他脑海中掠过一个大胆的设想：中山大学既然是给中国革命培养干部的学校，就应该培养出一流的领导人才，这个目标能实现，既可以使中山大学声名大振，作为副校长，往后对中国的事情也就有了发言权。想到此，他觉得眼前这个小个子就是他要栽培的最好的苗子，他虽个子小点，但却才华横溢、能力超群。

他下定了决心，他要把克劳白夫作重点培养。

于是，米夫开始实施他的培养计划。每当列宁主义课的小组讨论发生意见分歧时，米夫总是指定王明就分歧问题发表意见，实际上就是让王明作结论。而王明则以米夫做靠山，每次都眉飞色舞地长篇大论一番，以显示自己的本领。如果说米、王这种关系还算正常的话，后来就心术不正了。

中山大学成立后，学生中的中共党员成立了“中国共产党中山大学莫斯科支部”，简称“旅莫支部”，当时的负责人是后来叛变、成为反共斗士的任卓宣（叶青）。任卓宣凭他的老资格，以及在中共旅欧支部时积累的那点工作经验，对“旅莫支部”实行官僚主义、家长制的领导，错误地认为中山大学学生的主要任务是改造思想、触及灵魂，为此，党员之间要互相揭发、互相批判。任的这种认识和做法，在广大党员中引起了强烈不满，终于导致了1926年春的一场大争论。

对任的做法，王明也表示了极大不满，因此，在讨论会上，他一马当先，第一个站起来与任展开了面对面的辩论。当时参与这场辩论的西门宗华回忆说：“他紧紧抓住大家要读书和反对开检讨会的共同心理，开始同任卓宣辩论，他讲得有条有理，富有煽动性。当年在火车上待得像块木头，如今成了能说会道的雄辩家。他露出了锋芒，显出了才华，得到了大家的拥护，后来就选他当了学生公社的主席。”

看来王明的进步还真快：过去只善于舞弄笔墨、赋诗作词，而今却能凭着他那有些过大的舌头滔滔不绝、语惊四座了。这成功之中不能不有一半应归功于米夫，归功于米夫对他的怂恿和给他发挥才能的机会。

这场辩论产生了两个直接结果：一是该校校长拉狄克在作了长篇的结论性讲话后，宣布旅莫支部解散，任卓宣彻底败北。另一个是学生公社在改选时，在有相当多的老资格、有名望的党员中，王明得票独占鳌头，他的出色表现得到了同学们的公认和肯定。米夫更把王明视为得意门生，从此以后，他们沉醉于权力斗争的旋涡中，越陷越深。

4. 历史上从来没有消灭过“山大王”，我们要当共产党领导的特殊的“山大王”

国民党新军阀向共产党人举起了屠刀。

“四一二”，这个中国现代史上最黑暗的日子之一，记载着蒋介石的“功绩”和国民党的“荣耀”。

蒋介石发动“四一二”政变。图为反动派大肆逮捕共产党员和革命群众

汪精卫迫不及待了。7月14日夜下达了“分党”密令。为了求得蒋介石的谅解和信任，也表示自己“觉醒”太晚的内疚，汪精卫大开杀戒。“宁可错杀一千，不可使一人漏网。”7月15日，成百上千的共产党人和革命群众横尸街头，武汉三镇充斥着血腥味。

鲍罗廷和临时中央虽然觉醒太晚，但毕竟是觉醒了。7月18日，临时中央常委会决定，在南昌举行武装起义。

7月21日，鲍罗廷和瞿秋白在庐山休养了一个星期后回到武汉，当天鲍氏宣布增加瞿秋白为政治局常委。

瞿秋白

瞿秋白（1888—1935年），江苏常州人，1919年参加五四运动，1920年以北京《晨报》记者身份访苏，1922年加入中国共产党。在俄三年，写下了大量报道，著有《赤都心史》等著作。1923年初回国后，出席了中共三大，并主持起草党纲。刚回国时，担任由中国共产党主办的上海大学教务长兼社会学系主任，1925年在中共四大上当选为中央委员，五大进入中央政治局时，才36岁。

8月7日，瞿秋白在汉口俄租界主持召开了临时中央政治局第一次扩大会议，共产国际新派来的代表罗明纳兹（俄国人，29岁）、纽曼（德国共产党员，25岁）、洛蜀莫娃（俄国人，罗的助手）参加了会议，会议进一步讨论了湘、鄂、赣、粤四省秋收起义问题和各地党的工作。会议决定，毛泽东回湖南传达此次会议精神。毛泽东异常兴奋，说：“我要跟绿林交朋友，我决定上山下湖，在山湖之中跟绿林交朋友。”

毛泽东早就有了这种准备。武汉正吃紧的时候，湖南也因“马日事变”而使党的组织遭到极大破坏，处于群龙无首状态。为重整党的组织，他自告奋勇回湖南，中共中央批准了他的要求，指定他回湖南任临时省委书记。6 月下旬他回到长沙，后又到湘潭、衡阳等地了解工农情绪，恢复党、团、工会组织，制定了《中共湖南省委目前工作计划》，提出了保存工农武装的办法：编成合法的挨户团，次之则上山，再次将枪支分散埋入土中。

八七会议旧址：汉口三教街 41 号（今鄱阳街 139 号）

毛泽东在湘的活动，引起了唐生智的忌恨，他电告汪精卫，请求处置。陈独秀得知后，急召毛泽东回武汉。毛泽东到武汉后参加了 7 月 4 日的中共中央常委扩大会，在会上提出了“上山”的主张。这一主张得到了瞿秋白的重视。

在八七会议上，瞿秋白提议毛泽东去上海党中央工作，但毛泽东坚决要求回湖南领导秋收起义。

8 月 12 日，毛泽东与杨开慧离开武汉，连夜乘火车赶回长沙。安顿好了妻儿，嘱咐她们坚持斗争后就匆匆开始了他的使命。他们谁也没料到，这竟是两人的永诀。

18 日，他以中央特派员的身份出席了在沈家大屋召开的新省委会议，会议对秋收起义又进行了深入讨论和研究。

8 月 30 日，省委常委会议决定，在湘潭、宁乡、醴陵、浏阳、平江、岳州、安源等地组织武装起义，并任命毛泽东为中共湖南省委前敌委员会书记，即领导这次起义的最高指挥者。

毛泽东到处奔波，开始了起义前的各项准备。30 日夜，连夜赶到株洲，向当地党组织负责人传达八七会议精神和秋收暴动计划，布置了株洲工农在暴动中的行动。随后前往安源，组织起义的骨干军事力量。

当时，党领导的湘东赣西革命武装，主要集中在修水、铜鼓、安源三处。

安源是毛泽东早年从事工人运动的地方，基础好。此时党在这里培养了 600 多人的工人武装纠察队，还有醴陵农民自卫军和工人纠察队等。毛泽东到达安源后，在张家湾召开了安源市委及有关负责人会议，传达了八七会议精神，宣布了负责秋收起义的领导机构，研究了起义军的军事行动，明确了起义军的编制和进军路线。会议决定，参加起义部队统编为工农革命军第一军第一师，下辖三个团。第一团以驻守在修水的原武汉国民革命政府警卫团，以及未能赶上南昌起义的平江工农义勇队和湖北崇阳、通城农民自卫军组成；第二团以安源工人武装及附近的农军组成；第三团以驻扎在铜鼓的部分警卫战士、浏阳工人义勇队等组成。三个团共计5000余人，警卫团团长卢德铭任总指挥。会议决定，起义部队配合各地工农武装，计划分三路进攻长沙。

会后，毛泽东在潘心源、易子义、刘建中陪同下，直奔铜鼓。为了防止万一，毛泽东化名安源煤矿采购员张先生，即使如此，当他们到达浏阳和铜鼓交界的张家坊时，仍被当地团防军缠住了。毛泽东后来在延安和那位美国记者埃德加·斯诺详细谈起了事情的经过：

那些民团奉命把我押到民团总部去处死，但是，我从一个同志那里借了几十块钱，打算贿赂押送的人释放我。普通的士兵都是雇佣兵，我遭枪决，于他们并没有特别的好处。他们同意释放我，可是负责的队长不允许，于是我决心逃跑。但是直到离民团局大约二百码的地方，我才得到机会。我在那个地方挣脱出来，跑到一个高地，下面是水塘，周围长了很高的草，我在那里躲到太阳落山。士兵们追捕我，还强迫一些农民帮助他们搜寻。有好几次，他们走得很近，有一两次我几乎可以碰到他们，虽然有五六次我已放弃希望，觉得我一定会被抓到，可是我还是没有被发现。最后，天黑了他们放弃了搜寻。我马上翻山越岭，连夜赶路。

这位“张先生”好在没有暴露真实身份，好在团防局的兵也不认识他这位呼风唤雨的农民王，要不，他们绝不会轻易放弃这立大功的机会的。

命大福大，虎口脱险，死里逃生。至于没有了鞋子，脚被严重损伤实在算不得什么了。

毛泽东抵达铜鼓，在县城萧家祠召开了三团干部会，布置了起义各项事宜。

领导秋收起义时的毛泽东

9月9日，湘赣边秋收起义爆发。各路起义军按预定方针行动。第一团和第四团（起义前，师长余洒度收编的邱国轩部）向平江进军，到金坪时，第一团突然遭叛变的第四团袭击，损失极大。第二团去浏阳后也因麻痹轻敌，陷入重围，突围后全团星散。毛泽东率领的第三团在去浏阳东门后，休整两天，即和反扑的敌人进行了一场恶战，部队突围后拉到上坪。

在此种情况下，再进攻长沙，无异于自投罗网。

毛泽东果断地决定放弃进攻长沙的计划，并写信给湖南省委，要求停止毫无希望的省城暴动。同时，以前委书记的名义，通知各路起义军部队迅速到浏阳文家市会合。

至19日，各路起义队伍先后到达文家市。当晚，毛泽东在里仁学校（后来曾任中共中央总书记的胡耀邦曾在该校上过学）召开师、团干部会议，讨论部队的进军方向。师长余洒度坚持要打长沙，指责退到农村是想当“山大王”。

毛泽东反驳说：“历史上从没有消灭过‘山大王’，如果说我们也要当‘山大王’，那么这个‘山大王’是特殊的‘山大王’，他是共产党领导的，有办法的‘山大王’，而不是过去的‘山大王’。”

经过激烈争论，最后通过了毛泽东向萍乡退却，沿罗霄山脉南下的主张。

20日，毛泽东给起义部队全体官兵讲话，阐述了革命武装和枪杆子的重要性，他说：“蒋介石好比一口大水缸，我们这块小石头总有一天会要打烂蒋介石那口大水缸的。”他耐心地说服大家：“目前敌强我弱，长沙这样的城市还不是我们待的地方，我们必须改变战略，到敌人统治力量薄弱的农村，积聚粮草，养精蓄锐，发展我们的力量。”

士气高涨了，抖落掉失败的阴霾，意气风发地向井冈山进发。经芦溪镇时，遭到敌人的突然袭击，这次起义的重要领导人、总指挥卢德铭英勇牺牲。年仅22岁。

卢德铭，1905年出生于四川宜宾，上中学时即受进步思想的影响，19岁时投靠黄埔军校，因考试时间已过，他要求见孙中山。孙中山召见了他，当场面试，十分满意，于是，他成了黄埔第二期辎重队学员。在校时加入中国共产党。毕业后，留校任政治部组织科科员。叶挺独立团成立后，他到该团任连长，屡立战功，升任营长、团参谋长等。进入武汉后，任国民革命军第二方面军总指挥部警卫团团长，在秋收起义中，坚决支持毛泽东的正确主张，对实现部队向井冈山进军的战略起了重要作用。他的牺牲，使毛泽东痛失了一位好战友，好助手。

26日，部队攻克莲花县城。29日到达永新县“三湾村”。在这里进行了有名的“三湾改编”。

10月27日，部队进驻井冈山中心——茨坪。从此，毛泽东以此为据点，开始了创建井冈山革命根据地的斗争。中国革命以农村包围城市，武装夺取政权的正确道路从这里开始铺垫。

毛泽东率领的起义部队能顺利开进茅坪，这是一件不容易的事。

井冈山位于罗霄山脉中段，正处在湖南、江西两省交界处。毛泽东所以选中这里作为据点，是有其道理的。井冈山周围地区受大革命影响，中共地方党的组织和群众基础较好，有群众的支持，就容易落脚；井冈山以宁冈为中心，周围500里，纵横80里，山高林密，峭壁耸立，地势险恶，易守难攻；山周围都是产粮区，便于军队筹集粮草，保持旺盛的战斗力；井冈山离长沙、武汉等中等城市较远，反动统治力量薄弱，便于利用敌人矛盾，而革命的影响又能迅速传播开来。

这是搞武装割据再好不过的地方了。然而地方好只是一方面，更重要的是要人好。井冈山虽有一定群众基础，但毕竟交通不便，当地的山民对外面的世界知之甚少。而山上有两支势力不小的绿林军。在当时，在起义部队遭到反动武装追击的情况下，能不能在山上站稳脚跟，从一定意义上说取决于和这两支绿林军的关系。

毛泽东早就注意到这一点了。还在三湾改编的时候，他就派人送信到宁冈，绿林之一的袁文才就驻扎在那里。袁接到信后，立即派他的文书，原武昌农讲所学员，也即毛泽东的弟子陈慕平为代表，随同宁冈县委的负责同志，到三湾与毛泽东谈了县委组织的状况和袁文才部的情况。

10月3日，起义部队抵达宁冈古城。毛泽东在这里主持了前委扩大会议，会议连续开了三天。毛泽东语重心长地告诫大家："现在我们在作战略退却，来到敌人统治力量比较薄弱的农村，广大的农村是海洋，我们是鱼，农村是我们生养的地方，是我们人民的天下，不是敌人的世界。"

会议在议论与井冈山两支绿林军的关系时，很多人主张强攻力取，上千人的部队对付百十号人、几十条枪的绿林并不困难。但毛泽东却坚持智取。最后，会议决定对袁、王两支部队采取团结、改造的方针。

袁文才（1898—1930年），宁冈人，幼年时上过私塾。19岁时参加本地人胡亚春组织的"马刀队"，后任参谋长，从事杀富济贫的活动。1926年9月，和共产党人龙超清在宁冈举行暴动，任宁冈县行政委员会委员，农民自卫军总指挥。同年11月加入中国共产党。1927年7月，率宁冈县农民自卫军攻打永新县城，救出被关押的共产党员和革命群众数百人。

当毛泽东从龙超清的汇报中得知袁文才是共产党员，且是革命的有功之臣时，他对收编袁文才部充满了信心。10月6日，毛泽东只带了少数几个随从，前往大仓村会见袁文才。毛泽东赞扬了袁文才反抗地主豪绅的斗争精神，并当即送给袁108条枪。这一举动，不但消除了袁对工农革命军的疑惧，且使他十分感动，他回赠毛泽东600块大洋，以充军费。袁文才还要求毛泽东派中共党员去训练他的部队，毛泽东也愉快地应允了。会谈取得成功。10月7日，袁文才欢迎工农革命军进入他的驻地——茅坪。

几个月后，袁部接受改编，袁文才担任中国工农革命军第二团团长兼一营营长。

王佐（1898—1930 年），与袁文才同庚，江西遂川人。裁缝出身，识字不多，武功不错。1924 年组织绿林武装占据井冈山茨坪，干起了劫富济贫的营生。比起袁文才来，他这位把兄弟就要难对付多了。王生性多疑，处处设防。当他从袁文才那里得到消息，说山下来了工农革命军时，心里咯噔一下，以为来了对手，但当听说袁文才从毛泽东那里得到了 100 多支枪时，又使他垂涎三尺，也想冒险和毛泽东接触接触。

10 月 24 日，王佐派自己的代表朱持柳到井冈山西侧的荆竹山迎接毛泽东，毛泽东集合部队欢迎这位朱使者。而当毛泽东如约到双马石去与王佐见面时，王佐不是列队欢迎，反而将兵卒都安排在四周不易被人发现的地方，以防不测，直到毛泽东和他讲了一番革命道理，并当即给他 70 支枪时，才喜不自禁，马上让毛泽东的部队过井冈山的五大哨口之一的双马石哨口，上了井冈山，并给了毛部五万斤谷，权当回报。

10 月 27 日，王佐亲自带领毛泽东部进入井冈山中心茨坪，从此以后，毛泽东以此为根据地，指挥部队在井冈山周围纵横驰骋，开辟共产党领导的中国革命史上的第一个农村革命根据地。

而王佐对工农革命军完全放弃疑虑是在 1928 年初。当时，毛泽东派到王佐部队去的何长工用计帮助王佐杀了他多年的死对头、井冈山七县民团总指挥，解了他的心头之恨，从此，他对工农革命军深信不疑，并在 2 月接受改编，任工农红军第一军第一师第二副团长。

与绿林结盟，收编袁、王部队，是毛泽东建立根据地雄才大略的一部分，他扩充了革命队伍，使工农革命军在井冈山上牢牢地站稳了脚跟。

此时的王明，正在莫斯科起劲地鼓吹城市暴动呢！

5. 有米夫撑腰，在中山大学逐步形成以王明为主要代表的教条宗派，即后来赫赫有名的“二十八个半布尔什维克”

第一次国共合作的形成，使中国的局势发生了深刻的变化。1926 年 7 月 9

日，国民革命军10万人，兵分三路北伐，正义之师势如破竹，很快打垮了吴佩孚，消灭了孙传芳主力。至第二年春，战线已推到长江中下游的广大地区，中国革命已成燎原之势。

国共合作的主意是共产国际出的，革命的发展是与共产国际的帮助、指导分不开的。共产国际的作用还从来没有对一个东方大国产生如此深刻的影响。因此，中国的形势越来越引起共产国际的关注。研究和了解中国，将在共产国际的发言席上赢得重要的发言权。

莫斯科中山大学副校长米夫很想拥有这种权力，他早就想通过研究中国问题来扩大自己的影响。1926年11月，共产国际执行委员会召开了第七次扩大会议。米夫在这次会上抛出了《中国问题提纲》，即“米夫提纲”，认为中国未来的革命政权将是无产阶级领导的革命小资产阶级的政权。斯大林认为“米夫提纲”虽然对这一政权的反帝性质强调不够，在中国广大农村建立苏维埃的提法也欠妥当，但肯定了“提纲”对中国革命的有关问题作出了贡献，从此，米夫关于中国革命的见解也开始得到了斯大林等人的赏识，这更加促使了米夫成为中国问题专家的勃勃雄心的急剧膨胀。

1927年春，在莫斯科开往符拉迪沃斯托克的列车上，坐着联共宣传家代表团一行五人和四名翻译，王明正用流利的俄语和代表团团长米夫亲切交谈。不是亲眼所见，谁也不会相信，两年前的那个寒冬，也是在这条铁路线上，王明和自己的同胞在一起时还待得像块木头呢！可如今，他是克劳白夫了，是苏联代表团团长的随行翻译了。

为争夺这个贴身翻译王明可谓煞费苦心。代表团组成时，配了四个翻译，他们的分工是：潘克鲁（潘家辰）给米夫做翻译，负责搞党的材料，刘少文搞工会的，王明搞团的，庄东晓随米夫的夫人搞妇女工作的材料，后因庄患病住院，另派了一位男同志。

按理说，中大学生能被如此规格的代表团选中当翻译已是够幸运的了。但王明却不满足，因为团长的翻译是潘克鲁，而不是王明，可他早就盯上了这个位置，他要达到目的。于是他在米夫面前，不是说潘翻译有问题，就是说潘挂念爱人、影响工作等。米夫看透了王明的心思。这还不容易，米夫团长一句话，跟在他后面的就由潘换成了王。

代表团到达符拉迪沃斯托克后，改乘苏联轮船，经由自辟的特殊航道，直开广东。3月到达广州。但国民政府已于两个月前迁往武汉，他们一行只好返回上海，直奔武汉。

4月27日至5月9日，中国共产党在武汉召开第五次全国代表大会。米夫和他的翻译王明列席了这次会议，这是王明第一次以工作人员身份参加党的代表大会，在此期间，米夫向陈独秀推荐王明主持中共中央宣传工作。对这位苏联代表团团长的要求，陈独秀不愿接受，但也不好推辞，只好安排王明在宣传部当秘书长，兼中共中央机关刊物《向导》的编辑。从此，王明以“绍禹”为笔名在《向导》上发表文章，按照在苏联了解的有关共产国际政策对中国问题进行评论。

武汉的形势急转直下，6 月 5 日，汪精卫解除了鲍罗廷国民政府最高顾问的职务，6 月朱培德在江西“礼送”共产党员出境。6 月 10 日，汪精卫、孙科、唐生智等人与冯玉祥在郑州举行反共会议；19 日，冯又与蒋在徐州会议，主张“宁汉合作”，共同反共。在这种情形下，代表团再也不能、也不想在这块是非之地待下去了。7 月初，他们离汉赴沪，乘船北上，按照来时的路线，8 月初回到了莫斯科。

离开半年多，学校发生了深刻的变化。中国革命的形势急剧变化，引起中山大学乃至苏共上层意见的严重分歧。

以斯大林为首的联共（布）中央与托洛茨基为首的反对派围绕中国革命的一系列问题，展开了激烈的争论，中国留学生也转入争论，并有一些人接受托洛茨基反对派的观点。为了稳定中山大学，斯大林严厉地指责了参加托洛茨基反对派的中大校长拉狄克，拉被解职，校长由原教务长阿古尔代理。中山大学学生思想一片混乱。

“乱中夺权”机会难得。米夫和王明回到中大后，无暇整理从中国带回的大量材料，就立即投入了反对“教务派”的斗争。

米夫和阿古尔早有分歧。因拉狄克很少来校，学校的日常工作实际上由米夫主持。米夫的工作主要靠中山大学大学支部局书记谢德尼可夫和王明等中国同学。阿古尔主持教务工作，在繁杂、具体的工作中，他依靠在学生中颇有影响的俞秀松、董亦湘等，帮助制订教学计划、实施教学方案，购置中文图书等。这样中大就被分成了“党务派”和“教务派”。两派在 1927 年 6 月的学期总结会上，相互指责，争论不休，会议连续开了七天，仍互不相让，直到放假，双方仍耿耿于怀。

米夫和王明自然不会放弃这一极好的机会。王明向米夫献上了一个一箭双雕的妙计：首先把没有卷入两派斗争的“第三种势力”争取过来，以联合他们对付“教务派”，这样，既可以使“党务派”更驯服，又可彻底搞垮“教务派”。

不愧严师出高徒。行动的结果，果然击垮了“教务派”，阿古尔被撤职离校，26 岁的米夫正式升任中大校长。不久，就担任了共产国际东方部副部长，成为中山大学权力的绝对支配者。有米夫为靠山，以王明为主要代表的教条宗派，他们自诩为真正的理论家，布尔什维克，共 29 个，即后来被人们称为“二十八个半布尔什维克。”王明正是依靠这 28 个人为骨干，又欺骗、蒙蔽了一些不明真相的同学，取得了有生以来第一个“辉煌”的胜利，他为此感到快慰。

“教务派”的被挫败，使王明进一步取得了米夫的信任。对王明来说，实际控制中大的支部局只是他要走的一小步，他不会满足的。当常常听到同学指责他充当“米夫的走狗”，只知当翻译拿高薪时，他恨之入骨。但他在同学中的孤立地位，又使他不敢发作。他采取了非常措施，要置那些与他意见不一致的人于死地。这样，既可以扩大自己的影响，又可以扫除日后晋升的障碍。

经他精心策划，中山大学这所本来是为中国革命培养领导干部的学校，却成了“反动社团”和各种“投机分子”聚集的场所。因此，当国内的共产党人正为大革命的失败而痛心疾首，誓与反动派斗争到底的时候，王明在莫斯科也不甘寂寞，积极发动了同反对他的人的斗争，为后来回国实行残酷斗争、无情打击积累了经验。

王明为了整垮反对他的人，使用了极为卑鄙的手段。他把年纪大的且有一定工作经验的和多是江、浙籍的同学，如俞秀松、董亦湘、孙冶方等打成“江浙同乡会”，而把那些工人出身的同学打成“工人反对派”，把那些年纪小的共青团员说成是“青年先锋主义者”。这还不够，他以正确路线的代表自居，把上述三部分人合起来，称作“第二条路线的联盟”。在这方面，王明不愧为才思敏捷的高手，要不怎么会想出这么一大堆新名词来呢。

俞秀松

王明先从年岁大的同学开刀，以求惩一儆百之效。

俞秀松（1899—1938 年），这位早年参与上海共产主义小组发起工作，中国社会主义青年团第一任书记的老资格共产党员，来中山大学前，在党内已颇有名气。对莫斯科，他也不陌生，1921 年 3 月他在这里出席了共产国际第二次代表大会。到中大后，得到教务长阿古尔的信任做了大量的教务组织工作，在同学中影响比较大，因而引起了米夫的不满并成了王明嫉妒的对象。

董亦湘（1896—1939 年），也是一位 1922 年入党的老党员，大革命时期在上海、无锡等地从事党的组织工作。到中大后，是阿古尔办教学的依靠对象。因此，也成了王明的眼中钉。

俞秀松、董亦湘等在学生中有较高威信，要打倒这些人并不容易。精明的王明抓住党内最忌讳组织派别这一点，捏造了“江浙同乡会”这样一个派别，以置他们于死地。

“江浙同乡会”是这样编造出来的。据被打成同乡会骨干分子的孙冶方介绍：

在我们同期毕业的同学中，除了回国工作的以外，大部分升到别的学校去学习，极少数人留校工作，我和云泽与兰夫……被派到东方大学当翻译。继续学习的学生只发给津贴，有些到军校学习的，按红军待遇，津贴特别少，我们做翻译工作的拿工资，有近百卢布，生活较好。因此，暑假开学前，有几个去初级军校的同学提出，在星期天敲我们的竹杠，叫我买肉买菜做中国饭吃。这天，除约好的几位军校同学外，董亦湘来了，军事学院的陈启礼、左权同志也来了，挤了一屋子的人，把同房间的乌兰夫同志都挤出去了。正当我们热热闹闹做饭时，中山大学学生公社主任王长熙从窗外经过，听到里面说话的都是江浙人，因此回校后同别人讲，某些人聚集在某人房间呱啦呱啦讲得很热闹，像开江浙同乡会似的（其实，其中的陈启礼、左权是湖南人）。这话传到中山大学支部局中国同志那里，便添油加醋，说成是董亦湘等人在我房里成立了“江浙同乡会”。

一顿饭的工夫，就是“江浙同乡会”成立的经过。王明如临大敌，又如获至宝，要求中大支部局调查这一事件，并请来苏联安全机关格伯乌人员参加。调查认定，“江浙同乡会”存在，对其成员要严惩不贷。

王明急急忙忙跑到当时在莫斯科参加筹备中共六大的向忠发那里表功。得到王明的报告后，向忠发立即来到中大，专门就“江浙同乡会”的问题发表重要讲话。认为“江浙同乡会”是反党小组织，“与蒋介石有勾结，受蒋介石的经济帮助，还听说与日本领事馆有勾结”，因此，必须“取消其组织”，“对组织中的领袖和中心人物予以严厉的制裁”，对积极分子应“开除党籍或留党察看。”

向忠发这位识字不多的工人领袖，在这里讲起来倒是滔滔不绝了。他是八七会议选出的临时中央政治局委员，又是莫斯科方面器重的大红人。在随后召开的六大上当选为中共中央总书记。虽然他的晚节极不光彩，但这番歇斯底里的表白，就像扔下了重磅炸弹。比起王明来，他还算诚实，因为他在公开场合也毫无隐讳地承认这些是听说的材料，但就是凭这些道听途说的小道消息，等于判处了“江浙同乡会”部分成员的政治死刑。随后，12 名中国学生被开除党籍、团籍，一批学生受到株连。

王明等人的恶劣行径，引起了中大广大学生的不满，他们向中共代表团和联共中央反映，要求澄清事实真相。后来，共产国际监察委员会和中共驻共产国际代表团，联合组成审查委员会，审理“江浙同乡会”事件。1928 年秋作出结论：“江浙同乡会”纯属乌有。

中共驻共产国际代表团团长瞿秋白参加了三大审查委员会，他秉公执法，坚持原则，实事求是，在一定程度上挫败了王明等人的宗派阴谋。米夫、王明从此对他怀恨在心，又把打击的目标集中到瞿秋白和中共代表团主要成员身上。

“工人反对派”是王明强加在他的反对者头上的又一顶帽子。国共合作破裂后，在中大学习的国民党学生纷纷回国。在片面的办学方针指引下，中大在招生中强调产业工人出身的不得少于一半。因此，中共中央在选送学员时，十分注意这一点。一批优秀工人骨干被送到中山大学。同时，在法国的一批华工也进入中大学习。从国内选拔的工人学员，具有实际斗争经验，在学校看到王明脱离中国革命实践夸夸其谈，十分反感。因此，他们常去瞿秋白等中共代表团成员那里反映情况。王明看到这些工人学生居然不听他的话，就给他们扣上“工人反对派”的帽子，并指责中共代表团是其后台，把矛头指向瞿秋白，对其进行恶劣诽谤和人身攻击。

在这件事上，共产国际偏听偏信，没作认真的调查，就草率地作了结论，当时的共产国际政治委员会作出了令米夫、王明欢欣鼓舞的决定，坚持原则的瞿秋白被解除了中共驻共产国际代表团团长职务。

“先锋主义”是王明给反对他的青年团员准备的一顶帽子。据原中山大学团的宣传部长西门宗华回忆说：

有一次，我召开团的宣传会议，决定请外面的苏联人来校演讲，演讲之后搞娱乐活动。当时报告人已请好，娱乐活动也准备好了。这时王明突然来通知，说有党的活动，叫我们改变计划。按理团的活动应当服从党的决定，但是由于我当时年轻气盛……我们团的总书记是苏联人，名叫华根，这个人很老实直率，我就对他说，你去开党的会议的时候，讲王明破坏我们团的活动。我是一句气话，哪知华根真的在会上直率地讲了，这一下恼了王明，说我不遵守党的决定，是先锋主义。

西门宗华因此被开除团籍。

为了不但从精神上，而且从肉体上整垮自己的对手，王明把与自己唱对头戏的人搅和在一起，安上了反对“布尔什维克路线”的反动的“第二条路线同盟”的帽子，根据王明把持的校党支部局的建议，从1928年10月起，“第二条路线同盟”成员大都被送到西伯利亚去做苦工。

几年的异国生活，王明算是春风得意，他从一个被人瞧不起的矮个子“木头”，成为后来左右他人政治生命的铁腕人物。这都归功于米夫的支持和他们卑劣的伎俩。他虽学会了言必称马列，常常手捧经典著作，引经据典，但他却不愿意研究中国革命。因此，王明四年的大学生活收获的是四个字：“教条主义”。王明把与他意见不同的人，称“会”“派”或“盟”，而实际上是他自己罗织了“二十八个半布尔什维克”，在中山大学制造事端，兴风作浪，起了很不好的作用。他以“中国列宁”“真正的理论家”自居，目空一切，1929年3月回国后，以教条主义指导中国革命，使共产党人付出了极为沉重的、血的代价。

6. 毛泽东、王明的婚恋

毛泽东的首次婚恋是杨开慧。1901年9月26日出生的杨开慧，是长沙东乡（现开慧乡）板仓人。

1913年至1918年，杨昌济在第一师范任教时，怀着改造中国与世界宏伟理想的毛泽东正好来到一师求学。毛泽东的伟大抱负、雄伟气魄和精湛学识，深得杨昌济的赞赏。当时，毛泽东、蔡和森、陈昌等一些进步同学常到“板仓杨寓”学习和讨论各种问题。

毛泽东的宏论卓识深深打动了随父在长沙念书的杨开慧的心，她也经常参加他们的学习和讨论，还把自己写的学习笔记和日记送给毛泽东看。毛泽东一师毕业后奔波于长沙、北京等地，为使学生在北京生活有个落脚的地方，1918年夏已出任北京大学教授的杨昌济向北大图书馆馆长李大钊推荐，让毛泽东到图书馆任管理员，月薪8元。这时他与杨开慧接触更多，并且建立了恋爱关系。毛泽东后来回忆说：“也是在这里，我还见到而且爱上了杨开慧。”

从此开始到1921年春节前夕他们结婚，已有数年书信往返，寄托相思。杨开慧在她的无题自传散文中，对这段恋爱生活作了生动的描绘。

“不料我也有这样的幸运！得到了一个爱人，我是十分爱他，自从听到他许多的事，看见他许多文章日记，我就爱上了他，不过我没有希望过会同他结婚。……一直到他有许多的信给我，表示他的爱意，我还不敢想相信我有这样的幸运。……

自从我完全了解他对我的真意，从此我有一个新意识，我觉得我为母亲而生之外，是为他而生的。我想象着，假如一天他死去了，我的母亲也不在了，我一定要跟着他去死！假如他被人捉着去杀，我一定要同他去共这一个命运！……”

他们结婚前夕，毛泽东曾有情浓词美的《虞美人》写与开慧，表达其孤身异地、辗转反侧、长夜不眠的刻骨相思：

堆来枕上愁何状，江海翻波浪。
夜长天色总难明，寂寞披衣起坐数寒星。
晓来百念都灰烬，剩有离人影。
一钩残月向西流，对此不抛眼泪也无由。

1920 年 7 月，毛泽东回湖南后，以主要精力从事创建中国共产党的活动。杨开慧不顾家里的困难，动员母亲把父亲去世时同事送的祭奠费，捐献一部分给毛泽东用作革命活动经费。1921 年冬，党在长沙小吴门外清水塘租了一所房子，作为湘区委的秘密机关。杨开慧担任湘区委的机要和交通联络工作，同毛泽东一起战斗和生活。

当时反动军阀极力查禁进步书刊，一些马列主义的书刊，已经不能在文化书社公开出售，毛泽东于 1922 年创办了湖南青年图书馆，杨开慧担任图书馆的负责人，向工人、进步知识青年提供有关马列主义的书刊，广泛传播马克思列宁主义。

这段时间，毛泽东集中力量开展工人运动，在毛泽东的领导下，湖南工人运动风起云涌。为了使毛泽东有充沛的精力考虑和处理革命大事，杨开慧主动承担了大量的机关日常事务工作，挑起家庭重担，在生活上无微不至的关心体贴毛泽东。当时，毛泽覃、毛泽建、何宝珍、张琼等一些青年也住在清水塘，他们感到整个长沙城是一片黑暗和冷酷的世界，而在这城郊的清水塘，他们生活在毛泽东和杨开慧的身边，却感到无比的亲切和温暖。

1925 年 2 月，杨开慧随同毛泽东回到韶山，这是杨开慧第一次来到毛泽东的诞生地，这里的山山水水，茅屋草房，以及花草树木，她都感到特别亲切，她更关心和热爱这里的贫苦农民。按照当地风俗，她和毛泽东一起以“走人家”的形式，深入贫苦农民家里调查、谈心，了解他们的疾苦，启发他们的阶级觉悟，鼓励他们起来和地主豪绅进行斗争。

杨开慧积极协助毛泽东创办农民夜校，在很短的时间里，韶山地区办起了二十来所农民夜校。她理着短发，穿着青衣短袄，领口露出一线洁净的白边；下穿灰色长裤，一双天足穿着白袜套布鞋，用通俗的语言，深入浅出地向农民宣传革命思想，传授文化科学知识。

杨开慧讲的这些通俗生动的内容，深深地吸引着乡亲们。此次回韶山，她还当过这年成立的中共韶山支部的四个支委毛新枚、庞叔侃、钟志申、李耿侯的入党介绍人。宣誓仪式就是在上屋场毛泽东卧室的小阁楼上秘密举行的。韶山地区建立了二十多个秘密农会以及公开的群众性革命组织——雪耻会。

1925 年秋，毛泽东去广州，杨开慧于同年冬离开韶山前往广州协助毛泽东收集、整理资料，编写文稿，担任联络工作。家里没有请保姆，因此，杨开慧除了积极开展革命工作，还得照顾家务，抚养两个孩子，生活非常艰苦。

1926 年 7 月，北伐战争开始，7 月攻克长沙，10 月占领武汉。为了发展全国农民运动，配合北伐，10 月毛泽东离开广州到武汉，12 月 17 日，应邀由汉口返回长沙，参加和领导湖南省第一次农民代表大会和工人代表大会。杨开慧先回长沙，住在望麓园，协助毛泽东为全省农民运动作工作。

大会结束后，毛泽东于 1927 年 1 月 4 日至 2 月 5 日深入湘潭、湘乡、衡山、醴陵、长沙等县，进行三十二天农民运动考察工作。杨开慧对大量的调查资料进行了认真的选择和整理。

2 月，毛泽东和杨开慧先后到武昌，住在都府堤 41 号。在这里毛泽东写下了《湖南农民运动考察报告》。同年 3 月，在《战士》周报上公开发表。当时，生活条件很艰苦，杨开慧由于工作忙，加上怀孕，身体不太好。但她仍然拒绝同志们要她单独开伙的建议，不搞特殊，和大家一起吃饭。她生下孩子后只二十来天，就又投入紧张的工作，协助毛泽东处理日常事务，经常工作到深夜。

1927 年 10 月，毛泽东率秋收起义部队上了井冈山，杨开慧带着 3 个孩子与保姆陈玉英回板仓，做党的地方工作。由于政治环境险恶，关山远隔，夫妻俩从此就断了联系，大革命失败后，杨开慧回到家乡板仓，坚持地下工作。1930 年 10 月，被国民党反动派逮捕，遭受严刑拷打，威逼利诱，始终坚贞不屈。同年 11 月，英勇就义于长沙浏阳门外，时年 29 岁。

1930 年冬，毛泽东在中央苏区（江西）得到杨开慧壮烈牺牲的噩耗后，立即写信给烈士亲属，对烈士表示沉痛的哀悼。信中说："开慧之死，百身莫赎。"

毛泽东的第二段感情是在井冈山上与"永新一枝花"贺子珍的婚恋。

1927 年 10 月 6 日，初上井冈的毛泽东带了四五个人来到长期活跃于井冈山的红色绿林袁文才据点大仓树，村口站了一大帮人，他们看到毛泽东等人进村，忙不迭地迎了上去。原来袁文才已把毛泽东上山的消息通告了当地的一些共产党员和他的部将，并在毛泽东来到时列队欢迎。毛泽东与袁文才握手问候后，先介绍了身后的几个随行人员，袁文才也把自己的部将向毛泽东及其随行的同志作了介绍。最后介绍的是贺子珍，毛泽东有些惊讶，想不到井冈山的头面人物中还有这样一位娇美俊秀的年轻姑娘。

袁文才看透了毛泽东瞬间的心境，接着介绍道："她是中共永新县委委员。前不久，她从永新带了一支队伍与我们会合，别看她只有17岁，去年就加入了共产党，也算是老革命啦。"

听了这番介绍，毛泽东连声说："看不出，看不出。"

他原以为这个小姑娘只不过是袁文才部将的女儿罢了，想不到她还能拉起一支队伍上山，因此，他打心眼里赞赏贺子珍。

站在旁边的贺子珍被袁文才的介绍涨得满脸通红，搓着刚被毛泽东那只大手握过的右手，更显得妩媚动人。

这就是他们的第一次见面。

原来，贺子珍的父亲贺焕文在永新县城也算是有头有面的人物。早年曾捐官当上安福县县令，但因不谙官场，受人排挤，回到永新，捡了个"刑门师爷"，又因牵涉两桩官司，坐了班房。从此，他看透了官场的黑暗，出狱后弃官从商，在县城开了个卖杂货，兼营茶馆的小店，以此支撑家庭门面。

贺焕文对子女教育看得很重，贺子珍初小毕业后，又进入福音教会子弟女生部学习，并读至毕业。1926年春，16岁的贺子珍已成为母校秀山小学的国文教师。此时，她已出落得亭亭玉立，被公认为"永新一枝花"。

在共产党人欧阳洛的影响下，贺家三兄妹贺敏学、贺子珍、贺怡加入社会主义青年团，贺子珍担任了永新县第一任中国社会主义青年团团支部书记，不久，她转为中共党员。国共合作后，贺子珍担任国民党永新县党部委员兼妇女部长，当时才16岁。

1927年3月，贺子珍担任中共永新县委书记，不久，调任吉安国民党永新县党部驻吉安办事处联络员和中共吉安特委委员兼特委妇委组织部长。

6月10日黎明，永新的国民党右派在县城捕杀共产党人。由于叛徒告密，贺敏学等中共党员和群众80多人被捕入狱。

为营救贺敏学，她给兄长的同班同学袁文才写信求援。袁接到贺子珍的信后，会同结拜兄弟王佐，率部攻打永新城。7月26日，他们攻占县城，救出了狱中的贺敏学等人。不久，贺子珍从吉安赶回永新，随哥哥一起，和袁文才、王佐上了山。

毛泽东在茅坪住下后，在那个不大的山村与身染疟疾、在家休养的贺子珍接触逐渐多起来。

1928年6月，贺子珍痊愈后，即率领一支工作队到永新县夏幽区西乡塘边村，从事打土豪分田地的工作，不久，毛泽东也率部分战士来到这里，进行分配土地的社会调查。因为找不到合适的房子，毛泽东也被安排住在贺子珍的房东家里。

安顿后，毛泽东要开调查会。贺子珍自告奋勇承担了调查会的准备工作。她感到，跟毛泽东在一起能学到很多东西，同时，在她心灵深处正萌发着一种少女微妙的情感。

有一次，贺子珍外出工作回来，像往常一样轻手轻脚地准备走进毛泽东的房间。她见他正在写东西，便不声不响地倚在门槛上，深情地注视着毛泽东那全神贯注的神态，看着他那宽阔的后背，少女心中升起的不仅是敬意。第一次见面到现在，使她感到，他有革命家的胆略和气魄，在他身躯里蕴藏着无穷的智慧……一朵红云挂到脸上，她觉得浑身发热。

不知过了多久，毛泽东停笔沉思，在舒展腰臂之际，一眼看到了站在门口的贺子珍。贺子珍赶忙把目光移到自己脚尖上，极不自然地抚摸着自己的上衣纽扣。少女的这种反常举动，毛泽东自然明白，他坦率地说："你是个好同志、好姑娘，我很喜欢你。"还有什么比这更珍贵呢，这是自己暗恋着的人的应允，是一种共鸣，是两颗相恋的心的撞击！

贺子珍坐下后，毛泽东讲了自己的身世和追求革命的经历，贺子珍也向他详细介绍了自己和家庭情况，他们谈了很久，时间不知不觉就这样过去了……她更敬重他，他更爱慕她，两人倾心相爱，心照不宣。

从此，毛泽东的生活多了一个姑娘的细心照料。一天，经毛、贺同意，袁文才亲自掌勺炒了几个菜，把大家召集在一起，吃了一顿饭。正热闹的时候，袁文才当众宣布了毛泽东、贺子珍的婚事。此时毛泽东35岁，贺子珍19岁。

婚后，贺子珍担任了井冈山前敌委员会秘书，在书记毛泽东身边工作，在井冈山开始了甜蜜而又艰苦的生活。他们是幸福的，但有时也拌嘴，吵过后，毛泽东总是那句话："你是铁，我是钢，碰到一起响叮当。"这种"响叮当"的性格，为他们日后婚姻的不幸埋下了种子。

与毛泽东与杨开慧、贺子珍的感情生活相比，王明与孟庆树的婚恋要艰难得多，甚至具有某种传奇色彩。

王明到莫斯科后，一切还算顺利。从进俄语速成班，到得到米夫的器重；从与任卓宣的辩论，到当选学生公社主席；从给米夫充当随身翻译，到斗败"教务派"，成为中大的"无冠之王"，在众人面前，他总是扮演成功者的角色。尤其是给米夫献计后，他更是踌躇满志。得意之余王明也有一块难以启齿的心病，那就是丘比特之箭总是不肯光顾，这使他感到沮丧。

他以前想，虽然他没有让女孩看得上的伟岸身躯，但他要凭着自己超群的才华，在事业上作出一番令人刮目的成绩，来弥补自己的不足。尽管现在还谈不上功成名就，但在堂堂的中山大学，在莫斯科的中国人中，也算得上小有名气了。然而，他还是没有得到女孩子的爱情。

王明有些耐不住了。他不是那种要爱情不要事业的人，但他毕竟23岁了。本来，到中山大学来的大多正值谈情说爱的年龄，加之远离祖国和亲人，心里有一种莫名的惆怅，莫斯科舒适的环境，使中山大学恋爱风盛行。和王明一块来的人，有的正在热恋，有的正在物色目标，以发起攻击。看到人家成双成对、卿卿我我的热乎劲，王明说不出是羡慕还是嫉妒。

1927年11月，中山大学又招了一批学员，这是中大的第三期学员。他们中的女学员很快成了男学生追求的目标。王明也不甘示弱。他了解到，女学员中有一个叫孟庆树的，是自己的老乡，来自安徽寿县田家集孟家围子，才16岁，出身地主。王明想，出身不好，但能被派到莫斯科来学习，足见思想进步，因为蒋介石叛变革命后，国民党再也不派人来中大了。

孟庆树，身材适中，五官端正、秀美，虽然算不上校园里的美女皇后，但青春的优势和落落大方的风度，赢得了不少男生投来的目光。王明对这位老乡尤其关注。他总是想方设法去接近她，以期得到她的垂青。但孟庆树对小个子王明不感兴趣，她很快找了一个男朋友。王明落了个单相思。

也许是对爱的专一，或许是这位老乡太值得王明追求了，王明与孟的男友之间展开了一场爱情竞赛，王明不相信那么多有影响的人都被他征服了，难道就不能征服一个女孩子。同时，对王明来说，越是难得到的就越想得到。因此，他仍然顽强地向16岁的小老乡发起了更猛烈的爱情攻势。

还是米夫给了一个机会。如果说王明对米夫爬上校长宝座有功的话，那么王明能赢得孟庆树的好感，就应该感谢米夫了。1928年6月，中共六大在莫斯科召开，需要在中山大学挑选几名学生做工作人员。米夫把挑选学生的任务交给了王明。能作为中共代表大会的工作人员无疑是一种荣耀，王明利用这个机会，首先就把自己喜欢的孟庆树安排进去了。当时，孟庆树还只是团员，很多党员同学对此很不满意，但王明为了爱情也管不了这么多了。

王明在中山大学的影响和对爱情的执着赢得了孟庆树的好感。转而，她和原来的男友分手了，爱情的天平逐渐向王明身上转移。但是，王明小小的个头、其貌不扬的外表，的确引不起她的兴趣和激情，她也没有最后拿定主意。直到王明回国时，孟庆树也没有给热烈追求自己的王明以肯定的答复。

王明回国后，先被安排在上海沪西和沪东区委搞宣传工作，工作上的不得志，使他更加思念远在异国的恋人。

1930 年，孟庆树回国，也分配在上海沪东区委妇委会工作，几乎和王明待在一起了。王明的相思成了咫尺追求，如何赢得女友的芳心，可费了王明不少心思。

天有不测风云，王明由于本职工作消极，不能很好地完成区委交给的任务，在区委会上经常受到同志们的批评，这位当年名震中大的“白马王子”，再也威风不起来了。王明的处境，使多少有些势利眼的孟小姐爱的天平发生了倾斜，她开始有意疏远王明。

上海沪东区委妇委会书记是女工出身的朱秀英，孟在她的直接领导下工作。她经常深入到附近的纱厂调查情况，参加劳动。王明知道孟庆树是有意躲着他，工作上失意，使他不愿再接受爱情失落的现实，他经常去找孟庆树。孟庆树被王明缠得心烦，干脆把住房退掉搬到朱秀英那里和她一块住。

痴情的王明并不知道孟已搬家，当他再一次来到孟的住所时，只剩下了一所空荡荡的房子。他在房子里来回踱着步子，突然，他发现了孟庆树用过的几支发卡子，他小心翼翼地拾了起来，细心包好，作为纪念品，珍藏在贴身的口袋里。

1930 年 7 月 30 日，孟庆树不幸被捕入狱，关进了上海龙华看守所，王明得到这个消息，心急如焚。半个月之内，他冒着生命危险三次去探监。他后来回忆当年的情形：

化装三探龙华监，亲结背心递我穿。
高语家常低语党，铁窗加紧两心牵。

患难见真情，王明不顾自己安危，多次来监探望，使孟庆树深受感动，她终于答应了王明的求婚，在出狱的第二天（1930 年 11 月 23 日）便和王明结了婚。对此，王明写道：

出狱两天便结婚，双心结合胜千军。
三年多少悲欢剧，银汉女郎不可分。

王明对爱情的追求和忠坚，令人钦佩，他们结婚后，风风雨雨，共同生活了 44 年。王明虽屡犯错误，不得志，但他们恩爱如初。

第三章　历史错位

1. 在中央全会上，王明引经据典，与李立三展开论战

1929 年 3 月，一艘由北方开来的轮船缓缓地停靠在上海轮渡码头。船刚靠岸，一个留着小分头、个子矮小、身着中山装的青年就急匆匆地跳了下来。

此人就是王明，他于 1925 年赴苏联莫斯科中山大学学习，在红都莫斯科经过四年的潜心苦读，今天终于回国了。

作为莫斯科中山大学的“无冠之王”，王明是带着米夫改造中国共产党领导的厚望，被米夫以共产国际东方部的名义派回国的。米夫对王明回国作了周到安排。在王明回国之前，他就以共产国际东方部的名义打电报给中共中央，指示中共中央对王明的工作给予妥善安排。

据王明在莫斯科中山大学的同学黄理文回忆，米夫对王明回国特意作了安排：“上火车坐的是头等车厢，两人一个小包间，窗帘拉着，谁也看不见。这在苏联只有中央委员才能享受这种待遇，而中国同志只有瞿秋白等少数政治局委员可以享受这种待遇。”“到符拉迪沃斯托克换轮船时，王明坐的是二等舱，而留学生回国大家都坐三等舱。”

王明先由莫斯科乘火车到符拉迪沃斯托克，然后又由海参崴乘船到达上海。3 月上旬到达上海后，这位有着特殊背景的年轻人赋诗一首，表达了他回国后的“冲霄壮心”：

方酣春意独还乡，别意离怀万里长。
西问天鹰歌织女，东听河鼓笑牛郎。
域中乡市争红白，沪上风云搏暗光。
到此一心为战斗，冲霄壮心正昂扬。

不过，王明这位毫无国内斗争经验的留苏学生，并没有像米夫和他本人想象的那样得到中共中央的器重。接到关于王明等回国的电报后，中共中央专门召开会议，研究安排王明等人的工作问题。中共中央决定，王明的工作按照中央历来对回国留学生的安排规定，由中共中央组织部具体负责安排。

中共中央在当时曾经有过规定，凡从苏联回国的留学生，由于他们缺乏实际工作经验，一般不直接安排到中共中央机关工作，而是先安排他们到基层工作，锻炼一段时期后，再根据他们在基层工作表现的能力，考虑调到中央或地

方领导机关工作。

在艰苦复杂的革命战争年代，缺乏实际革命斗争经验的学生出身的干部确实需要到基层锻炼，逐步了解和掌握革命斗争的特点与规律。当时中央的这一规定是正确的。按照中共中央的决定，当时兼任中共中央组织部长的周恩来、秘书长恽代英、秘书余鸿泽又专门研究了王明的工作安排，决定按照中央的规定，安排他到基层工作。

于是，王明被派到上海沪西区委做宣传工作。7 月底，王明又被调到中共沪东区委任宣传干事，兼任《红旗》报通讯员。

当时党的基层地下宣传工作的任务之一，就是秘密散发传单标语。1929 年 7 月 27 日，在离开沪西区委之前，王明写了一首七绝，描述当时的工作情景：

见空就投飞似箭，背人即贴快如风。莫言此道学无用，手足机灵耳目聪。

王明本来心高气傲，自认为满腹经纶，回国应委以重任。对党中央安排的这份差事他很不满意。

其实，王明这种清高自傲由来已久，特别是在中共六大后，这种情绪更进一步滋长。

那是在 1928 年，恩师米夫的帮助，使王明得以参加了在苏联召开的中共六大的服务工作。当时中共中央主要领导人瞿秋白、李立三、张国焘在六大召开前夕纷纷抵达莫斯科。此时，中国革命刚从 1927 年大革命惨败中恢复一点元气，如何估量当时的革命形势？中国共产党应采取什么样的策略路线？这样一些重大问题时刻困扰着这批年轻的中共党员。

王明在写作

瞿秋白书生气较浓，李立三脾气暴躁，张国焘刚愎自用，这些中共巨头聚在一起，围绕上述问题各持己见，争论不休，三人互不服气。结果找到了当时任共产国际政治书记处书记的布哈林交谈，仍然统一不了意见。

他们干脆找到了当时最高权威斯大林。一向表情严肃、不苟言笑的斯大林面对年轻的中共领导人的求教，也显现出了极少有的热情，耐心地与他们探讨了一些无产阶级革命的基本问题。

“斯大林同志，您看中国革命需要多少个马列主义理论家才能胜利呢?”当时有中共领导人问。斯大林微笑着：“大约五十个吧！因为你们中国很大，没有五十个真正精通马列主义理论并能独立地适用马列主义去解决问题和领导工作的同志，是不行的。不过，这五十个要真懂马列主义，而不只是在马列主义外衣下喊革命口号的人。”

当时在中共六大秘书处服务的王明被米夫安排为这次会见的翻译。目的很明显，就是要让王明找机会接触斯大林，接触中共主要领导人。这时在莫斯科中山大学待了近三年、已能熟背不少马列经典的王明一边翻译一边暗暗发笑。心想：中国领导人的水平真是太低了，连这样一些基本问题都弄不清楚。

他看不起张国焘、瞿秋白、李立三，更看不起当时已深入偏僻农村广结绿林豪杰、准备当“山大王”的师范生——毛泽东。“山沟里出不了马列主义”，这是当时共产国际和苏联老大哥的一致看法，也是王明的想法。

上海是我国最大的工业中心，集中产业工人 80 多万。当时，党在上海没有专门设立市委，而由江苏省委兼管上海市委工作，下辖沪东、沪西、沪中、法南、闸北、浦东、吴淞 7 个区委，140 多个基层党支部，1200 多名党员。

沪东是上海的工业区，从提篮桥以东到杨树浦一带工厂林立，其中有老怡和纱厂、恒丰纱厂、永安纱厂、三新纱厂等工厂，还有英商电车公司和海港码头，上海也是产业工人的集中地。

这时，担任中共沪东区委书记的是长期从事工人运动和农民运动、具有丰富实践经验和理论修养的老共产党员何孟雄。

何孟雄

何孟雄是北京共产党小组的早期党员，曾经是京绥铁路工人运动的组织者和领导者。北伐战争开始后，他从北京调到当时的革命中心武汉工作。大革命失败以后，他又随同中共中央由武汉迁往上海，到江苏省委工作。何孟雄从 1929 年 4 月由沪西区委书记调到沪东来，把区委的工作重点放到从事工人运动方面。他经常深入工厂进行调查，和工人广交朋友，巩固与发展工会组织。他组织沪东区委出版了《沪东工人》杂志，积极对工人进行宣传鼓动工作。他领导沪东工人同帝国主义、国民党反动派进行各种形式的斗争，而且在斗争中注意防止一些“左”的做法，深受沪东工人爱戴，在工人当中威信很高。

其实，中共中央对于王明的工作还是重视的。周恩来为安排王明到沪东区委工作一事，特意向何孟雄交代，要他对王明给予帮助和培养。

何孟雄热情欢迎王明来沪东区委工作，殷切希望他能把在莫斯科中山大学学的理论和沪东工人斗争实践结合起来，在斗争中发挥作用。工人出身的区委组织部长金伯棠也欢迎王明的到来。

区委宣传干事的首要工作是深入基层，到工厂群众当中了解情况和进行革命宣传鼓动。王明曾到过沪东韬朋路码头工人中了解情况和参加会议。但是，在书斋中成长起来的王明热衷的是理论，擅长的是笔杆子。本来中共中央鉴于他没有基层工作经验，才让他深入基层学习锻炼。但是，王明却借口没有基层工作经验而不愿到基层接近群众。在沪东区委工作期间，他很少深入工厂和群众当中去了解情况，对于自己担任沪东区委宣传干事的职位深感不称心。在王明看来，中央这样安排他的工作，简直是把共产国际极端器重的人才给冷落起来，是有才不用，浪费人才。

地下工作毕竟不像在莫斯科夸夸其谈，艰苦斗争生活的考验，白色恐怖的严重困扰，使他时刻提心吊胆，难以入眠。

不久，王明果然被捕入狱。他贪生怕死，为了活命，违反党的地下工作纪律，受到党的警告处分。为了挽救他，党给他重新工作的机会。不久，党中央把他调到了全国总工会工作。

野心勃勃的王明并无悔改之意，到总工会后他不思工作，而是热心于扩展自己的关系。他找到全总党团负责人、毛泽东的同乡——罗章龙交谈。

王明企图充分展示他当年锻炼出来的拉帮结派本领，当着罗章龙的面，指责中共党的领导人没有马列主义的理论修养，没有懂马列主义理论的人，历届的中央工作都没有成绩，现在党处于深刻的危机中，提出借鉴苏联的“清党”的经验，中国共产党才能布尔什维克化。

王明看着罗章龙毫无表情的脸，故作神秘地说：“共产国际对我很信任，有意让我担当改组中央和领导新中央的任务，希望全总能给予支持。全总如有什么困难，可以向我提出，我可以通过中央直接写信给国际，保证能解决问题。”

王明讨好罗章龙，罗并不吃这一套，论资历和年龄在党内他都是王明的长辈。当年，第一个响应《“二十八画生”征友启事》的就是他。后来又参与“新民学会”。1920 年他参加了北京共产主义小组，成为中共早期党员。中共三大即当选为中央委员，他岂容王明这个小个子年轻人在自己面前指手画脚。

王明在总工会碰了个硬钉子，并不灰心。1930 年 6 月又经过一番钻营，得以担任了中共中央宣传部秘书，使他有机会接近中央高层领导。当时中共中央宣传部长由中共中央秘书长李立三兼任，王明在李立三身边工作，变得消息灵通起来。

这时，莫斯科中山大学的学生不断回到国内，其中包括“二十八个半布尔什维克”中的人物。王明常在他们之中走动，私下议论。王明根本看不起 1928 年中共六大被选上来的总书记向忠发，骂他是“傀儡”，也看不起李立三，说李立三哪能“懂多少马克思主义”。他大有取而代之的野心。

1930 年 6 月 11 日，在李立三的主持下，中共中央政治局会议通过了《新的革命高潮与一省或几省首先胜利》的决议案。认为“普遍全世界的严重的经济恐慌与政治危机”，“说明空前的世界大事变与世界大革命的时机，都已逼近到我们面前了”；“新的革命高潮已经逼近我们的面前了”，“准备一省或几省首先胜利，建立全国革命政权，成为党目前战略的总方针”。

紅旗

新的革命高潮與一省或幾省首先勝利

《红旗》刊《新的革命高潮与一省或几省首先胜利》一文

共产国际远东局驻中国代表罗伯特对决议中一些具体问题和李立三有不同意见，反对下发决议，李立三大骂罗伯特“右倾”，不理会他的意见。不久，共产国际政治秘书处也发来函电，批评中共中央不尊重国际领导。李立三不服气。6 月 21 日，中共中央政治局以总书记向忠发的名义向共产国际执委会远东局发出抗议信。信中除对共产国际要求停发这一决议表示“提出严重抗议”外，还数落了罗伯特一顿，说“罗伯特同志存在一贯的右倾路线，他在远东局的工作，的确妨害中国共产党领导的革命工作，妨害中国共产党与远东局的关系，我们要求远东局停止罗伯特的工作”。

王明在李立三手下工作以来，一直支持立三中央的“左”倾冒险计划。他在《红旗》《布尔什维克》等刊物上发表大量文章，过于乐观地估计革命形势，鼓吹红军进攻中心城市，夺取一省数省的首先胜利，建立苏维埃政权的冒险主张。

这时，善于见风使舵的王明风闻李立三跟共产国际有了纠纷，心中暗自高兴，他早就想把李立三弄下去，现在可是一个绝好机会了。拉帮结派很有一套的王明连忙找到原中大校友，“二十八个半布尔什维克”的博古、王稼祥、何子述，提出趁机向李立三发难。不过，这时观点比李立三更“左”的王明并不认为李立三犯的是“左”的错误，却以为李立三是用“左倾的空谈掩盖着右倾的消极”。直到党的六届四中全会前后，王明在抛出的《为中共更加布尔什维

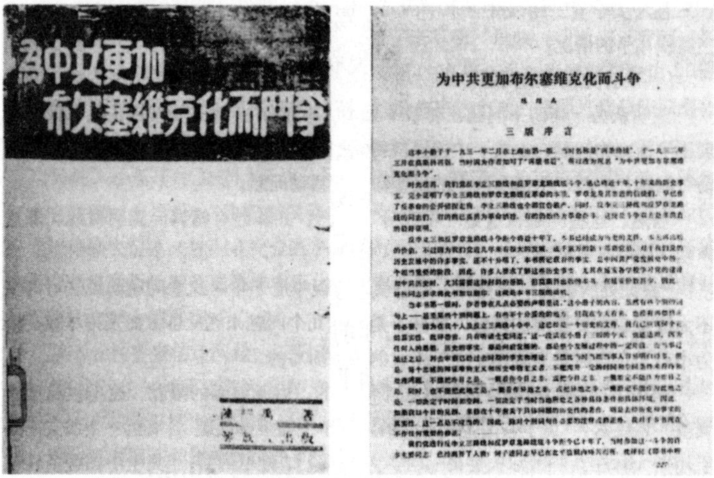

《为中共更加布尔塞维克（通译为“布尔什维克”）化而斗争》

克化而斗争》的小册子中，仍指责李立三没有真正为中心城市的总同盟罢工和武装起义创造条件和进行准备，并重复共产国际的指示，提出建立“真正的红军”和“最有保障的革命中心的根据地”，“进而能够占领一个或者几个的工业的行政的中心城市”。1930 年 7 月 9 日，在中共中央的一次会议上，王明联合刚从莫斯科归国不久的伙伴博古等人向李立三的权位发起了第一次冲击。

会议宣布开始后，他们就把马列著作摊在桌上，引经据典，咬文嚼字，就中国革命与世界革命问题、高潮与直接革命形势问题、一省与数省政权问题和反右倾问题，与李立三展开论战，批评李立三犯了“托洛茨基主义、陈独秀主义和布朗基主义的混合错误”。

长期习惯于一言堂、家长制领导的李立三对几个年轻人发动的突然袭击没作任何思想准备，感到非常震惊，当场气呼呼地说道：“我知道你们几个莫斯科回来的要搞什么名堂！”

李立三理论根底有限，在会场争论中根本不是莫斯科中山大学训练出来的“高才生”王明、博古的对手，没争论多久，就被王明等人逼得瞠目结舌、面

红耳赤。不过，他毕竟手握大权，当即用“右派”“右倾机会主义路线”和“小组织者”等大帽子，把王明等人压了下去。当即中共中央总书记向忠发宣布：中央决定给四人纪律处分，四人同时调离中央。王明调往江苏省委另行分配工作，何子述、王稼祥分调天津、香港，不得不离开上海。

王明仗着有共产国际撑腰，并不服气。他还在等待时机，搞垮李立三，进而问鼎中共主要领导权……

1930年8月中旬，赴莫斯科汇报工作的周恩来和中共当时驻共产国际代表团团长瞿秋白被派回国，着手纠正“左”的错误，李立三离开了原有的领导岗位，瞿秋白成为中共新领袖。

可是，事情陡然起了变化，10月间，共产国际给中共中央来信，提高了批判李立三的调子，说立三路线就是反国际的政治路线。

共产国际调子的变化，使原来回国已对立三问题作了冷处理的瞿秋白、周恩来处于十分尴尬的地步。

显然瞿秋白的地位保不住了！谁将取而代之？

这时，早已为共产国际看好的，时年26岁的王明认为夺权时机已到，异常兴奋。紧接着采取了一系列行动。

他首先自诩为反立三路线的“英雄”！几次写信要中央给他平反。

王明还与从苏联回国的沈泽民、夏曦、凯丰、陈昌浩、李竹声互相串联，到处活动，掀起了反三中全会的声浪，要求改组党中央。

他还以未来的中共新领袖自居，“不失时机”地抛出了赶写的预备上台的政治纲领——《为中共更加布尔什维克化而斗争》，文中除重谈“左”的老调外，把主要矛头对准了瞿秋白，其目的就是要把他赶下台。

当时在中共党内，江苏省委负责人何孟雄、全总巨头罗章龙也要求像召开八七会议解决陈独秀问题一样，召开中央紧急会议，以解决立三“左”倾错误带来的一系列问题。

党中央决定，12月9日召集中央紧急会议，解决目前存在的问题。

就在这个关键时刻，一个对王明上台起关键作用的人物悄然来到上海。他就是共产国际东方部副部长米夫。米夫的到来，打乱了会议既定的议程，在一定程度上把中国历史拖入了一段令人不堪回首的岁月……

2. 毛泽东与中央代表彻夜长谈，陈述不能攻打长沙的原因，并提笔致信党中央

就在王明先是积极支持李立三的"左"倾冒险主义，后又趁机向李立三发难，企图接掌中共中央权位之际，在闽西沉默了半年多，现在率领红四军在江西中部、南部驰骋，开辟了赣南根据地的毛泽东却遭到了李立三的猛烈抨击。

李立三，原名李隆郅，1917 年毛泽东在校园张贴了《"二十八画生"征友启事》，一个星期天的上午，当时正在长沙广益中学读书的李立三，去定王台省立图书馆会见毛泽东。当时的毛泽东和许多提倡新风尚的青年一样，见面不谈客套废话，一句寒暄也不说，就态度严肃地讲起了对国家大事和读书修身的看法。他虽然也还是一个湖南第一师范学校的学生，但比李立三大六岁。李立三觉得毛泽东已经是一位大先生，而自己则是一个从刚县城里来的小学生，因而十分拘束。他听完毛泽东的讲话，无话可说，就走开了。毛泽东后来回忆此事时说，他的一个征友启事，征得了三个半朋友。李立三就是他这时结交的半个朋友。不过 1921 年积极投身进步活动的李立三加入中国共产党、1922 年在安源领导路矿工人大罢工后，他们已是一个战壕里的战友了。在后来的日子里，李立三的"时运"似乎比毛泽东的更好。他 1925 年担任上海总工会委员长。1927 年中共五大当选为中央政治局委员，参加领导了南昌起义。1928 年中共六大选为中央政治局候补委员，11 月被补选为中央政治局委员、政治局常委，同时任中共中央宣传部长兼中共中央秘书长。这时毛泽东只是普通的中共中央政治局候补委员、红四军党代表、前敌委员会书记，1930 年任红军第一方面军总政委。

李立三

当年的"小弟弟"如今成了毛泽东的上级。

这时中央领导班子年纪都比较轻。周恩来赴共产国际后主持中央工作的李立三算是政治局中的长者，也不过 30 多岁。这批年轻的革命者热情很高，很有干劲，但革命实践经验和理论水平都比较缺乏，看问题的片面性，使他们容易过于夸大某些方面的情况而忽视另外一些情况，缺乏韧

性的战斗思想准备，使他们早已不安宁于革命低潮形势下的细小的具体的工作，很是向往轰轰烈烈大干一场，而夺取戏剧性的伟大胜利。特别是李立三，他更加渴望革命高潮，好动敢干的性格，更使他极易接受和发展“左”的主张。共产国际反右倾的鼓声对他无疑具有极大的推动力。

而在前方主持军事工作的毛泽东头脑则比较冷静，对“左”倾冒险主义者不顾敌我力量悬殊、贸然提出攻取敌人中心城市的计划，实现一省或几省首先胜利的决定表示反对。1930 年 4 月以后，毛泽东对李立三命令红四军放弃闽浙赣根据地向长江流域推进的冒险计划有意推诿，拖延执行。这无疑犯了李立三的大忌。

1930 年 6 月 9 日，“柏山”（亦即李立三）在中共中央政治局会议上讨论目前政治任务决议案草案时，对毛泽东提出了尖锐的批评。

李立三说：“在全国军事会议上发现了妨害红军发展的两个障碍。一是苏维埃区域的保守观念；一是红军狭隘的游击战略，最明显的是四军的毛泽东，他有一贯的游击观念，这一路线完全与中央的路线不同，他以为江西是革命首先胜利的区域。条件是：一、资产阶级弱；二、无地方军阀；三、帝国主义的力量弱。他对红军的发展，则完全是游击战争的观念，这一切问题必须要根本解决，游击战争的战术已不适合于现在的形势……”

李立三挖苦毛泽东的“游击战争的秘诀”，是“逃、路、走”，再三要求毛泽东率领红四军“向中心城市交通区域进攻”，并指派了中央特派员涂震农向红四军传达、督战。

在李立三毫无商量余地的指令面前，憨厚的朱德不禁为毛泽东的处境担忧。他提醒毛泽东：“我们这样硬顶下去恐怕不好，是否可以往北挪挪？”

毛泽东心里不觉一惊。在红军内已有相当一部分人承受不了压力的情况下，朱德的思想一动摇，将会影响整个部队，便对朱德说：“中央要我们打南昌，进九江、攻武汉，凭我们现有的力量是很难实现的。据悉，目前我党在武汉还只有 200 个党员，赤色工会也只有 150 个会员，而帝国主义在武汉的势力就有 10 个现代化师。南昌、九江的情形也好不了多少。在这种情况下，如果硬要去打，那是鸡蛋碰石头。”

毛泽东处于左右为难之中，执行中央的命令吧，红军将付出血的代价；抗拒不从吧，与组织原则不符，也将妨碍党和红军的团结和统一。

关键时刻，毛泽东显示了高度的原则性与灵活性的结合。

7 月 11 日，毛泽东在江西兴国县城北雨坛召开了红军和地方武装人员的万人誓师大会，发布了向南昌推进的命令。

在向南昌进军途中，红四军一路歼敌，一路发动地方武装，先攻占樟树，后又两渡赣江，攻占吉安，然后又折回南昌附近，拉开攻打南昌的架势。

8 月 1 日，毛泽东派罗炳辉带了几十个人到南昌赣江对岸的中行车站，鸣枪示威。南昌城一阵紧张，正欲派军反击，毛泽东已不见踪影。

正在此时，头脑发热的李立三已急电彭德怀进攻长沙。7 月 28 日，彭德怀乘长沙守敌空虚之际，攻入湖南省会长沙。宣布成立“湖南省苏维埃政府”，以李立三为主席。但不久何键调 15 个团南北夹击，彭德怀率部被迫撤离了占领仅 11 天的长沙。

李立三看到计划逐步在实施，先是高兴了一阵，又得知毛泽东佯攻南昌，彭德怀退出长沙，大骂他们右倾，急令毛泽东的红一军团同彭德怀的红三军团再攻长沙。

这时红一方面军亦只有三万多人，仍然是敌强我弱，敌优我劣，不宜强攻敌人设防坚固的长沙城，但中央有令不得不执行。

为避免大的损失，毛泽东建议围而不攻，设法诱敌出城，聚而歼之。经过几天的等待，终于引出敌人一个师，一举全歼，士气大振，全军强攻长沙的请战情绪与日俱增。加上李立三的连连催促，毛泽东不得不于 9 月 10 日签署《强攻长沙的命令》。

指令发出后，红军战士如猛虎一样向城池强攻，在敌人密集的弹雨下，红军损失惨重，毛泽东坚决主张撤退。

就在这个时候，李立三派来长江局代表周以栗，要求毛泽东坚决执行中央命令，再度对长沙发动进攻，切断湖南敌人与武汉的联络。毛泽东与周以栗彻夜长谈，陈述了不能再攻长沙的原因，并提笔给中央写了一封信，力主中央放弃再攻长沙的主张，要周以栗带回去。然后毛泽东率领红一方面军折回江西，准备攻打吉安。10 月 3 日，一举攻克吉安，使赣南大片地带成为新的红色根据地。

10 月 17 日，毛泽东率部抵达江西中部的峡江县，收到中共湘东特委 9 月以及 9 月以前发出的三封信，转达来自中共中央再度进攻南昌的指令。

毛泽东感到十分为难，一方面扎实做红军指战员的思想工作，劝导大家认清形势，说明立三主张的冒险性；另一方面又复函湘东特委，对中央指令虚以周旋。所幸的是，这时中共中央的人事已发生重大变化，在瞿秋白、周恩来的主持下，在上海召开了中共六届三中全会，宣布结束了李立三“左”倾冒险主义路线，毛泽东又重新恢复了在党内的地位。

但 1931 年回国不久的年轻学子、“二十八个半布尔什维克”的主要代表、教条主义的典型——王明，借助“恩师”米夫的帮助，夺取中国领导权后，致力于马克思主义与中国实际相结合，着力开辟农村根据地的毛泽东就厄运难免了……

3. 为了圈定的中共中央政治局委员能顺利通过，米夫主导的中共六届四中全会采取了几个非同寻常的手段

1930 年 12 月 10 日，一个王明朝思暮想的人神采飞扬地出现在上海滩。他，就是共产国际东方部副部长米夫。

这次是米夫第二次来上海了。1927 年 2 月至 7 月中国大革命后期，他曾率一个宣传代表团，到中国上海、广州、武汉等地访问，并出席中共五大。但这时他还主要是考察了解中国革命，无权过问中共党内的事务。如今他已是共产国际派来中国的“钦差大臣”，是共产国际分管东方（包括中国）事务的东方部负责人了。

作为中国支部的上司，米夫这个共产国际代表要履行自己的职权了。

1930 年 12 月 11 日，风尘仆仆的米夫就撇开中共主要领导人，在他下榻的饭店单独召见了自己的得意门生王明，听取了汇报，向王明面授机宜。

12 月 16 日，米夫又压制中共领导人，让中共中央政治局通过了《关于取消陈韶玉、秦邦宪、王稼祥、何子述四位同志处分问题的决议》，为王明公开平反。

米夫还以提拔“拥护国际路线”“反对立三路线”的“斗争干部”为借口，于 12 月 26 日，通过党中央委派王明为中共江南省委书记、博古（秦邦宪）为团中央宣传部长，为攫取中共领导权，作了组织上的准备。

米夫为名正言顺把王明扶上台，还否决了中央原定的召开紧急会议的方案，他以“太上皇”的姿态向中共中央指令，现在召开紧急会议已无必要，只有召开四中全会才可以解决我们目前急需解决的任务。

几乎就在同一时候，远在苏联莫斯科的共产国际，同样在“关注”着中国的问题。共产国际执委主席团就“立三问题”展开了讨论，离职前往苏联反省的李立三成为会场的焦点。尽管他作了深刻的检查，但主持会议的共产国际主席团委员曼努意斯基仍不满意，对中国共产党能否克服立三路线的错误，公开表示不信任。在他看来，中国共产党是“幼稚”的，原有的领导人都不行了，

中共六届四中全会旧址——上海武定路修德坊6号

需要有中国的列宁、斯大林。那么，谁能成为这样的人呢？曼努意斯基没有明说，但共产国际的实际行动表明，他们已把主要希望寄托在王明身上。

米夫和共产国际意见合拍，他所提出召开中共六届四中全会的提议，就理所当然地被批准了。

米夫在王明做好了一系列准备后，开始了攫取中共主要领导权的行动。

1931 年 1 月 7 日的上海，寒风飕飕，阴雨霏霏。在武定路修德坊 6 号一间大的房子里，挤满了前来开会的 37 位代表。

会议是由米夫一手操办的，基调是否定三个多月前的中共六届三中全会，“反瞿”成了会议主题。

会前，共产国际的“钦差大臣”米夫早就起草了《中共六届四中全会决议案》，打着共产国际远东局和中共中央的招牌，拟定了新的政治局委员、候补委员和补选的中央委员名单，决定了出席会议的代表。

这一切准备就绪后，米夫指令当时的中共中央突然召集代表开会。有的代表在会前 20 多分钟临时接到通知才知要开四中全会，有的却连开什么会也弄不清楚，云里雾里来到会场。对一些持有不同意见的中央委员，他们使出“撒手锏”，干脆不要他们来开会。

如唐宏经是东北早期工人运动领导人之一。罗章龙任北方劳动组合书记部主任时，他是领导成员，两者关系密切。唐宏经曾任满洲省委工委书记，出席了党在莫斯科召开的六大，并被选为候补中央委员。六届四中全会召开前夕，中央通知满洲省委让唐宏经到上海开会。当时唐宏经正在哈尔滨工作，满洲省委从沈阳去信，要他急速回省，到中央开会。

据唐宏经回忆说：

我看开会的时间很急，就立刻从哈尔滨坐车回沈阳。到沈阳后，我没回家，就在车站内，省委同志给了我路费，告诉我接头的地点，于是，我就坐着火车赶赴上海。可惜，我一直不知去开什么会。我在指定的日期赶到上海，住到了指定的旅馆（四马路日升客栈）。可是，我一连住了五天，没有人来接头。第六天早上来了一个人，才算接上头。来人问我："你是来参加会议的吧?"我答："是参会的。"他又问："参加什么会?"我说："不知道。"他说："你是参加四中全会的，会已开过了。"

这样，出席"四中全会"的37人中，竟有15人不是中央委员，而一些正式中央委员却无资格出席。

中央总书记向忠发主持会议，当他刚一宣布六届四中全会开会，早就心怀不满的罗章龙一派就结伙起哄，反对召开四中全会，要求在国际代表领导下，改期召集会议。接着围绕会议的性质和议程问题，又展开了激烈的争论。

在王明与罗章龙两派激烈争论中，米夫马上跑出来制止争论，把反对意见压了下去。

中共新的领导班子人选，是这次会议的实质问题。

米夫费尽了心机，在发言中他表面上对犯过"错误"的原中共领导人表现了出乎意料的温和态度。米夫"诚恳"地说："谁没有错误？如果有错误就应当出去，党内就没有人了。忠发、锡根、向应、温裕成他们是工人同志，他们虽有错误，我们现在决不让他们滚蛋，要在工作中教育他们，看他们是否在工作中纠正自己的错误。"

"如恩来同志自然应该打他的屁股，但也不是要他滚蛋，而是在工作中纠正他，看他是否在工作中改正他的错误。"

米夫一锤定音。"工人同志"向忠发仍保留了他傀儡总书记的职位，周恩来在"打他的屁股"之后，也算是留了下来。

米夫之所以显得这样"仁慈"，让一些"犯过错误"的同志仍留在中共领导岗位，他是有其用心的。其目的是想揪住他们的辫子，迫使他们接受国际指挥棒，拼凑必要的多数票，支持他早已圈定好的中共领袖上台。

米夫心目中的中共新领袖就是他的得意门生王明！

他抛出了自己一手拟定的中共中央政治局委员名单：

向忠发、项英、徐锡根、张国焘、陈郁、周恩来、卢福坦、任弼时、王明。李立三、瞿秋白、李维汉被踢出了政治局。

候补政治局委员七人，他们是罗登贤、关向应、王克全、刘少奇、温裕成、毛泽东、顾顺章。

罗章龙、韩连会、何孟雄坚决反对米夫拟定的名单，针锋相对提出了另外一份政治局委员人选：徐锡根、何孟雄、罗章龙、顾顺章、王克全、韩连会、唐宏经、徐炳根、徐畏三。

显然，罗章龙是与王明争夺对中共中央的领导权。

共产国际代表米夫的强行压制，加上罗章龙对原中共中央领导人采取打倒一切的态度，罗的名单难以为大家所接受，表决结果，米夫操办的名单获得多数票通过。

中共六届四中全会正式接受了王明"左"倾教条主义。会后，新的中央领导机构的组成，进一步巩固了王明"左"倾教条主义在党内的统治。

六届四中全会后，新的中央领导机构和主要领导成员如下：

中共中央总书记　向忠发

中央政治局委员兼江南省委书记　王明

中央宣传部长　沈泽民、张闻天（继沈泽民后任，1931年4月）

中央组织部长　康生

中央军事部长　周恩来

中央职工部长　卢福坦

中央妇女部长　周秀珠

中央农民部长　张闻天（1931年5月重建）

中央党报编辑委员会主任　王稼祥

中共驻共产国际代表　林育英

团中央书记　博古（1931年4月）

全国总工会党团书记　罗登贤

新的中央领导班子虽然在名义上保留了向忠发的总书记职务，但他缺乏领导组织才能，加上这时他思想不求进步，贪图庸俗的生活方式，实际并不管事，而有共产国际撑腰的王明大权独揽，一个人说了算。

党的创始人之一，红军和根据地的创始者，资历、经验、学识、威望均高出王明一大截的毛泽东仅被选为中央政治局候补委员，并不为第三国际所赏识。

1931年6月21日，中共中央总书记向忠发在静安寺英商"探勒"汽车行被捕。尽管他当即供出了设在戈登路（今江宁路）恒吉里一一四一号的中共秘密机关，供出了一些中共领导人，但一颗子弹还是照样结束了他的生命。

中共中央总书记缺位。

按理，有国际代表撑腰，王明取而代之是很有可能的。可是，情况已非比往昔，党中央机关所在地的上海已处于严重白色恐怖下，先是中央特别负责人、掌管党中央大量核心机密的顾顺章被捕叛变。事隔两个月，中央总书记向忠发又落入敌手。在此之前中共江苏省委书记何孟雄，湖北省代理书记林育南，著名左翼作家李求实、柔石、冯铿、胡也频、殷夫等共 24 人殉难于上海龙华刑场。

王明原已有过被捕的历史，清楚在敌特横行的上海立足是一件十分冒险的事，接二连三的人头落地，更使他心惊胆战。他和妻子孟庆树躲进上海郊区的疗养院，也曾经到尼姑庵躲避过一段。

王明曾写过一首《尼庵小住》的诗：

警犬觅踪何所之？
尼庵同隐学禅师。
党人本领通天大，
结伴神仙鬼不知。

据王明一位远房弟弟陈绍杓回忆说：

1931 年我到上海。我有一个侄子在美国教会办的上海沪江大学读书，我去找他。有一次上街买东西，遇到王明。当时蒋介石悬赏 500 元现大洋抓他。他坐着黄包车，戴着帽子，去郊区避风。他和我们在小餐馆吃饭，我看见周围有许多人带着短枪。他说，这都是保护他的，很安全。

虽然“党人本领通天大”，中央有关部门也全力保护王明的安全，但王明

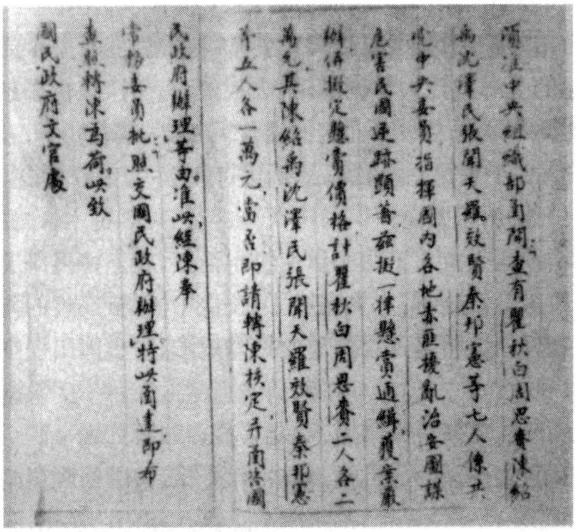
准中央組織部函開：查有瞿秋白、周恩來、陳紹
禹、沈澤民、張聞天、羅登賢、秦邦憲等七人係共
黨中央要員，指揮國內各地赤匪擾亂治安，圖謀
危害民國，[illegible]擬一律懸賞通緝，[illegible]
[illegible]擬定懸賞價格，計瞿秋白、周恩來二人各二
萬元，其陳紹禹、沈澤民、張聞天、羅登賢、秦邦憲
等五人各一萬元。當否，即請轉陳核定，并函請國
民政府辦理等由。准此，經陳奉
常務委員批："照交國民政府辦理"，特此函達，即希
查照轉陳為荷。此致
國民政府文官處

国民党悬赏通缉王明等中共要人的公函

清楚在白区随时都有被捕杀头的危险。作为中国共产党的最高领导人，王明也感到在中国党内，在中国这块土地上的事业已经达到了顶点。恰好此时共产国际也需要中国共产党派一个负责人来担任中共驻共产国际代表，并参加共产国际的领导工作。于是，经共产国际批准，王明决定离开国内，再次去苏联。

为了保证自己离开后所奉行的方针政策能照样推行，王明在组织上进行了安排。

他提议并经共产国际批准，指定博古、张闻天、卢福坦、李竹声、康生、陈云等组成中共中央临时政治局，其中博古、张闻天、卢福担任常委，博古负总责。

当时，工人出身的卢福坦毛遂自荐，要求担此重任。按资历，他确也够格。卢福坦1926年入党，1927年即担任中共青岛市委书记、山东省委书记；1928年中共六大，他凭着工人的金字招牌当选为政治局候补委员，一举进入中共高级领导层。中共六届四中全会，成了政治局委员。

但王明对卢福坦不太放心，他早已选择了自己的接班人——博古！

博古是1926年末到达莫斯科的中山大学第二期学生。中共六届四中全会以后，以列席身份参加了六届四中全会的博古虽然没有被选入中央委员会，但却于1931年4月接替同年3月被撤职的温裕成，担任了中国共产主义青年团中央局书记。王明去莫斯科后，这位还不是中央委员的年仅24岁的少共书记，被指定为临时中央政治局负责人。

1931年10月18日，王明同妻子孟庆树以及吴克坚、卢竟如离开上海，秘密乘着日本船奔赴苏联。出任中共驻共产国际代表。

从此，王明、米夫坐镇莫斯科，博古坐镇上海（后搬往苏区），王明通过无线电台发指示、定策略、遥控中国革命，博古为首的临时中央在国内贯彻执行。

博古

王明、博古年仅20多岁，在中共党内无资历、缺威望，为何一举能在党中央居统治地位？

首先是共产国际不正确的政策干预的结果。中共作为一个年轻的党、共产国际的一个支部，在当时把共产国际指示当作“圣旨”是情有可原的。米夫又正好利用了这一点，实现了改组中共领导班子，推举王明上台的目的。

其次，大革命失败，无数共产党员牺牲，给中国共产党人以深刻的教训，短短的时间内使他们明白了武装斗争、创立根据地的重要性。但浓浓的血腥味也助长了党内的“左”倾情绪，当时从小资产阶级堆里生发出来的中国共产党人，许多人还不懂得无产阶级革命与小资产阶级革命的本质区别。

我们的党还缺乏革命经验，许多人对马克思主义理论与中国革命的实际仍缺乏完整系统的理解。这样，王明“左”倾冒险主义就显示了它特有魅力，俘虏了当时相当一部分人。

王明、博古在取得统治地位后，就大肆推行“左”倾冒险主义的一整套政策，对待不同意见的人实行残酷斗争，无情打击。

具有独立见解和创新精神的毛泽东厄运在所难免了，一切严重斗争在等待着他……

4. 中央革命军事委员会通令：免去毛泽东红一方面军总政委的职务。在反“围剿”的关键时刻，他的军权被剥夺了

王明上台后，为推选中共六届四中全会路线，中共中央派出代表团赴中央苏区，代表团共三人，即任弼时、王稼祥、顾作霖，人称“三人团”。

任弼时，湖南汨罗人，毛泽东的同乡，这位留着八字胡、戴着近视眼镜、刚满27岁的年轻人，于1921年春到莫斯科东方大学学习。1924年学成回国后先后担任中国共产主义青年团代理书记、总书记。中共六届四中全会上当选为政治局委员。由于他有留苏经历，被王明认为是同一战线的朋友。他是派到中央苏区“三人团”中掌管实权的人物。

王稼祥，是王明于莫斯科中山大学的同学，自然算是他信得过的人。

顾作霖不过23岁，出生于上海嘉定徐行。曾担任过中共山东省委常委、长江局主席团成员、团中央组织部长。

1931年4月，任、王、顾组成的中央代表团到达中央革命根据地。

这时执掌苏区中央局大权的是六届三中全会中央派来的中央政治局委员项英。而王明就是反三中全会才上台的，很快，项英就遭到王明新派来的“三人团”的排斥。

在中央苏区享有很高威望的毛泽东这时担任中央革命军事委员会副主席兼原总政治部主任和红军第一方面总政委。虽说王明、博古并不一定看得起毛泽东这个满口南方音、一副农民打扮的“山大王”，但慑于他在红军、群众中的

声望，还不想得罪他，甚至还想拉拢他，利用他手中的枪杆子和已有声望，为推行王明一套“左”的方针出力。

1931年4月17日，当区中央局第一次扩大会议上，就基本肯定了毛泽东为书记的红四军前委的工作，认为：在订制会议以前，四军前委“路线一般是正确的，是执行了中国党六次大会的工作路线的”，“坚决的执行土地革命来争取群众”，“贡献了土地革命许多宝贵的经验”，对红军建设有了正确的了解。

6月20日，“中央革命军事委员会”进行改组，撤去项英的主席职务，改由毛泽东任主席，朱德、项英任副主席。

10月11日，毛泽东到瑞金后，又取代项英担任中共苏区中央局代理书记。

毛泽东一时成为苏区中共和红军的双重最高领导人，加上他成功地领导红军粉碎了蒋介石组织的第一次反革命“围剿”，一时声望大增。本想拉拢毛泽东的王明，一看毛泽东的威信越来越高，影响越来越大，同时，发觉毛泽东有一整套自己的路线和见解，根本不可能搜罗在他的麾下。加上，三次反“围剿”胜利后，红军和根据地都在向前发展，中央苏区日益显得重要，在天平上的分量要超过王明在上海的中共中央机关，王明深感控制中央苏区大权的重要性，否则好不容易夺来的中共领导权就有可能被架空。

为此，他们准备对毛泽东下手了。

这时红军从公秉藩手中夺来的一百瓦特收发报机，跟中央在上海的电台接通了，终于沟通了“瑞金——上海”的无线电联系。

正愁无法与中央苏区联系、难以下达指令的王明听到这个消息确实高兴了一阵子。这样，他可以用无线电报直接、迅速地对中央苏区实行遥控！

1931年9月，正准备躲避白色恐怖、前往苏联的王明为解除推行“左”的一套阻力，给中央苏区发来了一个又一个电报，目的就是要把他那一套强加给中央苏区。

9月1日，王明给中央发出长达一万两千字的《给苏区中央局并红军总前委的指示信》，对毛泽东为首的苏区中央局进行批评，认为“苏区同志对立三路线的错误，尤其是国际路线的正确，还缺乏全部的、深刻的了解”。

10月，王明以中央名义发来电报，批评毛泽东：“苏区严重的错误是缺乏明确的阶级路线与充分的群众工作。”

11月1日至6日，接王明的指令，“三人团”在瑞金叶坪主持召开的赣南会议，又批判了毛泽东的三大“错误”。

一是“狭隘的经验论”“党内的事务主义非常浓厚”；

二是“富农路线”。当时王明对地主、富农实行斩尽杀绝的态度，主张

"地主不分田，富农分坏田"。毛泽东科学分析中国社会的阶级状况及党和红军面临的形势，认为应给地主、富农以出路，不能从肉体上消灭他们，主张土地"以人口平分乃实行抽多补少，抽肥补瘦"的政策；

第三个罪名是"极严重的一贯右倾机会主义"。认为毛泽东的"诱敌深入，后发制人"战略是"游击主义""保守主义""单纯防御路线"。主张实行"先发制人""积极的进攻路线"！

会议决定撤销毛泽东的中央苏区中央局代理书记职务。这样毛泽东失去了中央苏区最高领导人的职位。

在战场上大胜蒋介石的毛泽东，在党内斗争却连遭挫折，是不是毛泽东不擅长党内斗争，无法斗过王明呢？情况并非如此。在战场上，尽管蒋介石兵强马壮，人多势众，但双方毕竟是平起平坐的对手，毛泽东的高超军事指挥艺术可以得到尽情发挥。在党内斗争中毛泽东却不能不处于劣势。因为王明代表上级，可以对他发号施令。毛泽东尽管看不起王明这位没有实际经验、不了解中国国情、却喜欢发号施令的党内新贵，但为了党内团结，他服从组织，服从纪律，忍辱负重，体现了共产党人的宽阔胸怀。

事情还不止于此，毛泽东手中还握有兵权，此时已到莫斯科担任中共驻共产国际代表团团长王明还在密切注视着中共党内的情况，通过无线电遥控以博古为首的临时中央。对喜欢"另搞一套"、经常与他们发生纠纷的毛泽东，不把他整倒，王明是不会就此罢手的。

对毛泽东活灵活机动的线路方针，"左"化之教条主义者一直心存看法，为此，他们还从临时中央驻地上海发来了长长的指示电，对毛泽东进行无端指责。

电报称，毛泽东在三次反"围剿"中所采取的战略是完全错误的，是"纯粹防御路线"，是"游击主义"。电报对毛泽东指名道姓地说："泽东及其他纯粹防御路线的拥护者们的消极态度，将削弱我们的防御力量，不能扩大和巩固苏区"，是当前"极大的危险""主要的危险""是过分估计与夸大敌人力量，是纯粹防御路线"，是"红军中游击主义的坏的残留"。

电报指示中共苏区中央局领导，要以说服的态度，设法争取毛泽东"赞成积极斗争的路线，使他在红军及群众中宣传进攻路线，争取党和红军说服他的纯粹防御路线的错误与危险，公开讨论泽东的观点"。

这份电报，最清楚地表明了临时中央对毛泽东的态度，如果不转变立场，转到王明路线上来，那就要作为"主要的危险"而予以清除。

王明遥控的临时中央之所以接二连三地发电、开会、批评毛泽东的主张，一是想借此打击毛泽东，削弱他的影响，另外也是错误估计敌我力量，盲目听从共产国际指令的结果。他们不了解根据地的实际情况，盲目乐观地估计革命形势，主张进攻中心城市，取得一省数省的首先胜利，在和敌人对垒时，主张硬碰硬。

毛泽东根据对革命形势的正确估计，反对攻打中心城市的冒险计划，主张在蒋介石统治薄弱的地区，广泛开展游击战争，两军对垒时采取"避敌主力，打其虚弱"，必要时放弃阵地，实行退却，重在保持、发展红军有生力量。这一套灵活战术，自然不能被王明、博古等接受，被一再指责为右倾，而遭到了批判。

但毛泽东不为所动，他相信自己的判断，更信奉实践反复检验得到的结论。

这样，毛泽东与王明临时中央一场斗争达到了白热化的程度……

1932 年夏，在前三次围剿中惨遭失败的蒋介石又调集了 30 万大军，自任总司令，准备向红军发动第四次反革命"围剿"。

中央苏区面临的形势是严峻的。

怎样打退蒋介石新的进攻?

头脑发热的临时中央按王明和共产国际的旨意，不顾当时敌强我弱的实际情况，提出以攻城略地为目标、和敌人决一死战为核心的所谓"秋收进攻路线"。

毛泽东坚决反对这一套"左"的做法，他提出了针锋相对的战略设想。即利用蒋介石把进攻的主力放在鄂豫皖革命根据地，对中央苏区暂取守势的时机，迅速开展工作，争取使各根据地连成一片，同时扩大红军，为反"围剿"准备好充分的条件。

1932 年 8 月，红一方面在周恩来、毛泽东、朱德、王稼祥的指挥下，连克乐安、宜黄，歼敌三个旅。

这时，苏区中央局后方的负责人却不顾当时实际情况，要求红一方面军在敌人大举进攻前主动出击，攻城打援，取得速胜。

身在前方的周恩来、毛泽东、朱德、王稼祥两次致电后方："在目前敌情与一方面军现有力量条件下，攻城打增援部队是无把握的；若因求战心切，鲁莽从事，结果反会费时无功，徒劳兵力，欲速反慢，而造成更大不利局面。"

9 月 25 日，后方又回电，坚持要前方"积极地出击敌军"!

红军好不容易建立的无线电台，本来是为前方指挥作战的方便，此时却成了前后方首脑进行争论的工具。

眼看大好的作战时机就会在争吵中丧失，前方领导人忍无可忍。9 月 26 日，红一方面军总司令朱德、总政委毛泽东撇开后方首脑的掣肘，发布了《在敌人尚未大举进攻前部队向北工作一时期的训令》（以下简称“训令”）。

《训令》根据战场的实际情况，命令部队在乐安、宜黄、南丰一带布置第四次反“围剿”战场，抓紧时间，向北部地区做群众工作，“争取和赤化北面敌人这些据点附近的地区和群众”。

当无线电波把《训令》从前方传到瑞金，后方首脑大为震怒。当时，项英和邓华到闽西去了，主持工作的任弼时接连给前方发电报，表示坚决反对。

为解决任弼时、项英与毛泽东、周恩来、朱德、王稼祥当时对红军行动问题的激烈争论，1932 年 10 月上旬，中央苏区中央局在宁都召开了全体会议。

宁都，地处瑞金之北、广昌之南。在 10 多个月前，曾发生了一起震惊全国的大事。那就是驻宁都的国民党二十六路军，其中实力最强的七十三旅旅长董振堂、七十四旅季振同秘密加入中共。1931 年 12 月 14 日晚，赵博生率部一万余人起义，成立红军第五军团。国民党中大部队在前方宣布起义，这还是第一次。此举令蒋介石瞠目结舌，宁都从此名扬中外。

眼下，宁都将又一次被载入史册。

披着战火硝烟的毛泽东、朱德、王稼祥和刚从首府瑞金赶来的任弼时、项英、顾作霖坐在一起，讨论着红军行动方针和发展方向等重大问题。

会议开始，有着上海临时中央支持的后方首脑占了上风。此时王稼祥从“三人团”中已退出，他在与毛泽东的交往中，慢慢被毛泽东的魅力和魄力征服。项英已取代了王稼祥。任弼时、项英、顾作霖这时不能理解毛泽东正确的战略方针，为王明“左”的一套所迷惑。当然，后来他们都先后转变过来，任弼时还成为毛泽东忠诚的拥护者和亲密的战友，为中国的革命和建设作出了巨大的贡献，但在王明控制中共中央的前段时期，为贯彻王明的“左”倾路线，的确也做过一些错事。这些都无损于一个真正共产党人的光辉。

就是在这次会议上，后方首脑任弼时、项英、顾作霖对前几次反“围剿”中起决定作用的毛泽东进行了猛烈的抨击，“开展了中央局从未有过的反倾向斗争”。会议几乎被他们所控制，形成了一边倒的局面。

后方首脑们对攻赣州以来红军一连串的军事行动作出了错误的估计。

攻赣州，本来是战略上的错误，毛泽东当时就竭力反对，但后方首脑们却认为是绝对必要的。把红军撤围赣州归罪于毛泽东执行中央命令不坚定，指挥犹豫。

红军撤围南城，分兵做群众工作，为粉碎第四次“围剿”创造机会，却被指责为“完全脱离了原则，极危险的部署”、“是对革命胜利估计不足，对敌人大举进攻恐慌动摇，失去胜利信心，专候敌人进攻的右倾主要危险”，要给予“及时和无情的打击”。

受到点名批评的毛泽东不停地吸着旱烟，一脸严肃，态度镇静，对来自“左”的批评，他毫不妥协，据理反击，分析了整个战场的形势，说明红军早应执行向赣东北发展的方针，粉碎敌人的“围剿”。

毛泽东话音刚落，后方首脑们就站了起来，“我不同意毛泽东同志的意见，他对形势的分析与战略方针的设想是不符合实际的，对错误承认和了解不够。我主张泽东同志回后方负责政府工作，前方由恩来同志负责”。

许多人在“左”倾错误的压力下沉默了，不敢支持毛泽东的正确主张。

这时，原“三人团”成员、红军总政治部主任王稼祥勇敢地站了起来，明确表示了自己的态度：

王稼祥

众所周知，我也是四中全会后由中央派来苏区工作的，我对中央指示也一直是服从和执行的。但是我从几次反“围剿”的胜利中，以及从攻打赣州的教训中，逐步认识到毛泽东同志的思想主张是符合红军和苏区实际情况的，他提出的战略思想和战术原则，已经被实践证明为行之有效，他的指挥决策也一再被证明是正确的。即将开始的第四次反“围剿”，正需要毛泽东这样的指挥者与领导人……总之，我的意思是：大敌当前，不可换将；指挥重任，非他莫属。

王稼祥看到自己的发言使会议气氛顿时紧张，便和缓地淡淡一笑道：“大家知道，我与毛泽东同志并非深交，相识不久，倒是与王明、博古是老同学、老同事甚至同乡，我不赞成这种做法，而支持毛泽东的主张，相信不会被人认为是什么‘小团体或宗派主义’。因此，我请大家撇开个人意气和人事纠纷，郑重考虑我的意见。”

会议主持者不满神色溢于脸上。一时会场鸦雀无声，静得令人喘不过气来。

正在这时，周恩来赶来参加会议。他作为中共苏区最高首长，显然要担任“裁判”的角色。

周恩来处于两难境地。

他来中央苏区之前，一直在中央机关担负领导工作。先后跟瞿秋白、李立三、向忠发、王明共事，有着多年的高层领导经验。六届四中全会上，米夫、王明对他另眼相待，没要他“滚蛋”，就是要拉拢他，为他们干事。王明派他到苏区，自然也是为了要他贯彻王明路线。周恩来向来有着高度的组织纪律性和高度的党性原则。

中华苏维埃共和国临时中央政府主席毛泽东

周恩来与毛泽东 1923 年底相识于广州，交往不多，这次来中共苏区后，和毛泽东朝夕相处，他开始了解毛泽东。特别是毛泽东一整套独特的战略思想，使他颇为佩服。

后方中央局的首脑要周恩来负责前方军事领导，毛泽东回后方做政府工作，周恩来感到左右为难。在发言中，他先是批评了毛泽东，前方领导人“有以准备为中心的观念，泽东表现最多”。但他同样据理力争：“泽东积累的经验多偏于作战，他的兴趣亦在主持战争。”坚持毛泽东在前方“负主持战争责任”。并提出两种方案供后方首脑选择：一种是他自己负主持战争之全责，泽东仍留前方助理；另外一种是泽东负指挥战争之责，我负责监督行动方针的执行。

不论哪种方案，周恩来都要把毛泽东留在前方，要求毛泽东指挥第四次反“围剿”，否决了后方首脑们的意见。

最后会议形成了一个折中方案——周恩来留在前方负主要责任，毛泽东作“助理”。

会议结束后，后方中央局改变了宁都会议的决定，借口毛泽东身体不好，撤销了他红一方面军总政委的职务，调他回后方主持中央政府工作。并于 10 月 12 日以中央革命军事委员会的名义通令公开了毛泽东离开红一方面军总政委工作岗位的消息。

毛泽东的最后一点兵权，竟然在最需要他的紧急关头被剥夺了。毛泽东被调回后方“养病”。

井冈山根据地的创始人、成功地指挥了三次反“围剿”斗争的毛泽东，离开了战斗的岗位，由警卫员扶他上了心爱的黄驹马，准备经瑞金赴福建汀州养病。周恩来、王稼祥把他送出了宁都城。临别时，他回望着宁都的山水，显出眷念的神色。作为一个优秀的红军指挥员，怎么不钟情他谙熟的领域？怎么舍得离开朝夕相处的战友呢？但是，毛泽东为顾全大局，还是忍辱负重，服从了临时中央的无理安排，他掉转头对周恩来说："军事工作我还愿意做，前方何时电召便何时来。"毛泽东还幽默地对王稼祥说："你和我是少数，不服从也不行，我只好到后方去了。好在革命不分前方后方，哪里工作都一样，你就别争了吧。"一向幽默的毛泽东这次再也无法笑出声来。他心中充满了苦涩，但还是服从了临时中央的决定。

5. 福建省委代理书记罗明突然遭到博古的批判，背后的矛头实际是指向"更高级的领导干部"毛泽东

宁都会议的消息传到上海中共临时中央，毛泽东从军事领导岗位上撤换下来，使临时中央的领导人松了一口气。

共产国际派往中国的军事顾问李德后来在《中国纪事》中叙述了当时中共临时中央对毛泽东失去实权的态度：

他虽然还是临时革命政府主席、中央政治局委员（应为政治局候补委员——引者注）、革命军事委员会委员，但失去了主宰一切的影响和迄今为止的权力。他是从领导岗位上被排除的，还是像他以前多次所做的那样自行引退，以便等待有利时机"卷土重来"呢？我们在上海是无法确定的，估计两者兼而有之。无论如何，他在军事委员会中的职位由项英接替，在中央红军前敌指挥部的职位由周恩来接替了。

1932 年 11 月，国民党中统局上海行动区正式成立，加紧对中共中央在上海的机关进行侦破，中共临时中央在上海无法立足。1933 年 1 月，临时中央负责人博古等相继来到红都瑞金。

刚刚从中国的大城市到达偏僻的小县城，博古对这里的一切都还看不惯，对这里的工作也很不满意，尤其使他感到气愤的是：令他头痛的毛泽东虽然已相继被剥夺了党权、兵权，但在中央苏区还有很大的影响，在群众中还有相当威望。这一切都是他推行王明路线的巨大障碍。

他指令，以前根据地那种"农民习气"的非正规化的山沟里的东西应当毫

不保留地抛弃。“农民领袖不能领导无产阶级革命”，在他看来，毛泽东那一套消除得越早越彻底越好。

为肃清毛泽东在中央苏区的影响，把毛派的人物打下去，更加畅行无阻地推行王明路线，博古又一手导演了一场批判“罗明路线”的斗争。

罗明，又名罗善培，最初是广东党、团区委派往厦门的特派员，后又担任福建省委代理书记，还未进入中央委员名单。博古怎么心血来潮，要发动对罗明的批判呢？其实，醉翁之意不在酒，博古无非是杀鸡给猴看，真正的矛头还是对准毛泽东。

事情的经过是这样的：

1932 年 6 月，国民党蒋介石纠集 63 万兵力向革命根据地发动第四次军事“围剿”，在敌人三面夹击的情况下，闽西特别是杭永岩，面临相当严重的情况。

8 月，担任红一方面军总政委的毛泽东到了长汀，找到福建省委代理书记罗明谈话，调查了解福建党和红军的情况，总结回忆了前三次反“围剿”胜利的经验。毛泽东听罗明告之闽西、闽南目前红军兵力单薄，便建议福建学学江西，在闽西、闽南广泛开展游击战争。毛泽东接着介绍了江西三次反“围剿”是怎样取胜的，讲述了游击战争的规律、战略，讲集中兵力、诱敌深入、择弱而打的方针。毛泽东很严肃地说：“罗明同志，闽西很重要，杭永岩是老区，干部、群众基础很好，要协助他们开展游击战争，牵制和打击漳州国民党的十九路军与广东军阀，粉碎敌人围剿，保卫中央苏区。”

毛泽东的谈话使罗明茅塞顿开。

他当即主持召开了省委会议，传达了毛泽东的重要指示。大家纷纷表示赞同，决定派罗明到杭永岩当全权代表，指导各县开展游击战争。

1933 年 1 月 21 日，罗明按照毛泽东的主张在新泉写了《对工作的几点意见》，不久在旧县写了《关于杭永岩情形给闽粤赣省委的报告》送给省委。新泉县委书记杨文仲也给省委写了信。两个报告和一封信反映了边区斗争的实际情况，提出了发动群众、开展游击战争、抓紧时机、赤化和巩固新的根据地、因地制宜扩大红军、注意党政区分的正确主张。

临时中央负责人博古对这些并不欣赏。1933 年 2 月，他就以中央苏区中央局的名义作出了《关于闽浙赣省委的决定》，认为省委内一小部分人已形成了以罗明为首的机会主义路线，把罗明的意见说成是“对革命悲观失望的、机会主义的、取消主义的逃跑退却路线”，攻击罗明不相信群众的力量，向后方逃跑退却，公开取消党对群众革命斗争的领导。

于是，一场声势浩大的反“罗明路线”的斗争就在福建苏区迅猛开展起来。

这一切，连首当其冲的罗明也感到莫名其妙。

福建省委、省苏维埃的干部对反“罗明路线”持不同态度，而分成了三派：一派是支持罗明；另一派是取消抵制；还有一派是口头应付，实际支持。

眼看反“罗明路线”斗争难以进行下去。

“左”倾教条主义者决定把罗明从前线调到瑞金审查。一到达叶坪，罗明便被软禁起来。

有人威胁恐吓，对罗明说：“你不承认路线错误，就开除你党籍，撤销你党内外一切职务。”

罗明不服，但这时一切为时已晚，他白天遭到中级干部开会批评，晚上又遭一般干部开会批斗，一连批斗了好几天，把人折腾得够呛，甚至有人提出把罗明“枪毙”算了。

这时，刚来瑞金不久的博古也来找罗明谈话。在谈话中，他才知道错误的“实质”。

博古提及了罗明 1933 年 1 月在旧县写的从《关于杭永岩给闽粤赣省委的报告》的严重错误。

报告中，罗明写道：

如果只注意局部某一地方的转变，而不注意很好地配合，发展武装斗争，那就请我们最好的领袖毛主席、项主席、周恩来同志、任弼时同志或到苏联去请斯大林同志或者请列宁复活一齐到下溪南或者其他已摧残的地方对群众演讲三天三夜，加强政治宣传。我想也不能彻底改变群众斗争的情绪！

博古最不感兴趣的毛泽东，竟然被罗明称为“我们最好的领袖”！怎么不使他感到恼火呢？

他质问罗明：“谁说毛泽东是我们最好的领袖？怎么能把毛泽东跟斯大林甚至跟列宁相提并论？”

博古还说：“不光是你犯了‘右倾机会主义’错误，还有比你更高级的领导干部也犯了同样的错误。”

显然，这个“更高级的领导干部”就是毛泽东。

罗明完全明白了自己所犯“错误”的实质。

罗明被撤职后，原来跟罗明观点相近、支持毛泽东军事战略方针的福建省委郭滴人也难逃厄运。

他先是被调到省委宣传部，不久又调到省军区宣传部，再调到一个地方去监督几十个人筑工事，还说他不行，最后把他调回军区宣传部，当勤务员的教员，先后四次受到打击摧残。

福建省军区政治委员谭震林也未能幸免。

在强敌压境面前，为保卫苏区，谭震林提出了省军区领导的地方武装力量配合主力红军作战的战略战术，这是切合实际的。但却和“罗明路线”命运一样，被诬蔑为“纯粹的防御路线，向后方退却逃跑”。

1933 年 6 月 12 日，在闽粤赣省委扩大会议上，“左”倾教务主义者对谭震林展开了猛烈的抨击，谩骂谭震林是“腰痛脚软的机会主义者之一”“是罗明同志的好徒弟”“江西‘罗明路线’的同道”。

1934 年 1 月六届五中全会前后，王明派往苏区的负责人博古、李德又宣布撤销了福建省委书记陈潭秋、福建省苏维埃主席张鼎丞的职务。

毛泽东的支持者被撤换下来后，一批能够忠实执行王明教条主义的干部被换上去。

曾洪易任福建省委书记，钟循仁接任省苏维埃主席，省军区由龙腾云接任司令，万永诚接任政委。

6. “毛派”人物邓、毛、谢、古纷纷被贬

博古到中央苏区后，对“毛派”人物邓、毛、谢、古也实行“无情的打击”。邓即邓小平，毛即毛泽覃，谢即谢唯俊，古即古柏。

批判邓、毛、谢、古是从批“毛派”的头子——邓小平开始的。

邓小平，四川广安人，1920 年赴法勤工俭学，1924 年加入中国共产党。1927 年八七会议之后，23 岁的邓小平出任中共中央秘书长。1929 年 12 月 11 日，邓小平、张云逸、韦拔群领导广西百色起义；1931 年进入中央苏区。8 月，他出任中共瑞金县委书记，1932 年 6 月调任“会寻安”三县中心县委书记。邓小平之所以挨批，是因为他在“会寻安”实行毛泽东的“游击战术”。

对于他在中央苏区这段经历，在“文革”中，邓小平复出时，毛泽东旧事重提，1973 年 8 月 4 日曾写了如下批语：

> 他（指邓小平）在中央苏区是挨整的，即邓、毛、谢、古四个罪之一，是所谓毛派的头子。整他材料见两条路线，六大以来两书。

1933年2月20日《斗争》刊载了《什么是进攻路线》的文章，发出批邓信号弹。

2月28日，以李富春为书记的中共江西省委出于无奈，只得批评“会寻安”县委所犯纯粹防御路线之来源，与罗明路线相同。

而当时，担任会昌、寻乌、安远三县联合中心县委书记的便是邓小平。

可是，中共临时中央对江西省委的表态深为不满，认为邓小平就是“江西的‘罗明路线’”。

于是他们一边改换中共江西省委书记，一边决定甩开省委，直接令苏区中央局宣传部长张闻天去“会寻安”召开党的积极分子会议，主要内容是反对邓小平。

张闻天作为中共中央代表，来到了“会寻安”，并于1933年3月31日通过《决议》，认为“会寻安”三县过去在以邓小平同志为首的中心县委的领导下，执行了纯粹的防御路线。

这一路线显然同党的进攻路线丝毫没有相同的地方，这是会寻安的罗明路线。

随即，“会寻安中心县委”便进行改组，邓小平被调离。

1933年4月15日张闻天在《斗争》上代表中共临时中央写了《罗明路线在江西》一文。文章又一次批评中共江西省委，“对于罗明路线在江西的存在，始终没有公开地指出来”。翌日在中共临时中央的领导下，召开“江西党三个月工作会议”，集中所谓“布尔什维克的斗争火力”，开展反“江西罗明路线”。

斗争升级了，扩大到了邓、毛、谢、古。

批毛泽东，批毛泽东路线，批“毛派”，中共临时中央正在一步紧逼一步把矛头指向毛泽东。

排名第二的是毛泽东之弟毛泽覃。在毛泽东的影响下，毛泽覃1923年加入中共，1925年后在黄埔军校和国民革命军第四军政治部工作。1927年8月参加南昌起义，曾任县委书记，红军第六军政治部主任、第三军政治委员。

1931年6月，毛泽覃担任“永吉泰”中心县委书记，1933年遭到批判时，他已调往中央苏区任中央局秘书长。

为批判毛泽覃，《红色中华》《斗争》发表重头文章。其中一篇题为《毛泽覃同志的三国志热》，指责毛泽覃实行的是“诸葛亮式”的机会主义战略和战术。点名批评毛泽覃，实际是批判毛泽东的战略战术。毛泽覃在黄公略牺牲之际，曾代他指挥全军，担任过红军独立师政委、师长。

“毛派”的另外两人谢唯俊和古柏与毛泽东是同行，因为他们当时都是红一方面军总前委的秘书，追随毛泽东左右，跟毛泽东有密切的关系。

谢唯俊，湖南耒阳人，1926 年年仅 18 岁的谢唯俊加入了中共。1928 年随朱德、陈毅上井冈山，在红军中先后担任连党代表，营党代表，一纵队政治部主任。后来，他成为总前委的秘书，经常在毛泽东身边工作。

古柏则是江西寻乌人，1925 年加入中共。1929 年 1 月，朱、毛红军急行军途经寻乌县，古柏连夜赶去跟毛泽东见了面，给毛泽东留下了很深的印象。1930 年 5 月，毛泽东搞农村调查到达寻乌，当即找寻乌县委书记古柏。他和古柏朝夕相处了 20 多天，相互加深友谊。毛泽东在《寻乌调查》中多次提到古柏对他的帮助。

此后，毛泽东担任前委书记，就让古柏担任了前委秘书长。1931 年古柏调离总前委，担任江西省苏维埃政府裁判部长兼内务部长，中央劳动部秘书长。

邓、毛、谢、古分处不同地方，岗位相异，怎么会成为“反党小组织”呢？其根本原因就在于他们跟毛泽东都有着密切关系。直接的原因，则是出于他们四人对博古、李德等人当时的工作深为不满，甚至以“洋房子先生”称呼。

这自然惹恼了他们，于是他们四人成了批判毛泽东的“替罪羊”，受到挞伐。

7. 肖劲光被错误地开除党籍和军籍，判刑五年，毛泽东说：“打击肖劲光是杀鸡给猴看，打击肖劲光就是打击我”

为了消除毛泽东的影响，使毛泽东威信扫地，“洋房子先生”使出了一招又一招，制造“右的典型”“罗明路线的代表”，但这仍不能使他们满足，在当时对党内斗争和根据地存亡起关键任用的军队仍是他们关注的焦点.

肖劲光，就是他们在军队中找到的代表。

肖劲光，湖南长沙人，曾先后在莫斯科东方大学和列宁格勒军政大学学习，有较高的理论水平和军事修养，任过闽浙赣军区参谋长兼政治部主任、红军学校校长、红五军政委、红十一军政委、红七军团政委兼闽浙赣军区司令员等职，在红军和根据地均颇有影响。

肖劲光长期浴血于前线，熟悉实际情况，对“全面防御”“御敌于国门之外”“短促突击”“堡垒对堡垒”的“左”的一套很不满意，对毛泽东的“诱敌深入”“集中优势兵力各个歼灭敌人”的主张深表赞同，在敌人发动第五次“围剿”，即将进犯黎川之际，他不顾“左”的喧嚣，大胆地提出和“左”倾军事指挥权完全不同的建议，即把红军主力集中于黎川之侧，从侧面给敌人以打击，而不应死守黎川。肖劲光的建议正是毛泽东军事指挥战术的翻版，也是“洋房子先生”所不容许的。

“洋房子先生”慑于毛泽东的威望，不敢直接把矛头对准他，而找定了肖劲光。在他们看来，毛泽东“同罗明和肖劲光执行的是同一条路线”。肖劲光是毛泽东比较亲近的同乡。毛泽东曾就此说道：“打击肖劲光是杀鸡给猴看，打击肖劲光就是打击我。”

博古、李德揪住肖劲光，另一方面的考虑就是为了推卸黎川失守的责任。

1933 年 9 月，蒋介石在组织第五次“围剿”中首先猛攻黎川，在寡不敌众的情况下，肖劲光断然带兵撤退。黎川宣告失守。

“洋房子先生”们深感对黎川失守这样首战不利、丢失城门的事总得有个交代，于是在黎川失守后 40 多天，借浒湾失守之故，把肖劲光当作“替罪羊”。

这时，共产国际派来的军事顾问李德本来就对肖劲光不满，在总部一看到黎川失守的消息就大发雷霆。“肖劲光，这个人擅离职守，胆敢放弃黎川，这是有意破坏我们反五次‘围剿’的整个部署，应该军法从事！军法从事！”

博古、张闻天赞同李德的意见，并把黎川失守扯到了“罗明路线”身上，扯到了毛泽东的头上，提出肖劲光“是红军中罗明路线的执行者、领导者，并且是发扬者”，是“红军中罗明路线”最典型的代表。

尽管毛泽东支持肖劲光，但无奈并不掌权，胳膊拧不过大腿。

当即，肖劲光被撤销了闽赣军区司令员兼政委的职务，调往建宁总部审查，12 月初又被送往瑞金。

经过批判与围攻，1934 年 1 月 6 日上午，在瑞金由最高法院组织的最高临时军事裁判法庭对肖劲光进行公审，书记官以黎川失守为由控告了肖劲光的罪名。

肖劲光站在被告席上，神情坦然，据理申辩：

“手上的兵都被调走了，敌人是一个军三个师，我只有 70 余人的教导队，怎么能守住黎川呢？再说也没有任何人让我死守黎川，我守到快要被敌人包围的严重情况下才带部队撤出，这有什么错误呢？”

但这根本无济于事，博古、李德早就要找借口打击“毛派”的支持者，不会轻易地放过这个机会。审判庭骚动了，不断有人呼喊口号，甚至喊出要“杀掉肖劲光”。

审判结果，肖劲光被开除党籍和军籍，判处五年徒刑，无权上诉。对肖劲光的公审轰动了整个苏区。1 月 13 日，苏区《红色中华》报，报道了公审实况。

毛泽东多次过问此案，但博古、李德毫不理睬。在肖劲光被关押后，毛泽东又派贺子珍来探监，她转达了毛泽东的安慰——“黎川失守是‘左’倾路线造成的，你在当时的做法是正确的。‘左’倾路线的指责和审判是不公平的。”

担任军委副主席兼政治部主任的王稼祥、红三军团总指挥的彭德怀等也对给肖劲光的处理表示不同意见。王稼祥就拒绝在最高临时军事裁判法庭的判决书上签字。博古后来也稍为转变了态度，借口工作忙，不再过问此事。

李德因慑于毛泽东在红军中的威望，加上支持者甚少，不得不于 2 月初把他下放到红军学校当教员去了。

第四章　峰回路转

1. 苏军总参谋部的送款人在博古的“运作”下，成了“共产国际派驻我党中央的军事顾问”

1933年酷夏的庐山，游人望而却步，那里三步一岗，五步一哨，戒备森严。

在前四次“围剿”中败在毛泽东手上的蒋介石，此刻身居清凉的庐山，心里却有一股怒火。他怎么也料不到自己统领了几百万正规军，拥有雄厚的财力、物力、精良的武器；毛泽东统领的红军不过10万之众，装备极差，四次“围剿”却接连惨败，损兵折将。他咽不下这口气。

这次蒋介石坐镇庐山，尽遣精干军官训练，讲解对付毛泽东的战略战术，介绍“剿匪”的新法。蒋介石借鉴曾国藩“借洋兵助剿”的经验，特别请来了德国军界堪称德高望重的高级军事顾问赛克特。

一切准备就绪后，蒋介石自任总司令，调集百万军队向各地红军进攻，而以50万军队从9月下旬开始向中央苏区进攻。

这时中央苏区红军兵力只有八万多人，敌众我寡，怎么办？

毛泽东的兵权已被罢免，1933年1月来到瑞金的博古掌握了实权。但这位满腹经纶、谙读马列经书的年轻首领却不懂军事。正当他好不为难之际，一位高个子、蓝眼金发的洋人，辗转反侧，几经磨难，终于来到了红都瑞金。

他，就是后来在中国革命史上鼎鼎有名的李德。

李德

李德，本名奥托·布劳恩，1900年9月出生于德国慕尼黑附近的伊斯曼尼格镇，1919年刚满19岁的李德参加了德国共产党，在慕尼黑进行过街垒战。1926年9月，他因从事进步活动被捕，1928年越狱后逃往苏联，1929年春进入苏联伏龙芝军事学院学习。不久，就被分到苏军总参谋部工作。为了营救在中国被捕的共产国际秘密工作人员牛兰夫妇，受苏军总参谋部派遣，李德奉命来华送款以作营救经费，他与博古在上海相识了。

奥托·布劳恩比博古大七岁，他们在上海相处的日子里，共同探讨中国革命问题，分析苏区武装斗争形势，有着理论与实战经验的李德，在对军事比较陌生的博古面前，自然拥有话语的主动权，不多久就赢得了博古的信任。

1933 年，博古去中央苏区，他动身前就提出让李德一起去。作为一个曾多次从危险中脱身的国际革命者，他并不害怕前方可能出现的艰险，所以当尤特金代表远东局征求他意见的时候，他提出自己是苏军总参谋部的人，不是共产国际的人，必须请共产国际执行委员会发出一个相应的指示。

但手续办得并不顺利，电报发了几封，一直没有回音，直到博古临离开上海前，才收到共产国际正式且含混的答复：

奥托·布劳恩作为没有指示权力的顾问，受支配于中国共产党中央委员会。

共产国际这份电报表明：一是作为顾问的奥托·布劳恩“没有指示权力”，仅仅具有建议权；二是作为顾问的奥托·布劳恩并不受托于共产国际，只受托于中共中央。

但无论怎么样，李德的到来，还是使博古颇为欢喜，至于身份问题，他自然有办法解决。因为蒋介石也请来了德国顾问，正几路进犯苏区。不懂军事的博古指望李德帮助他打赢这场战争。

因此，在李德进入苏区的欢迎会上，博古就充分展示了他的“演说”才能：

“同志们！我们在这里召开一个特别会议，热烈欢迎我们盼望已久的共产国际派驻我党中央的军事顾问，奥托·布劳恩同志。”“为了保密和顾问同志的安全，会后对他的称呼一律用中文‘李德’，不得泄露他的身份和原名。”“李德同志是位卓越的布尔什维克军事家，又是位具有丰富斗争经验的国际主义战士，他来到中国，体现了共产国际对我们党和红军以及中国革命的深切关怀和巨大支援，也体现了这位老革命家和军事家国际主义精神和献身世界革命的崇高感情。”

博古给予了他“共产国际派驻我党中央的军事顾问”这把尚方宝剑。从此，奥托·布劳恩以李德这个名字，进入了中国革命史册。

作为中共临时中央负总责的人，博古进一步说明，李德以共产国际军事顾问身份列席中央及军委会议，参与党和红军各项方针决策的研究和制定，特别是对军事战略、战役和战术，负有指导和监督的重任。

显然，年轻的博古需要旁边有个钟馗，以建立和巩固自己的权威——尤其是对他一窍不通的军事工作的权威。李德就扮演了这样的钟馗。

当时的工作程序是：前方来的电报，都要先送到李德的住处，查明电报所述地点的确切方位并完成翻译后，绘成简图由李德批阅。批阅完毕提出相应的处理意见，再译成中文送交给军委副主席周恩来。周恩来根据来电的重要程度，一般问题自己处理，重大问题提交军委或政治局讨论。

奥托·布劳恩逐渐熟悉了李德这个名字，也逐渐习惯了自己的地位和角色，真的做起太上皇来了。

运气还是照顾了这位“洋顾问”的……

正当蒋介石夺得黎川，准备集中力量分进合击苏区之时。1933 年 11 月 20 日，第一面中华共和国国旗——“联共反蒋抗日”的旗帜，在福州南校场上由国民党第十九路军军长兼总指挥蔡廷锴亲自升起。蒋介石后院起火，焦虑不安，不得不把“围剿”红军的主力调回讨伐蒋光鼐、蔡廷锴在福州的反叛。

对于中国共产党来说，这无疑是打破蒋介石第五次“围剿”的绝妙时机。

毛泽东主张：“红军主力无疑地应该突进到以浙江为中心的苏浙赣地区去，纵横驰骋于杭州、苏州、南京、芜湖、南昌、福州之间，将战略防御转为战略进攻，威胁敌之根本重地，向广大无堡垒地带寻求作战。用这种方法，就能迫使进攻江西南部福建西部地区之敌回援其根本重地，粉碎其向江西根据地的进攻，并援助福建人民政府。”

彭德怀也有同样的建议。

但博古把王明那一套当“圣旨”，声称蔡廷锴、蒋光鼐不过是一些过去反革命的国民党将领与政客们企图利用新的方法来欺骗民众的把戏。要“最严格的、无情的揭露福建派口号与政纲的反动性，及其领袖的动摇、妥协、投降、出卖……”

结果，坐失良机。蒋介石在消灭了异己十九路军后，便得以集中兵力再度向中央苏区“围剿”。

冲破蒋介石“围剿”的极好机会就这样白白丧失了。

1934 年 2 月，蒋介石清除后患以后，重新调集四路大军，一边筑碉堡，一边紧缩包围圈向中央苏区开进。

博古当时负主要责任，但对军事一窍不通，他把军事指挥大权交给李德。

这位“洋顾问”尽管有过实战经验，进过军校，打仗布阵也有一套，但他毕竟缺乏对中国国情、军情、民情的了解，又听不得不同意见。他成天围着客堂里的大地图转，一边不停地抽着烟，一边用铅笔勾勾画画，用尺子量着距离，按照这些并不准确的地图指挥。

1934 年 4 月，国民党集中优势兵力进攻中央苏区北大门广昌。

敌强我弱，敌众我寡，按照毛泽东的战术就应放弃广昌，乃至放弃瑞金，诱敌深入而歼之。

博古、李德早就对毛泽东灵活机动的游击战术不满，尤其是街垒战、阵地战又是李德的拿手好戏，自然不会采用毛泽东的那套方案。1934 年 4 月 21 日，中央军委、总政下达了死守广昌的命令。博古、李德亲临前线指挥坚守广昌。

毛泽东被远远甩在后方，无权过问军事。

从 4 月 10 日清晨，国民党重炮轰击广昌，尽管红军战士勇猛顽强，博古、李德亲临前线督战，但血肉之躯毕竟敌不过飞机大炮。到 28 日广昌失守，历时 17 天，红军伤亡 5500 多人，国民党军队借助碉堡、飞机、大炮，伤亡减少，只死 600 多人，伤 1800 多人。红军的有生力量就在这样的浴血战斗中被消耗。

广昌惨败，红军上下怨声载道，毛泽东闻之也大为震怒。但是，指挥大权仍然操纵在博古、李德手上，他只能耐心地等待……

2. 曾深受王明教条主义影响的王稼祥、张闻天从挫折和教训中，思想天平逐渐倾向毛泽东

广昌败北之后，红军节节败退，失去中央苏区已成定局。中共中央决定：在江西另设中共中央分局、中华苏维埃共和国政府中央办事处和中央革命根据地军区。红军主力西征，由博古、李德、周恩来组成的“三人团”决策一切。

10 月 10 日，红军主力开始撤退，漫长的队伍趁着夜色的掩护缓缓走过于都浮桥。整个西征队伍除正规军以外，还有石印机、兵工厂的机器和造币厂的机器，大量的纸张、大米、电话线等等，压在 5000 名挑夫肩上。

如此臃肿的队伍大大减慢了转移的速度，限制了红军自身的灵活性。

10 月 18 日傍晚加入中央纵队，和张闻天、王稼祥走在一起的毛泽东对此十分担忧。

1934 年 11 月的湘江，秋风萧瑟，乌云沉沉，这时西征的红军，驮着全部“家当”，在没有遇到抵抗的情况下，突破了前三道封锁线。博古、李德暗自庆幸，他们想不到前面一个十分危险的陷阱在等待着他们……

蒋介石综合各方面的情报，已摸清了红军西征的意图和路线，抢在沉重、迟缓的西征军前面，筑起第四道封锁线，布置了一个三角形口袋。

博古、李德全然不觉，11 月下旬带着坛坛罐罐的红军队伍临近湘江。事先早已埋伏的蒋军倾巢而出，突然袭击，对红军实行狂轰滥炸，红军损失惨重。

主力红军从出发时的 86000 多人，锐减到不足 4 万。

红军在湘江又遇到了惨败，这在红军队伍中激起了愤怒。当时，主要负责人博古，面对用鲜血染红的湘江，心中也充满了内疚、苦闷、自责……

此时，无权过问军事的毛泽东在湘江之战后，对自己参与培育创建的红军就这样被敌人一口口吃掉，备感心痛。他关注着战争的发展，要求讨论湘江惨败的原因。这些天来，他一直紧皱着眉头，思考着红军的前途与未来。

路在哪里？

按“三人团”既定的军事计划，红军要继续向湘西进发，与贺龙、萧克领导的红二、六军团会合。

毛泽东凭借多年与蒋介石打交道的经验，根据从报纸上零星得到的消息，敏锐地判断蒋介石必会在红军通往与二、六军团会合的路上布下重重屏障。事实确是这样，蒋介石调兵遣将，布置了新的口袋。

毛泽东感到四周仿佛有一张无形的大网，捆缚着部队的手足。如果野战军的处境真若蒋介石所设想的那样，那么，中国共产党将会沦为民族的罪人，中国革命将会不复存在，十多年的英勇奋斗、流血牺牲所开创的事业，将毁于一旦。

带着病体之躯的毛泽东忧心忡忡，躺在担架上，把自己的想法向王稼祥和张闻天和盘托出，得到了他们的认可。

王稼祥、张闻天本是王明、博古路线的追随者和拥护者，四人又是莫斯科留学时的同学。六届四中全会上，王明夺得中共领导权之后，把他们作为推行自己那一套的亲信，王、张被安排到了重要地位上，相当一段时间内，由于他们不了解中国实际，对共产国际的指示、王明“左”的一套的确不遗余力推行过，对毛泽东的战略思想曾有过不理解，对毛泽东的指挥才能表示不信任。但随着与毛泽东更多地接触、了解，尤其是毛泽东、王明两套不同作战方法导致相异结果的检验，他们与王明、博古的隙缝越来越大，矛盾越来越深，逐渐地站到了毛泽东一边。

中共中央政治局候补委员、红军总政治部主任王稼祥早在宁都会议时就已为毛泽东辩护，令博古一时震惊。这时，在第五次“围剿”中受伤，正躺在担架上，与同在担架队中的毛泽东得以朝夕相处，抵足长谈。

毛泽东痛心疾首地说：“不从实际出发和敌人死打硬拼，这方面的教训，我们太多啦，去年10月，咱们开始的第五次反‘围剿’斗争在敌人的碉堡群里，苦苦挣扎了一年，牺牲了多少同志，流了几多血，最后连个地盘都保不住，来个大搬家，弄得现在这步田地！”

王稼祥长长地叹了一口气说：“真是乱弹琴，都是李德在那里瞎指挥。老毛，我看咱们应该开个会，把李德轰下台。”

毛泽东智慧的双眼闪着兴奋的光芒，他为王稼祥思想转变、终于认清了“左”的那一套的实质而感到高兴。

毛泽东用深沉的目光审视着王稼祥，充分肯定了他的建议，问道：“老王，洛甫近况如何？我们要开个好会，更多争取一些同志的转变。如果党中央多数同志思想不转变，会无法开哟。”

戴着深度近视眼镜，个子瘦高的张闻天（洛甫）在广昌失利以后，也一直在思考着这些问题。

张闻天

张闻天有着丰富的书本知识，精通马列，会德日英几国文字，学识渊博，办事干练，颇得第三国际的赏识。但他缺乏实际的革命经验，缺乏对中国国情的了解。在极其艰难复杂的斗争旋涡里，他自觉不自觉地参与执行了王明路线，成为错误路线的核心人物之一，这条路线给中国革命带来的巨大灾难，是他万万不曾料到的事。他心中早已充满苦闷、愧疚……

1934年4月以后，就红军在广昌战役的失利，张闻天和博古发生了激烈的争论，两人的矛盾愈来愈深，以至无法愈合。1934年8月，当已受博古排挤的张闻天在瑞金云山古寺与同受冷落的毛泽东隔墙而居时，与毛泽东在樟树下开始了第一次倾心长谈，加深了对毛泽东的理解，并向毛泽东倾诉了自己的苦闷和对李德的不满，与毛泽东在思想感情上一步步接近起来。

湘江之战红军遭受重创后，张闻天也为中国共产党的前途、命运在担忧。

湘江的深秋，寒气逼人。深夜，实在难以成眠的张闻天披着一件旧大衣，心事重重地来到了毛泽东住的阁楼上。

张闻天眼中满含疑虑，对毛泽东说：“渡湘江，损失很大，现在进退两难，困难重重啊！部队该怎么办？”

毛泽东冷峻地说：“现在湘、桂、蒋诸敌已集中一二十万大军，准备一举消灭我们，形势对我们大为不利。显然，会合湘西二、六军团的这条路已走不通了，我们应该放弃原来的这个计划，改道贵州。贵州敌人兵力单薄，防守不严，我们可以趁此休整一下，再作计议。”

张闻天边听边点头：“昨天稼祥详细地向我陈述过你的这个意见，我们都认为你的意见很成熟，应该这么办。”

王明阵营中的骨干张闻天、王稼祥就这样在严酷的现实面前从“左”的营垒中分化出来，站在了毛泽东一边，这无疑是对博古、李德及其他们那一套极“左”路线的沉重打击。

王明 1931 年攫取的中央领导权将面临新的挑战。

3. 一直受到冷落的毛泽东的意见终于获得中央政治局的正式确认

由于毛泽东的多次建议，张闻天、王稼祥的从中协助，1934 年 12 月 12 日，红军在攻占通道县城的翌日，中共中央负责人临时紧急会议，具体解决目前争议很大，又关系到红军生死存亡的转移方向、作战方案等问题。

当时身兼党内政治局委员、书记处书记、军内红军总政委、军委副主席的周恩来主持了会议。作为中国共产党和军队的主要负责人，周恩来既具有高度的组织性、纪律性，要执行共产国际的指示；但他又是一个相当务实、崇尚真理的人。他从心底里佩服毛泽东，承认毛泽东有在前方指挥红军作战的丰富经验，因此，他很注重听取毛泽东的建议。

通道会议就是在他的争取下召开的。

会上，李德仍坚持早在瑞金时就定下的路线，与贺龙、荣肖克会师，这无异于自投蒋介石的罗网。

毛泽东打破了自宁都会议以来的沉默，两年多以来头一次参加军事决策。他坚决反对李德的意见，再三陈述按既定方针办的危险性，大胆提出了改变红军前进的路线，放弃“三人团”原定的与贺、肖部队会师的计划，改向贵州进军。他还强调说：“国民党布置的那个口袋，反正我是不去钻的，我相信大多数人也不会去钻的，谁要自投罗网，听便。”

张闻天、朱德、王稼祥、彭德怀、林彪纷纷赞同毛泽东的意见。

“三人团”成员之一的周恩来一直在思考这个问题，现在又认真倾听了毛泽东对敌情的分析和大多数同志意见，表示支持毛泽东的意见。

周恩来支持毛泽东，使博古感到难以理解和惊讶。在他看来，自党中央 1933 年迁入中央苏区后，毛泽东就已经失去了权力，留俄学生博古、张闻天、王稼祥等人都在党内、军内占有重要的位置。他认为周恩来应该也是毛泽东的一个“劲敌”，怎么会一下子就站到一块儿去了呢？但李德也知道，这肯定和第五次反“围剿”的失败、湘江战役的惨败等有关，对周恩来的转向，李德十分恼火。

但事实无法改变，李德的建议遭到否决。“三人团”已出现了分歧，李德显得日渐孤立。

毛泽东第一次战胜了李德，他的战略主张为大家所接受，他的威信也在迅速上升。

毛泽东在黎平时的旧居

1934年12月18日，在贵州黎平召开的中共中央政治局会议又否决了博古、李德提出的红军六军团沿旧路转入湘西实行会合二、六军团的计划，接受了毛泽东转兵贵州至遵义开辟川黔边根据地的主张。

这时，毛泽东在政治局已具有举足轻重的地位。由于李德身患疟疾缺席会议，毛泽东的建议除博古表示不同意见外，得到其他政治局成员的一致赞同。尤其具有重要意义的是，在周恩来的支持下，政治局同意通过一个书面决议，表达中共中央战略意图的转变，这样，毛泽东的意见得到政治局的正式认可。

这一切表明，在宁都会议后被剥夺实权、长期受王明宗派排挤、备受冷落的毛泽东已重新崛起，重新回到了党和红军的核心领导层。

4. 遵义会议上，毛泽东当选为中央政治局常委，从此进入中共领导核心

毛泽东是土生土长的革命家、马克思主义者。他虽然出席过党的一大，是

党的创始人之一，但自从开了那个具有划时代意义的会议之后，他就悄然离开黄浦江，回到了他熟悉的农村，秘密组织农民武装进行暴动，长年累月奔走在苦难的山野，在那星火燎原、群雄四起的战乱年代，他为了一个执着的追求——推翻国民党反动统治，东奔西忙，南征北战，在那莽莽苍苍的五百里井冈山当了两年零四个月的“山大王”。他用自己高超的对敌斗争艺术和坚定的共产党人信念，在那军阀混战、四面“围剿”艰难的条件下，开辟出一片红色根据地。

他的所作所为，开始并不为共产国际所赏识。特别是1931年1月中共六届四中全会后，米夫把国际的亲信王明、博古扶上台后，毛泽东先是受到指责，后来又接连遭受打击，被剥去了在党和红军中的领导权，仅仅当一个挂名的“政府首脑”。

王明凭着共产国际的支持，“左”倾词句的诱惑，曾经迷惑了相当一批人，在他与毛泽东的第一个斗争回合中，确是占尽天时、地利，而毛泽东孤掌难鸣，只得忍辱负重。

红军第五次反“围剿”的失败，使大多数干部觉醒了，王明骨干王稼祥、张闻天的“倒戈”、周恩来对毛泽东的支持，使毛泽东在通道会议、黎平政治局会议初步得到了党和红军的支持，为具有历史转折意义的遵义会议最终确立毛泽东的领袖地位打下了很好的基础。

就在毛泽东正和他的战友们艰难跋涉在崎岖坎坷的山路上，忍饥挨饿，与蒋介石国民党上百万追兵周旋之时，王明正和他的娇妻孟庆树在环境幽雅的莫斯科郊外的一栋花园似的别墅里散步。自1931年11月王明为逃避白色恐怖和艰难的生活，前往莫斯科担任中共驻共产国际代表团团长以来，优越的生活环境，使他养尊处优，身体日渐发胖。这几年，他通过长波电台和自己在国内培植的亲信，利用共产国际的名义频繁发命令指示，遥控中国革命，让毛泽东吃了不少苦头。

现在他可发愁了，架通“莫斯科—上海—瑞金”的桥梁中断了。

原来1934年8月，刚上任两个月的中共中央上海局书记盛忠亮被捕叛变，中共秘密电台台长武子明被出卖，落入中统特务之手，中共中央上海局的电台遭到破坏，从此，中共中央上海局与瑞金失去了无线联系，这样，在瑞金掌握实权的博古就失去了与共产国际、王明的联系。本来王明一直通过无线电报“遥控”瑞金、遥控中央，现在被迫中断了。

对此事，李德、博古感到很懊恼。李德后来在回忆录中披露：

同共产国际执行委员会就这个问题（指与粤军陈济棠进行秘密谈判——引

者）的无线电往来，是一年半中最后的一次，中央委员会上海局连同电台都被国民党秘密警察查获了。这样，我们同共产国际代表团以及共产国际执行委员会的联系完全中断了。由此而来的中央同外界的联系完全隔绝，对以后事态的发展产生了无法估量的影响……

李德、博古的遗憾是可以理解的，以前，他们凭着共产国际（实际上是王明）这张王牌可以控制毛泽东，压制中共党内持不同意见者。现在，这张王牌丢了。

从此，中国共产党在“同外界完全隔绝”的情况下，独立自主地处理党内事务。

历史为毛泽东的崛起提供了相当好的机会，等待已久的毛泽东岂能让它溜走。

1935 年 1 月 7 日凌晨，换上新的指挥员的红军攻克遵义，这是红军长征以来头一次打下的比较大的城市。

进攻遵义时，毛泽东的心情和过去已有些不一样。长征初期，他经常向李德、博古、周恩来组成的“三人团”陈述自己的意见，有时争得面红耳赤。在通道会议上，周恩来采纳了他的意见，改变进军方向，提高了他在党内、军内的影响。张闻天、王稼祥这两个实权人物也都不同程度地站到了他这一边，好像很自然地形成了另外一个新的“三人团”。一些指战员结合自己的切身体会，也或多或少赞同毛、张、王的一些意见。黎平政治局会议又公开支持毛泽东的主张，这大大地扩大了毛泽东的影响。

看来，总结五次反“围剿”以来的经验教训，清除“左”的错误的军事思想，重新确定新的中共中央领导班子的条件已经成熟了。

想到这些，毛泽东脸上露出了欣慰的笑容，他来到遵义，在民众欢迎和强烈的要求下，在遵义老城府衙门前操着一口浓重的湘潭口音发表了一通演说，这还是他西征以来第一次在大庭广众之中发表演说。

张闻天、王稼祥、周恩来也都赞同毛泽东的意见。主张召开政治局扩大会议，认真讨论一下第五次反“围剿”以来的失败问题。

1934 年 1 月 15 日，具有重大历史转折意义的中央政治局扩大会议在遵义举行。

中华苏维埃共和国中央政府主席毛泽东，中国工农红军革命军事委员会主席、红军总司令朱德，全国总工会党团书记陈云，军委副主席、红军总政委周恩来，中华苏维埃共和国中央政府人民委员会主席张闻天，中共中央总负责、长征开始时“三人团”成员之一秦邦宪（即博古），中央军委副主席、红军总政治部主任王稼祥等，共20人出席了会议。

会议由中央总负责博古主持。

在静静的会场里，博古从一只黑牛皮挎包里取出那份事先准备好的报告提纲，用他那浓重的江苏口音向大家说：

遵义会议纪念馆

“根据黎平会议的决定，我们在这里召集政治局扩大会议。进军湘南以来，大家意见很多，一路争论，各持己见。统一起来争论的中心有二：一为第五次反“围剿”战争的认识；二为对突围西征以来的军事指挥的看法。今天，趁此机会，利用几天时间，大家好好讨论，认真总结过去，以利下步行动。下面，我先代表中央作一个第五次反‘围剿’的总结报告。”

博古自我感觉不错，他以中共中央负责人的身份，就第五次反“围剿”和长征第一阶段工作进行总结。

这位20多岁的中央领导人口才极佳，能言善辩，讲起话来有条有理，条分缕析，清清楚楚，一讲就是一个多钟头。他没有对以前的错误作认真反省，在谈及第五次反“围剿”失败的原因时，不去检查“三人团”的错误，却过多强调国民党军事力量的强大，强调了全国革命力量的薄弱。

接着周恩来作了军事报告。作为军委负责人，他实事求是地指出这次反“围剿”战争的失败在军事上确有很多问题，并主动地承担了自己的责任。

周恩来的报告着重从主观方面分析了第五次反“围剿”失利的原因，与博古的报告形成了鲜明的对比，这引起了博古、李德的不满。

但博古仍在试图控制着会议的既定程序。

张闻天的讲话打乱了他的阵脚。思路清晰、擅长表达的张闻天从发言一开始就震动了会议。

他明确表示不同意博古的报告，批评了“三人团”在指挥红军反对敌人第五次“围剿”中错误的战略战术原则。这些错误表现为堡垒对堡垒，兵力分散；在军事上不知利用十九路军事变打击蒋介石；在战略转移与突围行动上犯了逃跑主义错误；在部队不利的情况下，仍坚持去湘西会合二、六军团，是机械的战略方针作祟的结果……

张闻天一席话，使会场群情激愤。积压多时的对于博古、李德错误领导的怒火终于迸发了。李德板着面孔，硬着头皮听着张闻天当面对他的批判。博古表面还不时地在记着笔记，内心则深感震惊，想不到张闻天居然在会上批评起他来，作为高级领导人，过去很多时间他们常在一起共事，后来，虽然有一些隙缝，但无论如何也不会想到会这样反对他的意见，批评如此尖锐……

对王明路线的清算，对博古、李德错误的批判，按毛泽东、张闻天、王稼祥原来的设想一步步展开了。会议没按博古的程序发展，却按毛泽东的想法在进行。

张闻天的话刚完，向来喜欢"后发制人"的毛泽东一反常态，要求发言。

他一针见血地指出："博古同志的报告里，对第五次'围剿'的失败，总结出的那些原因，我认为不能成立，因而，这个总结报告不是实事求是的，是在替自己的错误辩护。"毛泽东对"三人团"军事上错误形象地概括为三个主义。即第一阶段进攻中的冒险主义——指的是打赣州夺取中心城市；第二阶段是防御中的保守主义——指的是广昌之战、阵地战、堡垒对堡垒；第三阶段则为退却中的逃跑主义——指仓促突围、实行逃跑。

毛泽东接着说："为什么敌人的一、二、三、四次进攻都被我们打败呢？唯独第五次反'围剿'我们不能取胜？当然有一些客观原因，但主观上的原因博古同志则分析得少一些，我想趁此机会把五次战争的一些基本情况向诸君作一介绍。"

"第一次反'围剿'时，敌军是10万，而红军只有4万，是5∶2；第二次反'围剿'时，敌军20万，红军4万，是5∶1；第三次反'围剿'时，敌军30万，红军3万，是10∶1；第四次反'围剿'时，敌军50万，红军5万，仍是10∶1；第五次反'围剿'时，敌军50万，红军5万余，不包括地方武装，仍是10∶1，而我们为什么失败得这么惨，连个地盘都保不住，来个大搬家，逃之夭夭。这难道是我们在军事战略方面，没有一点儿过错？"

毛泽东望着阴沉着脸的李德，指名道姓地说："华夫（李德）同志只知道纸上谈兵，不考虑战士要走路，要吃饭，还要睡觉；也不问走的什么路，只知道在总部草拟的略图上画圈圈，限定时间赶去打仗，这样哪能打胜仗？这完全是瞎指挥。"

毛泽东的发言，态度诚恳，幽默风趣，论据充分，鞭辟入里，剖析了问题的实质，把博古、李德推上了被告席。

建议召开遵义会议、身患重病坐着担架来开会的王稼祥听了毛泽东的讲话，很为激动，他直截了当地讲了三条意见：

第一，完全赞同张闻天、毛泽东的发言；

第二，红军应该由毛泽东这样富有实际经验的人来指挥；

第三，取消李德、博古的军事指挥权，解散“三人团”。

毛、张、王连放三炮，使博古、李德自通道会议、黎平会议、猴场会议已经动摇的地位，彻底动摇了。

面对会场上大家的议论和指责，博古心情很不顺畅，回想自己少年得志，24 岁就坐上了中共第一把交椅，好不威风得意，四中全会后领导青年团工作时，还受到少共国际的表扬。宋朝宰相说过：“半部《论语》治天下！”我读了那么多马列主义的书，还不能领导一个党！在中共负了几年的责，想不到今天败在毛、张、王面前。难道他们就比我高明？难道我秦邦宪坚决执行共产国际的指示不对？难道四中全会以来，党的路线真的错了？

但历史不以王明、博古的意志为转移。

在随后几天的会议中，朱德、陈云、刘伯承、刘少奇、彭德怀、聂荣臻、李富春等纷纷谴责“左”的军事错误，支持毛泽东的正确主张。

17 日会议最后一天中，遵义会议的组织者、中共党内、军内的最高领导人周恩来的明确表态，宣判了王明路线的“死刑”。

周恩来是党的优秀领导人，大革命失败后，率先在南昌领导起义打响反对国民党第一枪的他，一直是党和军队的重要领导人，从 1928 年中共六届一中全会起，先后担任中共中央政治局常委、中央组织部长、中共中央军委书记、中央苏区中央局书记、红军总政治委员、中央革命军事委员会副主席，在党内、军内具有很高的威望。1931 年后，在与王明、博古共事中，他对毛泽东经历了一个不理解，甚至误解到理解、熟悉、共同合作的过程。在通道会议、黎平会议上，他已经支持毛泽东。此时，他在遵义会议的关键时刻，更“全力推举由毛泽东来领导红军的今后行动”，从而彻底地站在了毛泽东一边。

在中国革命的关键时刻，在他的革命生涯处于关键的时刻，周恩来决定与毛泽东合作，这是一个了不起的选择。然而这又是一个痛苦的选择，它需要足够的勇气和胆识。因为支持了毛泽东，就意味着对“三人团”的否定，包括否定他自己。

但正是这个选择，对中国长期的革命斗争起到了不可估量的作用。从这时开始，也奠定了毛泽东和周恩来数十年长期合作共事的革命生涯。

周恩来对毛泽东的支持，使局面完全明朗化，一个新的时期将要来临了。

1935 年 1 月 17 日晚，中央政治局扩大会议作出四项决定：

1. 选举毛泽东为中共中央政治局常委。从此毛泽东从一个挂名的政府首脑正式进入了中共领导核心。

2. 指定张闻天起草决议，委托常委审查后，发到各支部中去讨论。

3. 常委会再进行适当的分工。后来在四川、贵州、云南三省交界的一个村子里，新进入常委的毛泽东被授予兵权，重新回到了他熟悉的岗位。

4. 取消三人团，仍由最高军事首长朱、周为军事指挥者，周恩来同志是党内委托的对于指挥军事上下最后决心的负责者。

遵义会议宣告了王明在中共党内达四年之久的统治从此结束了。1935 年 2 月 5 日，自王明赴苏后，掌握中共实权达三年多时间的博古终于交出了中共中央总负责的职位。

在摆脱了共产国际的掣肘、摆脱了王明的瞎指挥，中国共产党人真正能独立自主选择自己的领导人时，经过比较、鉴别、慎重思考，已经成熟了的中国共产党人终于作出了自己的正确选择。

从此，备受王明打击，在中国土生土长的领袖毛泽东终于获得了全党的认可，他在革命实践中的真知灼见终于为中共中央接受，并由一个局部领导人和一块根据地首脑人物，一跃而成为中共党内的领导核心之一。

王明在国内安插的骨干，推行王明路线的得力人选，有的倒向毛泽东一边；有的处于苦苦的思索和反省中；有的已靠边站，退出了政治舞台的中心。对于这一切，远在莫斯科的王明还蒙在鼓里。但这毕竟是历史的必然选择。即使他在国内又能怎样呢？失败的命运仍然是不能改变的。

5. 时任中共中央政治局常委陈云赴苏汇报，争取了共产国际对毛泽东领袖地位的认同

遵义会议的召开，初步奠定了毛泽东的领袖地位。不过，这个权位还需得到顶头上司共产国际的认可。作为共产国际的一个支部，中国共产党要接受共产国际的领导，大政方针的改变和重要领导人的更换，必须得到共产国际的首肯。这样，才能巩固斗争得来的成果，进一步统一全党的思想认识。

当时，中共中央上海局的无线电台已被破坏，中共与共产国际的电讯联系的渠道中断了。

时任中共中央政治局常委陈云被选派前往莫斯科担当向共产国际汇报的

重任。

陈云

陈云是中共党内有着丰富经历的领导人。他于1905年出生于江苏青浦（今属上海），1925年加入中国共产党，先后担任过中共青浦县委书记、淞浦特委组织部部长，中共江苏省委沪宁巡视员、江苏省委常委兼农委书记，中共上海闸北、法南区委书记和江苏省委组织部部长、省委书记等职。1931年5月担任保卫中共中央机关安全的中央特科书记；9月任临时中央领导成员。1932年担任临时中央常委、全国总工会党团书记。1933年进入中央革命根据地。1934年在中共六届五中全会上被选为中央政治局委员、常委，并任白区工作部部长。随后参加长征，在担负全军后卫任务的红五军团任中央代表，后任军委纵队政委。1935年1月在贵州召开的中共中央政治局扩大会议（即遵义会议）上，支持毛泽东的正确主张。会后撰写了《遵义政治局扩大会议传达提纲》。同年6月奉命从四川省天全县灵关殿秘密离开长征队伍，经成都、重庆，只身到达上海，从事恢复共产党的秘密工作。

得到了宋庆龄的帮助，陈云终于得以搭乘一艘苏联货船去符拉迪沃斯托克，历经辗转，1935年8月下旬，抵达莫斯科。

在此以前，王明和共产国际为了解中共的状况，迅速接上与国内中共中央的联系，也多次派人到国内寻找中共中央。

陈云一行到达苏联后，找到了共产国际总书记负责处理中国问题的季米特洛夫和共产国际七大新选的共产国际执委主席团成员、中共驻共产国际代表团团长王明，向他们递上了中共中央《关于反对敌人五次“围剿”的总结决议》，说明了中共中央和中国工农红军领导机构的变动情况，介绍了中央红军长征至四川一段的作战和损失情况。这时共产国际和中共代表团才知道中国革命已发生了如此巨大的变化。

共产国际真正感到了原来对中国革命情况的估计错误，他们肯定了遵义会议的决议，对确立毛泽东的领导地位表示赞赏。

王明对陈云带来的消息感到震惊和不安，没想到和国内失去通讯联系不到一年，党和红军发生了如此巨大的变化。自己选定的几个领导人，当年“二十八个半布尔什维克”的骨干，有的已背离了自己，有的已靠边站；而自己一向瞧不起的“山大王”毛泽东地位却直线上升。他没有意识到自己的错误，却暗暗埋怨博古没有替他看管好临行前交给他的这一摊子，辜负了他的一片苦心。好在毛泽东对他还算留了一些面子，政治局扩大会议通过的遵义会议决议仍然肯定中共六届四中全会王明上台以来“政治路线无疑是正确的”，博古仍留任中共中央常委，这多少减缓了王明心中的怨气。心想现在木已成舟，也难有回天之力，不如就做个顺水人情吧！

这样，王明在会上也表示支持共产国际的意见，原则同意了遵义会议的决议。

身在国内的博古原来指望待中共中央与共产国际执委会联系上了以后，王明能给他有力的支持，“并纠正现时的政治路线”，现在，他的希望落空了。

陈云成功地完成了毛泽东交给的使命，向共产国际陈述了遵义会议前后的情况，争取了共产国际对毛泽东领导地位的认同，这对于毛泽东来说，是极其重要的胜利。

6. 王明主持起草的《八一宣言》，开启了第二次国共合作的序幕

1931 年 9 月 18 日深夜，一件关系中国命运、震动全国的大事突然发生：

原已根据不平等条约驻扎在东北的日本关东军向中国东北军驻地北大营和沈阳城突然进攻。随后四个多月内，辽宁、吉林、黑龙江三省全部沦陷。

亡国灭种的惨祸迫在眉睫，怎么办？

刚刚通过六届四中全会登上中共政治舞台的王明，没有自己的主见，照搬共产国际的指示，不顾中国本身的危险，而提出保卫苏联的口号，对民族资产阶级中间派和国民党中的抗日派别也采取了错误的态度。“左”倾关门主义的阴影严重影响了中共统战的方针。

当时身在中央苏区的毛泽东根据详细调查材料提出的一些切合时宜的统战政策，也为王明路线所不容，本人也备受误解和打击。

1929—1933 年资本主义世界发生了空前严重的经济危机。日、德、意法西斯势力迅速崛起，国际局势已发生了重大变化。在法西斯势力的威胁面前，社会各阶层力量迅速分化，重新组合，共产国际转变原来打击社会民主党和打击中间阶层的政策已势在必行。王明最早得到共产国际开始政策转变的信号，为步调的合拍，也开始调整自己一贯“左”得出奇的态度。

1934 年 4 月 20 日，王明与康生在给中央政治局的信中批评了过去在党内

王明以中央名义给满洲省委的指示信

两条路线斗争等问题上存在的“严重弱点”，如“对于缺点和错误的过分和夸大的批评”，“对于党内斗争的方法有时不策略”，“将两条路线的斗争变成无原则的空谈”等。

同年9月16日和11月14日，又给中央政治局两次写信，明确提出党应“利用一切可能反蒋的力量，即是军阀国民党内部的一切反蒋力量，我们都必须利用”的思想。主张团结一切力量，包括联合统治阶级内部的一切反蒋派别。还批评了临时中央在福建事变、和平共处察哈尔同盟军问题上所犯的关门主义错误，要求临时中央运用新的观点和新的办法来看待与国内各派的关系。

不过，王明在这一时期以及以后对六届四中全会以来一些“左”倾政策的批评虽然基本是正确的，但却不检讨自己在制定和实行这一系列“左”倾政策中应负的主要责任。

1935年6月，正当遵义会议结束，红军在毛泽东的领导下为甩掉国民党的围追堵截，摆脱困境浴血奋战之时，身处苏联的王明正悠闲地在风景如画的苏联基斯罗沃德斯克疗养。

一天深夜，就在他吃过了夜宵，洗了个热水澡准备就寝之时，接到了驻在莫斯科的中共代表团成员吴玉章的长途电话，告之国内正掀起抗日救亡新高潮，共产国际指示中共代表团要从速制定统战新策略。王明中断了疗养，匆匆赶回莫斯科，根据顶头上司的意图，用四天时间起草了《为抗日救国告全体同胞书》，即后来中共历史上有名的《八一宣言》。《八一宣言》经斯大林、共产国际批准，以中国苏维埃中央政府和中国共产党中央委员会的名义发表。

9月中旬，中共代表团写信并寄《八一宣言》给美国的中共党组织，指示他们要将《八一宣言》铅印3万到5万份，巧妙地寄回中国包括南京政府在内的各军队、各机关、各党派、报馆及社会团体等，还要寄给包括蒋介石在内的国民党军政要人，要将《八一宣言》在中国社会各阶层和爱国华侨及华侨团体中广为散发。

10月1日，《八一宣言》首先刊登在巴黎出版的《救国时报》上。

《八一宣言》不再坚持苏维埃革命形式和苏维埃政权的中心作用和领导作用，提出了组织一个统一的代表抗日各阶级各阶层各党派各军队各民族的国防政府来领导抗日斗争，明确把建立广泛的抗日民族统一战线作为党的中心任务，进而为中国共产党进一步完善自己的统战政策和中国抗日民族统一战线的最终形成指明了方向。

《八一宣言》提出：

今当我亡国灭种大祸迫在眉睫之时，共产党和苏维埃政府再一次向全体同胞呼吁：无论各党派间在过去和现在有任何政见和利害的不同，无论各界同胞间有任何意见上或利益上的差异，无论各军队间过去或现在有任何敌对行动，大家都应当有“兄弟阋于墙外御其侮”的真诚觉悟，首先大家都应当停止内战，以便集中一切国力（人力、物力、财力、武力等）去为抗日救国的神圣事业而奋斗。苏维埃政府和共产党特再一次郑重宣言：只要国民党军队停止进攻苏区行动，只要任何部队实行对日抗战，不管过去和现在他们与红军之间有任何旧仇宿怨，不管他们与红军之间在对内问题有何分歧，红军不仅立刻对之停止敌对行动，而且愿意与之亲密携手共同救国。

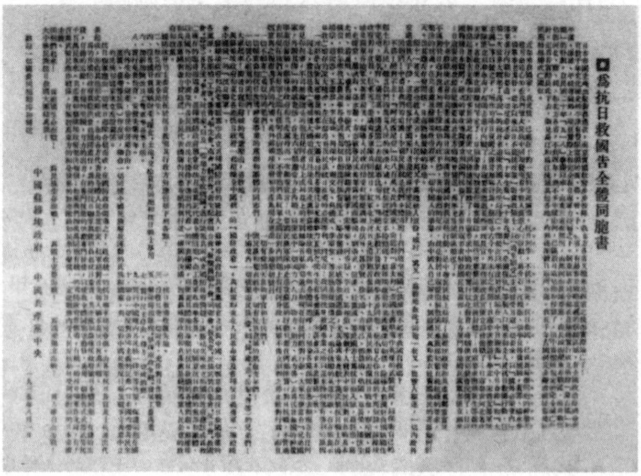
為抗日救國告全體同胞書

中國蘇維埃政府 中國共產黨中央

《八一宣言》传单

《八一宣言》的主要贡献有三：

一、抓住了中国社会的主要矛盾，找准了对手；

二、提出了实现全民族（除蒋介石等少数卖国贼和汉奸外）的抗日大联合；

三、提出了中国共产党当前和其他党派、团体、个人合作，组织国防政府、抗日联军的政治主张。

这个《八一宣言》的发表在中国抗日民族统一战线历史上是功不可没的，影响也是好的。它是中国共产党抗日民族统一战线政策初步形成的标志，也是以王明为首的中共代表团突破“左”倾关门主义束缚和影响的标志。

后来，王明对此津津乐道，并在他那黑白颠倒的《中共五十年》中，借毛泽东之口来美化他自己。

在《中共五十年》中他写道：

“王明同志提出的抗日民族统一战线新政策是一种伟大的发现。没有这个政策，我党和红军很难摆脱当时造成的那种困境，没有这个政策，中国人民就不能在全国范围之内开展抗日战争。”

《中共五十年》中还写道：

“关于抗日民族统一战线政策问题，你写了很多文章、报告及其他文件。你在制定抗日民族统一战线政策方面的功劳，不仅在共产国际和兄弟党中，甚至国民党及其他党派中，都有人知道。”

明眼人一看就清楚，这段毛泽东与他的谈话无疑是王明无中生有的捏造。他把党的抗日民族统一战线政策制定的功劳完全归功于己，更是与历史事实不符。

但也应看到，在毛泽东正率领中国工农红军艰难地进行长征，寻找自己的出路，无暇顾及也无法集中精力来讨论，制定抗日民族统一战线政策的时候，社会各界和广大人民群众看到民族危机日益深重，忧心如焚，他们对继续实行攘外必先安内、对日步步退让的蒋介石失去信心，迫切希望听到共产党人声音的时候，《八一宣言》的发表正适应了形势的需要，在国内外产生了深远的影响，极大地推动了抗日斗争的发展。

王明作为中共驻国际代表团团长、《八一宣言》的主要起草人，是有功绩的。可以说，这是王明一生中屈指可数的闪光点之一。

毛泽东对《八一宣言》也历来是持肯定态度。

7. 如何“联蒋”抗日，毛泽东与王明存在分歧

1935 年 10 月，遵义会议崛起的毛泽东在战胜了张国焘对他的权位挑战之后，历经磨难，转战万里，终于率领红军到达了陕北。

刚刚站稳了脚跟，来不及休息的毛泽东就拖着瘦弱、多病的身躯和周恩来、张闻天等中共领导人磋商召开政治局扩大会议，解决当前所面临的一些迫切需要解决的问题。

1935 年 12 月 17 日至 25 日，中共中央政治局扩大会议在瓦窑堡一间简陋的房子里召开，重点讨论全国政治形势、军事战略、党的策略路线等问题。

毛泽东在瓦窑堡会议上作报告

中央政治局常委核心成员毛泽东作了报告。会议批判了关门主义思想，提出要“发动、团聚与组织全中国全民族一切革命力量去反对当前主要的敌人：日本帝国主义与卖国贼分子蒋介石”。

显然，毛泽东这时仍把蒋介石作为统战对象之外的敌人加以反对。

直到 1936 年 5 月 5 日，党在《停战议和一致抗日通电》中才用“逼蒋抗日”取代原来的“抗日反蒋”，“联蒋抗日”更是西安事变以后的事。就在这时，远在莫斯科的王明参照顶头上司共产国际的意见，却提出了对待蒋介石的新方针。1935 年 11 月，王明在《新形势与新策略》一文中，就声明：虽然蒋介石干了那么多的卖国殃民的罪恶，但是“如果他（指蒋介石）真正停止与红

军作战，并掉转枪口去反对日本帝国主义的话，那么，中国共产党苏维埃政府，不仅给他以向人民和国家赎罪的自新之路，而且准备与他及南京军队一起，在共同的一条战线上，去反对日本帝国主义”。

这是王明最早公开提出“联蒋抗日”的方针。

1936年7月，王明在另一篇文章中又提出：

“我们共产党人应当把国民党与蒋介石不与日寇一样看待，因为中国人民的基本敌人是日寇。”“如果蒋介石今天能够同意与我们进行共同斗争，去反对外国仇敌对于我们的国家和人民的利益的侵犯，那么，为了反对共同的强大的敌人，为什么我们不可以与蒋介石建立统一战线呢？”

显而易见，是“抗日反蒋”还是“联蒋抗日”，毛泽东与王明存在明显的分歧。

是不是说，王明眼光敏锐一些，比毛泽东高明一筹，早就看出了“联蒋抗日”的必要？

历史的答案是否定的。

回到20世纪30年代的中国，可以发现：

1935年日本制造华北事变后，政治上的野心、经济的侵略，加剧了蒋日矛盾，帝国主义内部英日、美日矛盾也在加剧。国民党内部在分化，蒋介石不得不调整对日一贯妥协退让的政策。

1935年9月，蒋介石在日本《经济往来》杂志发表《如何改善中日关系》。警告“中国对日本的妥协让步，毕竟有一定限度”。

11月9日，蒋介石在国民党第五次代表大会上发表对外关系演说，表示“和平到绝望时期”、“牺牲到最后关头”，他即“听命党国，下最后之决心”。

实际行动上，蒋介石对日本一些无理要求也作了一些强硬的表示。

1935年，日寇兵进华北，压迫河北省政府主席、二十九路军总指挥宋哲元宣布自治，蒋介石就亲自飞到太原说服阎锡山，并派参谋次长熊斌北上对宋哲元、韩复榘进行工作，同时调动部队在南京附近进行特别演习。向日本表示他不能接受华北“自治”的要求。

蒋介石立场的初步转变，是可喜的。在此情况下，王明提出“联蒋抗日”也无可厚非。

问题的中心是：向来自己没有多少主见、只知照搬照抄共产国际“圣旨”的王明，这次也未能例外。他提出“联蒋抗日”的主张，不是从中国的具体实情出发，而是为了适应苏联外交政策的需要。随后的一段时间里，他更加抬高蒋介石、国民党的地位，贬低共产党和红军的力量。最后干脆唯蒋介石马首是瞻，沦为右倾投降主义的代表。

相反，毛泽东察觉到蒋介石国民党虽有所转变，但抗日态度仍很不坚定。依然对共产党和红军加以反革命“围剿”，对抗日运动加以压制，对中共建立统一战线的呼吁，熟视无睹，毛泽东和中共其他领导人反复讨论，认定要抗日只有反蒋，这样打出了“抗日反蒋”的旗帜。不过，中共这时的“反蒋”只是针对蒋介石及其亲信这一小部分国民党最高当权人物，而不包含武装队伍，什么阶级只要反日反蒋都联合起来。这些已大大有别于“左”倾关门主义时的政策。

可以看到，王明“联蒋抗日”方针是照搬共产国际指示，适应苏联利益需要而提出来的；刚落脚陕北、信息不通、对外界情况不明的毛泽东及其战友们，根据本身的认识水平和收集到的信息，提出“抗日反蒋”的主张，虽然随着时间的推移，已不完全适应形势，但却反映了以毛泽东为代表的中国共产党人抛弃过去教条主义做法，独立自主地解决面临的问题。这是一个历史性的转变。

1936 年底，在与张学良、杨虎城着手建立“三位一体”的合作局面时，中共考虑到国民党内一部分人虽愿抗日但对反蒋心存犹豫的事实，逐步改变了对蒋介石的态度。

第五章　短兵相接

1. 抗日大局，谁主沉浮？毛、王意见相左

毛泽东是崇尚实际的。当他带着红军长征遗留下来的一点“家当”，落脚延安后，面对日寇的步步进逼，民族危机的日甚一日，就一直在深思如何建立抗日民族统一战线，驱除日本帝国主义的问题。1936年初，以牧师身份活动的共产党员董健吾带着国民党要求同中共中央谈判的信息秘密来到瓦窑堡，正在前线的毛泽东致电表示欢迎。8月25日，中共中央公开发表《中国共产党致中国国民党书》，痛陈当前全国全民族的最大危险是国民党的错误政策带来的。必须尽快改变。表示愿与国民党重新合作，救亡图存。

毛泽东这时合作的意愿是诚恳的，但不是无条件的合作，是以国民党相应改变其反动政策，保持党和红军的独立性为条件的。

这时，身在莫斯科的中共驻国际代表团团长王明也抛弃了他过去一贯坚持的“左”倾关门主义立场，转而为建立全民族的抗日统一战线而奔忙。不过，他在得知红军在第五次反“围剿”中惨败，主力红军由10万锐减到了3万多，实力大为受损的情况和苏联有意依靠蒋介石抗日的信息后，态度也来了一个180度的转弯。他贬低红军和共产党的力量，抬高国民党的力量，有意无条件奉蒋介石为盟主，共图抗日大计。

苏共中央委员会书记，国际共运的领袖斯大林也在打着自己的算盘。这位领导苏联人民在帝国主义封锁包围圈中艰辛开拓、营建社会主义堡垒的红色巨人，面对来自东西方法西斯势力的威胁，心存忧虑。解除东方法西斯的威胁，避免苏军两面作战的困境，是他当时思考的一个重点。

在东方战线挡住日本帝国主义对苏联的袭击，只有靠当时正与日本作战的中国。

在中国，又靠谁呢？

斯大林主观地认为，只有靠蒋介石国民党，共产党的力量太弱小，担负不了抗日的重任。而拉住了蒋介石，即使不能打垮日本，也能把它拖住。

老奸巨猾的蒋介石自然也有他的打算，他想和苏联把关系搞好，这样共产党就孤立无援了。最后自然逃脱不了他的掌心。

斯大林和蒋介石尽管各自打算不同，但合作的意愿是一致的。1935年11月，苏联政府与国民党南京政府恢复外交关系。同年12月，苏联政府向蒋介石放出口风，中国全力抗日，苏联可提供武器援助。

共产国际、苏联的态度在变，靠共产国际支持起家的王明当然也不得不随着苏联战略策略的转变而改变着自己的观点。

以毛泽东为代表的中国共产党人与共产国际、王明考虑问题时着眼点不同，要达到的目的也有差异，就必然带来指导方针、政策策略方面的严重冲突。

于是，当1936年6月和蒋介石积怨已深，拥有30万之众的两广军阀陈济棠、李宗仁发动“两广事变”，举起抗日反蒋旗帜，毛泽东就给予热情支持。6月9日，他在对记者发表谈话时称西南当局的发动是“值得庆幸的壮举”。他号召“全国人民及一切真心爱国的党派团体与军队，一致起来响应西南的抗日救国行动，推翻汉奸头子蒋介石”。中国工农红军对两广出兵亦表示声援。

而苏联却怕两广事变把蒋介石搞垮，对其大泼冷水，王明更是大张挞伐。说两广事变“是自觉地或不自觉地”帮助日寇实行“以华灭华”的毒计。

对于国共如何实现第二次合作的问题，蒋介石要共产党向国民党投降，接受改编；红军解除武器，毛泽东在他手下称臣。毛泽东则提出联合抗日可以，但蒋介石要停止内战，释放政治犯，容许人民政治自由，改革内政和经济，尤其主要的是必须保持共产党的独立地位，陕甘宁边区和红军保留相应的独立性。

而苏共和共产国际为拉拢蒋介石，对中共中央越来越冷淡，提出要巩固蒋介石在国民党的地位，以统率全国军队达到拖住日本帝国主义的目的。王明亦步亦趋，对红军的力量估计不足，对蒋介石期望过高，1936年又对法共提出的“一切为了人民阵线”的口号和行动赞不绝口，抗战时期更照搬法共的口号，提出一切经过蒋介石、阎锡山。

法国人民阵线是1935年7月由法国共产党、社会党、激进党、总工会、统一总工会、人权同盟等几十个组织联合而成立的反法西斯人民阵线。在人民阵线建立初期，共产党占据相当重要的地位。提出一切经过人民阵线，是为了约束其他党，但在中国统一战线中，蒋介石国民党实力占优、地位占优，蒋介石是统一战线中的首领。王明提出“一切经过统一战线”，与法共的口号大相径庭，这实则是自己捆起自己的手脚，与毛泽东的主张唱对台戏。

对西安事变，毛泽东也与共产国际、王明的态度相异。

1936年12月12日，张学良、杨虎城两将军在多次劝说蒋介石停止内战一致抗日无效后，乃实行兵谏，逼迫蒋介石抗日，这是顺乎民心的。

中共对张、杨的举动热情支持。毛泽东充分肯定此次事变。在事变第二天召开的中央政治局会议上，他针对当时的陕甘宁边区政府副主席张国焘提出要杀掉蒋介石的主张，当即表示不同意见，指出不能把反蒋与抗日并列，“目前的问题主要是抗日问题，不是对蒋个人的问题”，坚持和平解决西安事变的方针。

西安事变前夕的张学良与杨虎城

共产国际，苏联则不跟中共商量，谩骂西安事变的功臣，把张学良、杨虎城斥责为“恶棍、强盗、叛徒”，谓此次事变将酿成长期内战，抵消抗日力量，而中国急务为抗日，领导之责，非蒋委员长莫属，严令中央营救。斯大林甚至粗暴地致电中共中央，要我党以他们的名义施加影响，无条件释放蒋介石，否则，就宣布与中共断绝关系。

苏联的这种态度使当时在国际上处于孤立、特别指望能获得苏联支持的张、杨大为丧气。

显然，苏联从民族利己主义出发，为拉蒋介石抗日，对中共的态度也已失去了国际共运领头人的风范。

后来，中共采取和平处理西安事变的方针，蒋介石在口头答应联共抗日后，平安回到南京，才避免了苏共与中共的危机。但是对毛泽东坚持独立自主原则，坚持人民军队和根据地的独立性，斯大林仍很为恼火。他担心不太听话、不惧压力的毛泽东会惹恼蒋介石，共产党的力量发展会使蒋介石不高兴，这样，可能导致国共合作化为泡影。日本在中国长驱直入。转而把枪口对准苏联，使自己陷于同日、德两面作战的困境。

斯大林和苏联政府把抗战成败系于蒋介石身上，要求毛泽东率领的军队实行运动战，配合蒋介石正规军和服从蒋介石、阎锡山的调遣；在组织上，要求共产党领导的政权、军队同国民党政权、军队合并，归蒋介石统一指挥。

毛泽东根本不吃这一套。他清楚蒋介石的为人，知道按苏联、斯大林这一套办，共产党将会处于十分危险的境地。如果让蒋介石征服了共产党，那抗日的前途将不堪设想，未来中国的命运将在相当一段时间内为独夫民贼蒋介石所主宰。

显然，围绕抗日民族统一战线政策和策略，毛泽东、王明看法不同，观点相异，一开始就决定：有着深厚背景的王明一踏上中国土地就将和毛泽东有场激烈的较量。

毛泽东在战胜了张国焘对他的权位挑战后，又面临着中共驻国际代表团团长、共产国际、斯大林派来的“钦差大臣”王明的新的一轮权位挑战。

一方有着丰富的斗争经验，有着高超的领导艺术，谙熟中国国情、在全党具有崇高的威望，是中国土生土长，为全党推崇的领袖。

一方长期在十月革命的故乡生活，熟读马列经典，为中国共产党顶头上司共产国际所信任和推崇的中共“新星”。

他们的较量将是扣人心弦的。而结局是怎样的呢？

2. 王明路过新疆，“新疆王”盛世才顶礼膜拜，言听计从

1937 年 11 月 14 日，王明、孟庆树夫妇和康生、陈云、曾山等一行乘坐苏联飞机回国。

王明一行回国的第一站是新疆。

新疆地处中国西北边陲，与苏联中亚地区有长达 2000 多公里的边界线，历史上两国就有密切交往。辛亥革命后，新疆虽“归附民国”，因与内地交通不便，中央政府鞭长莫及。

1933 年，新疆发生军事政变，握有重兵的盛世才，被推举为新疆边防督办。盛世才上台初期，对手林立，危机四伏，为巩固政权，千方百计地争取斯大林的信任。斯大林基于地区安全和稳定，不仅向盛世才提供飞机、装甲车、机枪和弹药等军火援助，而且直接出兵新疆，协助盛世才平定内乱。几经危殆的盛世才，在苏联的支持下才得以站稳脚跟。

新疆军阀盛世才

1936 年 4 月，盛世才正式颁布实行“反帝、亲苏、民平、清廉、和平、建设”六大政策，这一政治纲领，是苏联与盛世才建立联盟，以及后来中国共产党与盛世才建立抗日民族统一战线的基础。

鉴于苏联与盛世才的密切关系，共产国际早在 1934 年就指示中共中央重视新疆工作。这可能是毛泽东当年力主中国工农红军长征北上，打通国际路线的一个重要原因。

中国共产党是共产国际的一个支部，党的干部

经常要去莫斯科参加会议，听取指示；莫斯科也经常派人到中国指导工作，提供帮助。新疆成为国内与苏联物资和人员往来的重要通道。

新疆的地位和作用日益显著，苏联和中共中央十分关注。受斯大林之托，王明路过新疆，特地与盛世才会谈。

王明是共产国际负责人之一，又是中共代表团团长，在当时有很高的声望。1936 年 3 月 15 日，盛世才给王明写过一封热情洋溢的信，述说自己的敬佩之意，忠诚之心，并为中国共产党的发展出谋划策：

敬爱的革命导师王明：

1. 我本人虽然从未见过您，但我不仅由衷地敬重您，而且早已确认，您是中国青年实际的领导人，读过您的大作《新形势与新政策》、《中国现状与中共任务》、《中国民族革命战争问题》与《苏维埃中国》后，我深信，您不仅是未来中国的领导人，而且是世界无产阶级的领导人。

2. 您代表中国共产党参加有历史意义的指导世界革命的总部——共产国际的工作，而这一世界被压迫人民解放的光荣事业是多么伟大，多么受人尊敬。世界被压迫人民只有在马克思主义、列宁主义与斯大林主义的旗帜下才能获得解放。马克思主义、列宁主义与斯大林主义的光焰不仅已照亮全世界，并且已迫使可恶的帝国主义列强恐慌不安……

3. 在国际帝国主义，特别是日本帝国主义武装入侵中国时，当蒋介石、汪精卫为了个人的荣华富贵出卖中国人民时，当出卖国家的国民党丧失中国青年的信任时，拯救中国的唯一道路是集合在共产国际领导下的中国共产党周围，只有中国共产党能够救中国。因此所有对中国国际局势有清楚认识的青年男女都争先恐后地参加共产党，以便同凶恶的帝国主义与叛卖中国人民的国民党进行殊死的斗争，争取中国的独立与自主，达到中国卓越领导者中国共产党的胜利。

……

王明途经新疆，受到热情欢迎。盛世才请求延安派干部到新疆工作。回到延安后，王明向中共中央反映了盛世才的要求。1938 年，党内干部奇缺，中共中央先后抽调三批干部进入新疆，帮助工作。盛世才提出的另一个要求，令王明大吃一惊。盛世才要求加入中国共产党，并郑重提出在新疆组织一个党的省委会，由邓发、黄火青、盛世才、苏联驻新疆总领事组成，讨论新疆各项工作，一切决议由盛世才出面执行。

王明认为，盛世才加入中国共产党，当然是一件好事，这意味着沃野千里的新疆，不费一枪一弹便成为共产党的根据地。但事情并非如此简单，新疆在国际国内舞台上十分微妙，不是王明马上就能答复得了的。

当时，苏联对新疆格外垂青与关注，国民政府也虎视眈眈。盛世才地位举足轻重，中共中央无法单独决定，须得到共产国际和苏共中央批准。1938 年 3 月，任弼时经新疆赴莫斯科时告诉盛世才，中共中央政治局同意接受盛世才入党，但非请示斯大林和共产国际不可。

斯大林没有批准盛世才加入中国共产党，后来却批准他加入了苏联共产党。这一点，王明、盛世才都没有想到。

1938 年 9 月前后，盛世才应邀秘密前往莫斯科，直接和斯大林会谈有关新疆的全部问题，包括他加入中国共产党一事。在莫斯科，斯大林曾三次会见盛世才，这是以前任何一位中国政要没有得到过的荣耀。

盛世才后来回忆说：当我正准备返回新疆的时候，一位官员带着斯大林的指示来旅馆拜访我。根据斯大林的指示，是给我特殊照顾，立即吸收我加入苏联共产党，这位特使又要我签署服从莫斯科政治局的宣言书，而在这之后我将被批准加入中国共产党。我犹豫不定的心情安静下来之后，就表示了同意。以后不久，第二位官员给我带来了党证，号码是 1859118，但加入中国共产党的事，一直没有下文。

盛世才回来后，亲苏亲共政策进一步坚定。他把自己领导的新疆政府和共产党、国民党并称为中国“三大政治集团”，自封为“天才英明领袖”，并把自己的照片与斯大林、毛泽东、罗斯福、丘吉尔、蒋介石并列悬挂，称之为世界反法西斯阵线六大领袖。

王明路过新疆时，盛世才给王明 1 万美元，支持八路军抗战。之后，他又多次给八路军物资援助。1941 年下半年，盛世才送给延安几千件皮衣，并要求中共中央再派顾问。毛泽东回信，表示将尽力挑选出能够帮助工作的干部派驻新疆。

苏德战争爆发后，盛世才对苏德战争的前景和结局作了错误的估计。他认为苏联完蛋了，斯大林靠不住了，战争的胜利属于希特勒德国，于是摇身一变，走上了彻底反苏反共的道路。

3. “钦差大臣” 降临延安

1937 年 11 月 29 日，一向冷清的延安机场人群如潮，人们不时仰视着黄土地上的那片蓝天，希冀找到飞机的影子。久居陕北偏僻山村的老百姓难得碰上这样的热闹场面，脸上显露出激动、兴奋的神情。当时聚集延安的中共党政军要人毛泽东、张闻天、周恩来、朱德、博古、张国焘等也在百忙之中莅临机场，伫立静候。等待着一位“大人物”的光临。

终于，一个黑点出现在天际，隆隆机声响过来了，一架苏式十六座大型运输机抵达延安机场上空。飞机飞得很低，可以看到里面活动的人物。飞机将要着陆了，没看过稀奇的百姓一下围了上来，这样飞机又起飞了，在天空中盘旋了两圈，终于稳当地降落在简陋的延安机场。人群一片欢呼。

从机舱里走出一位个子矮小、年约30多岁的人物，那双高筒、发亮的黑皮鞋，显得格外醒目。他摆出一副领袖的架势，在机舱门口站了片刻，频频向欢迎的人们招手，留下充分的时间给摄影记者拍照。

此人就是王明，这位中共“后起之秀”，1931年10月18和妻子孟庆树赴苏时，中共中央所在地还在上海。那时，虽然在闽、浙、湘、赣等地均已建立了一块块根据地，但王明却未曾在那些简陋的苏维埃政府的茅屋里生活过。正当毛泽东在苏区和长征中经历磨难、备受艰辛，与国民党蒋介石展开激烈较量之际，王明却在莫斯科住洋楼、吃面包、拥娇妻，过着优裕的生活。6年匆匆而过，33岁的王明身体也开始发胖起来。当王明步下飞机面对黄土高坡上身着黑、蓝粗布衣，头扎白毛巾的欢迎人群时，又矮、又白、又胖的王明与迎上来的高大瘦弱的毛泽东形成了明显的反差。

作为共产国际和斯大林派回来的钦差大臣，王明与实际领导中国共产党的毛泽东仅从外表上就体现出各自鲜明的特征。作为代表不同利益主体、持着不同态度的代表人物，他们两人在20世纪30年代初期就有过间接而又激烈的较量，现在当王明被斯大林作为钦差大臣派回国，掣肘毛泽东时，他们又一次的较量将注定要展开了。

王明、陈云、康生回国，受到了延安党政军民的热烈欢迎。当时在场的陕甘宁边区政府负责人张国焘，在《我的回忆》中，用“握手拥抱，一堂欢叙”形容了毛泽东和王明见面的情景。

在热闹的机场上，举行了欢迎仪式。诙谐幽默的毛泽东用他那湖南湘潭方音发表了欢迎词：

欢迎从昆仑山下来的“神仙”，欢迎我们敬爱的国际朋友，（引者注：指苏联顾问和机组人员），欢迎从苏联回国的同志们。你们回到延安是一件大喜事，这就叫做“喜从天降”。

1937年11月，毛泽东等在延安机场迎接王明等人从苏联归来

毛泽东对他的敌手，过去曾对他多方打击、排斥的王明是宽容的。回延安的当晚，作为中共的领袖毛泽东设便宴请王明、康生吃饭。以后在陕北公学，毛泽东、张闻天又主持召开欢迎大会。

身居共产国际执委会委员、主席团委员、政治书记处书记的王明，看到毛泽东对他很热情，很谦让，中共其他同仁也对他执礼甚恭，更是欣喜万分，此行他就是带着共产国际的旨意，回国监督中共对共产国际决策的执行，他的目标是争夺中共的领袖地位。在欢迎会上，他就初步显露了动机。他首先说，他们能回来，“是共产国际派回来的，斯大林派回来的”，同时他又故作姿态说，“我们几个人都是中国共产党派驻共产国际的代表，没有什么值得欢迎的，应当欢迎的是毛泽东同志”。

的确，王明、康生回国前，斯大林、季米特洛夫特地抽暇会见。在谈到共产党同国民党建立统一战线持什么政策时，王明曾问斯大林：“中共应当遵照您的指示（主要指有关中共独立发展与国民党争夺领导权和进行斗争等主张），是否仍然有效？”斯大林说：“应束之高阁，不要再理会它。”斯大林还就王明回国后施行的策略面授机宜。

王明回国后，以为带着共产国际斯大林的指示，自居“国际路线”代表，俨然“钦差大臣”气派，在延安作长篇报告，毛泽东等洗耳恭听。就连一向霸道、权位欲颇强的张国焘也有点看不下去。他在后来写道：

王明当时俨然是捧着尚方宝剑的莫斯科的“天使”。说话的态度，仿佛是传达“圣旨”似的，可是他仍是一个无经验的小伙子，显得志大才疏，爱放言高论，不考察实际情况，也缺乏贯彻其主张的能力与方法，他最初几天的表演就造成首脑部一些不安的情绪……

王明回国之初，趾高气扬，盛气凌人。不爱显山露水的毛泽东念他是共产国际的代表，深受共产国际赏识，党内一些人不识他的真面目，为他所俘虏、迷惑，曾对他相当谦让。中共中央首脑们当时的合影，毛泽东总是让王明居中，而自己总是站在旁边一个不太显眼的位置上。

而王明并不因此收手，反而得寸进尺，就在1937年12月召开的中共中央政治局会议上就对毛泽东的权位发起了冲击和挑战……

4. 毛泽东与王明短兵相接

王明回国后，觉得中共自洛川会议以来形成的一系列基本正确的抗日民族统一战线政策与共产国际斯大林的指示对不上号，而毛泽东在1937年11月12日所作的《关于上海太原失陷以后抗日战争的形势和任务》的报告，更是同共产国际的指示精神相去甚远。他急于扭转局势，推行共产国际、斯大林的主张。

1937年12月9日，在王明的多方提议下，中共中央政治局会议在延安召开，出席会议的有毛泽东、张闻天、周恩来、博古、彭德怀、刘少奇、项英、张国焘、凯丰、林伯渠与刚从苏联归国的王明、陈云、康生。

会上，王明一马当先，以共产国际的基本态度为口径，作了《如何继续全国抗战与争取抗战胜利呢?》的长篇报告。

王明口才极佳，煽动力极强，他以极富感染力的口气在会上兜售其右倾投降主义主张，攻击党自洛川会议以来形成的一系列基本政策，反对毛泽东提出的独立自主原则和坚持山地游击战的主张。

1937年8月22日到25日中央政治局陕北洛川会议和毛泽东为会议写的《为动员一切力量争取抗战胜利而斗争》一文指出："七七"卢沟桥事变以来，国民党当局开始实行抗战政策，但国民党对人民党对人民抗日运动基本上依然不肯开放，对政府机构仍然不愿做原则的改变，对人民生活依然没有改良的方针，对共产党关系也没有真诚合作的程度，对发动民众和改革政治依然没有什么转变。为此，中国共产党人在统一战线中必须坚持独立自主的原则。

王明在12月政治局会议的报告却只谈国民党蒋介石集团如何英勇抗日，避谈他反动性的一面；不讲国共两党两条不同抗战路线的原则区别，不讲中共必须在统一战线中坚持独立自主原则，而大肆宣扬国共两党共同负责，共同领

1937 年 12 月，中央在延安召开政治局会议，这是部分到会人员合影。前排右起：刘少奇、陈云、王明、凯丰、项英。后排右起：毛泽东、周恩来、博古、林伯渠、张国焘、张闻天、彭德怀、康生

导，“共同奋斗、互相帮助、共同发展”；不讲共产党、中国工农红军的独立性和开展地方游击战的必要性；却盲目无条件提出一切经过统一战线，一切服从蒋介石、阎锡山。建立有“统一指挥，统一纪律，统一武装，统一供给和统一指挥，统一作战计划的真正全国统一的”国家军队。

王明还批评洛川会议过分强调了独立自主问题。他说：“我们党虽然没人破坏国共合作，但有同志对统一战线不了解，是要破坏统一战线的。”他说，蒋介石是中国人民有组织的力量，如果不联合蒋介石，客观上帮助了日本。在全国的政权与军事上，要承认国民党是领导的优势力量。我们不能提出要国民党提高到共产党的水平，共产党也不能投降国民党，两党谁也不能投降谁。现在不能空喊资产阶级领导无产阶级或无产阶级领导资产阶级，这是将来的力量对比问题，没有力量空喊是不行的，空喊只能吓走同盟军。他在这次讲话中还提到，现在尤其要注意保持红军的独立性。他解释说：第一是要保障党的领导；第二是要保障自己干部的领导；第三是要建立自己的教育与政治工作；第四是要使之成为打胜仗的模范。我们要将自己的军队扩大到 30 万，当然方式上不要使人害怕。

人们通常只注意到他说：我们不应当说谁领导谁，而应当提国共共同负

责，共同领导。却很少注意到他紧接着强调的在政治局以外不能说的话，即“对革命的前途，我们对外说中国抗战胜利是民主共和国，而我们自己要明白，中国将来由民族阵线转到人民阵线最后到社会主义的胜利”。今天的中心问题是一切为了抗日，一切经过统一战线，一切服从抗日，但“我们应认识到我们是中国的主人，中国是我们的，国民党是过渡的”。将来要争取不是国共关系破裂，而是革命与反革命完全分裂，使国民党内革命分子到我们领导下来，“使右派最后滚出去”。

王明在谈论统战策略手法时表现出来的灵活性，给中共中央领导人相当深的印象。自洛川会议之日起，毛泽东就担心蒋介石搞阴谋诡计，因而提出一系列防范国民党的策略主张。王明捧着斯大林的尚方宝剑，其讲话有许多合理的地方，尤其他提出红军应成为打胜仗的模范，不少人十分认同。

洛川会议后，毛泽东反复强调必须坚持独立自主的山地游击战，认为我党目前领导的军事力量决不可与日军打阵地战、运动战，应该把工作重心放在放手发动群众，建立敌后根据地，独立自主地发展和壮大革命势力上面。可是，面对日军的猖狂进攻，一些军事指挥员和中央负责人对毛泽东的这一方针难以理解，他们渴望打大仗，打硬仗，主张把运动战和游击战结合起来，配合国民党军队打几个大胜仗，来提高抗日军队的士气和振奋全国民心。王明的报告与这些人的愿望相吻合。

毛泽东在会上的处境十分困难，他过去那些防范国民党的主张在会上很多被否定。多数领导人检讨了过去不够策略的做法，认为毛泽东把独立自主提得太高，王明对许多问题的提法很好。

听了王明的讲话，坐在王明对面的毛泽东阴沉着脸，一支接一支地抽烟，烟灰缸里已经堆满了烟蒂。王明回延安后，毛泽东已经觉察到他们在抗日民族统一战线问题上的严重分歧，王明的不断挑战，使一场公开的斗争将不可避免，但他没有想到较量来得这么快，这么猛烈。王明在大会上完全否定中共中央和他围绕国共合作提出的一系列主张，这是毛泽东没有估料到的。但人们的认识毕竟有一个过程，这时候维护党内的团结才是最重要的。

面对王明的咄咄逼人，毛泽东说：“在统一战线中，国民党与共产党谁吸引谁这个问题是有的，不是要将国民党吸引到共产党，而是要国民党接受共产党的政治影响，没有这一条，便不能争取到抗战的胜利。如果没有共产党的独立性，便会使共产党降低到国民党方面去，这是十分危险的。”毛泽东神情严肃地望了望与会代表继续说，“洛川会议，战略方针是对的；强调独立自主，也是对的。”

会议表决结果：王明这一套从共产国际搬来的“左”倾主张居然得到了与会中共大多数首脑的赞同，原来在关键时刻支持自己的战友竟然也接受了王明的意见。这位历史巨人真正感到了一种难觅知音的悲凉……

拂去历史的尘埃，深究过去的历史，王明之所以在会上占据上风，主要有以下几方面的原因：

首先，王明是以中共驻共产国际代表，共产国际执行委员会委员和主席团委员的身份回国的，回国之前又受到了人们敬仰的斯大林和季米特洛夫的接见，王明在报告中有意无意地声明是代表共产国际和斯大林来讲话，当时中共是共产国际的一个支部，顶头上司的意见毫无疑问影响着与会代表的思想倾向。

其次，党内一些军事干部对毛泽东坚持我军应实行“独立自主的山地游击战”存在不同认识。面对日军猖狂进攻，有些军事指挥员和中央负责人对毛泽东根据中国国情、国共关系的特点提出的这一正确方针一时理解不了。他们渴望打大仗、打硬仗，主张把运动战和游击战结合起来，配合国民党打几个胜仗，振奋全国民心。王明的报告正好和党内这些人的愿望相吻合，自然也就赢得了他们的赞同。

毛泽东与王明在会议上严重分歧，与会者印象是深刻的。事隔 20 多年后，彭德怀在《我的自述》中回忆说：

我认真听了毛主席与王明的讲话，相同点是抗日，不同点是如何抗法。王明讲话是以国际口吻出现的，其基本精神是抗日高于一切，一切经过统一战线，一切服从统一战线。……会议时间很长，快天明才散会的。会议上的精神是不一致的，感觉回去不好传达。……回去传达就只好是，毛主席是怎么讲的，王明又怎么讲，让它在实践中证明吧。

1945 年 6 月 10 日，毛泽东在中共七大就选举候补中央委员作讲话时也说：

遵义会议以后，中央的领导路线是正确的，但中间也遭过波折。抗战初期，12 月会议就是一次波折。12 月会议的情形，如果继续下去那将怎么样呢？有人说他奉共产国际的命令回国，国内搞得不好需要有一个新的方针。所谓新的方针，主要是在两个问题上，就是统一战线问题和战争问题。在统一战线问题上，是要独立自主还是不要或减弱独立自主？在战争问题上，是独立自主的山地游击战还是运动战？

十二月政治局会议，王明初次亮相就占了上风，他的主张在党的领导层中产生了极大的影响。会上，王明没同任何人商量，拿出一份包括 16 名政治局委员和候补委员的名单。由于这份名单变化不大，在领导层没有引起太大的争议。会议决定增补王明、康生、陈云为中央书记处书记。中央书记处由原来的张闻天、毛泽东、周恩来、王稼祥、秦邦宪，改组为毛泽东、王明、张闻天、康生、陈云。

十二月会议在组织上也有一些新的安排：项英、周恩来、博古、董必武组成长江中央局赴武汉领导南方党的工作；王明、周恩来、博古、叶剑英组成中共代表团赴武汉同国民党谈判；刘少奇负责北方局，朱德、彭德怀负责北方军政委员会。

会上，张闻天提出自己不再担任总书记职务，有意让给王明。由于季米特洛夫有言在先，王明有意谦让。会议最后决定，中央暂不设总书记，由书记处集体领导。书记处初步分工：党的工作由张闻天负责；军事问题由毛泽东处理；王明负责统一战线工作。

1937 年 12 月 15 日，中共中央成立的筹备中共七大的委员会，又以毛泽东为主席，以王明为书记。这种安排，实际是认可了王明在党内的特殊身份，把他置于和毛泽东平起平坐的地位。

5. 王明、康生的诬陷，给陈独秀极大的刺激，打消了他回归党内的念头

陈独秀是新文化运动的主将，五四运动的总司令、中国共产党的创始人，亦是中共第一至第五届中央委员会的总书记。大革命失败后，犯了严重右倾错误的陈独秀被撤销总书记职务，后对革命前途失望，一度接受托派观点并组织托派小集团。1929 年 11 月被开除党籍。

开除党籍后的陈独秀

陈独秀是中共首脑，对中国革命是有功的。他与毛泽东的关系也不错，即使在他脱党后，对毛泽东也是很尊重的，没有发表过反对毛泽东的言论。毛泽东对这位恩师和引路人也是念念不忘的。直到 1936 年他在延安和美国记者斯诺谈起他人生经历时，他深情地回忆：

与他见面是在北京，那时我在国立北京大学。他对我的影响也许超过了任何人。

1937年8月，以“危害民国罪”被关押了近六年的陈独秀经过中共和社会各界的努力，得以出狱。当时社会各界知名人士、各团体纷纷出马劝说陈独秀，企图把这个极有号召力的著名人物拉向自己一边。

陈独秀的安徽同乡和好友胡适，拉他去美国，说是美国有家图书公司，请他写自传。陈独秀说他生活简单，用不着去美国。胡适、张伯苓、周佛海又拉陈独秀进国民党参政会，还说蒋介石已答应给他五个名额。陈独秀说：“蒋介石杀了我许多同志，还杀了我两个儿子（原中共中央政治局候补委员、中共江苏省委书记陈延年，原中共中央委员、中共湖北省委书记陈乔年——引者注）。我和他不共戴天。现在大敌当前，国共二次合作，既然是国家需要他合作抗日，我不反对他就是了。”言外之意是想要他寄蒋门下，为其效力，没门！蒋介石还想让陈独秀出任国民党政府劳动部部长，陈独秀严词拒绝，斥蒋真是“异想天开”。蒋介石还不死心，又打发亲信朱家骅去找陈独秀，请他另组一个“新共党”，答应给陈独秀提供10万元经费，陈独秀不为所动，又一次让蒋介石吃了闭门羹。

托派分子也闻风而动，纷纷找上门来要陈独秀出面“把托派组织起来”，陈回答是“各奔前程”。托派头目、原中共一大代表刘仁静登门拜访，陈独秀托词不见。托派另一头目彭述之拉陈独秀去上海参加托派“临委”，他明确表示自己跟托派组织脱离关系。后来托洛茨基约陈独秀去美国会面，陈独秀也没有前往。

给官不要，施禄不享，出国不去，再组党不愿，那么，出狱后的陈独秀到底要去哪里？干什么呢？

这时年近花甲的陈独秀已是“儿女情长、英雄气短”的人了。他不愿低眉弯腰事蒋，继续搞托派又无前途，改造党的努力和企图也已失败。这样争取回到1921年他一手创立的中共对维护他本人的声望和形象是最佳选择。

出狱不到一个月，陈独秀就派了他的私人代表罗汉到南京傅厚岗八路军驻南京办事处找中央代表团，要求恢复党籍，“回到党的领导下工作”。中共代表团深感已被开除党籍的前中共总书记的回归非同小可，不便自作主张，就给罗汉路费和介绍信让他到设在西安七贤庄的八路军办事处找林伯渠，以便直接跟党中央联系。

毛泽东，张闻天获悉这一情况后，致电林伯渠：“可以让罗汉来延安一谈。”但因天气关系，罗汉未能成行。9月10日毛泽东、张闻天又致电林伯渠提出与陈独秀联合抗日的三个条件：

1. 公开放弃并坚决反对托派全部理论行动；

2. 公开表示拥护抗日民族统一战线政策；

3. 在实际行动中，表示这种拥护的诚意。

中共代表本着这三条原则先后在南京、西安、武汉等地同陈独秀及其代表多次谈判和接触，以诚恳的态度，“规劝他以国家民族为重，放弃成见，回党工作，一致抗日”。陈独秀本人也和叶剑英、博古、董必武等中共领导人见面表示赞成党的抗日民族统一战线政策。但倔强的陈独秀却不想承认和检查自己的错误。他要求中共无条件地恢复其党籍，不声不响让他回到党内。

毛泽东对这位恩师是有感情的，也很欢迎陈独秀回归延安，一起共事，但他深知，对于一个被开除党籍、后来从事托派活动的前中央首脑回归党内，不能敷衍了事，必须有个交代，否则将造成党内思想混乱，引起新的矛盾和不安，影响党的团结和统一。他要求中共代表坚持原则，也反复规劝，做好说服工作，争取陈独秀态度的转变。

正当党中央积极团结陈独秀等犯过错误的人共同抗日之际，一贯忠于共产国际而为斯大林信得过的王明回到国内。他获悉毛泽东正与陈独秀洽谈恢复这个前托派首脑中共党籍的情况，感到十分吃惊。在 12 月政治局会议上就指责中央“过去忽视托派危险”，“对托派实质认识不够”。实际是含沙射影地攻击当时负责中央实际工作的毛泽东。王明的得力助手康生也积极配合，诬陷陈独秀与上海的日本侦探机关“进行了共同合作的谈判”，日本特务机关给陈独秀的“托匪中央”每月 300 元的津贴并由托派中央的组织部长罗汉领取了。

王明、康生的诬陷，给陈独秀很大的刺激，断绝了陈独秀回归党内的念头，在当时也造成了很坏的影响。

那么，王明为什么坚决阻止陈独秀回到党内工作呢？

首先，王明以共产国际钦差大臣自居，以势压人。对于王明的居高临下，毛泽东立即意识到了，称他是昆仑山上下来的人；和王明的第一次集体合影，毛泽东站到了后排。在 1937 年 12 月 9 日至 14 日召开的中共中央政治局会议上，王明说：“我们和什么人都可以合作抗日，只有托派是例外……在中国，我们可以与蒋介石及其属下的反共特务等人合作，但不能与陈独秀合作。”针对“陈独秀与托洛茨基究竟有所不同”的反驳，王明严厉地说：“斯大林正在雷厉风行地反托派，而我们却要联络托派，那还了得……陈独秀他们是领取日本津贴的汉奸、杀人犯……陈独秀即使不是日本间谍，也应该说成是日本间谍。”毛泽东在洛川会议上提出《抗日救国十大纲领》，主张联合除汉奸外的一切力量抗日，这是王明把汉奸的帽子强加给陈独秀，把不是汉奸的陈独秀硬说成汉奸的原因。为了反对陈独秀回党内工作，王明不择手段，不惜触犯众（民主人士）怒，诬陷陈独秀是“汉奸”。

其次，王明反对陈独秀回到延安工作，一石二鸟，实质是在抵制毛泽东扩大抗日民族统一战线的思想，矛头直指毛泽东本人。在1937年12月中央政治局会议上，王明作了《如何继续全国抗战与争取抗战胜利呢?》的报告。谈到如何巩固和扩大抗日民族统一战线问题，王明提出“一切经过统一战线”，放弃无产阶级对抗日民族统一战线的领导权，这和毛泽东坚持无产阶级在抗日民族统一战线中的领导权的观点针锋相对。由于党内思想不统一，毛泽东在这次会议上和会议以后的一段时期，处在少数甚至孤立的地位。李维汉回忆说：“有一次我去看望毛泽东，他说：‘我的命令不出这个窑洞’。”这些都说明，阻止陈独秀回到党内工作，是王明抵制毛泽东扩大抗日民族统一战线思想的一部分，目的是树立自己在党内的权威。

6. 坐镇武汉，王明与毛泽东分庭抗礼

武汉，地处“九省通衢”，为华中重镇。1937年12月后成为国民党的临时陪都后，达官贵人，社会名流云集，一时热闹非凡。12月18日，王明、周恩来、博古、邓颖超、孟庆树从偏僻的延安来到了武汉。

王明这次来武汉，是应蒋介石电邀，作为中共代表前来与国民党谈判的。对王明的如期赴约，蒋介石是欢迎的，他清楚王明有共产国际、斯大林撑腰，在中共党内也有一定影响，是中共党内唯一能与毛泽东相抗衡的人物；他更了解王明那些抗日民族统一战线的主张是有利于国民党，有利于巩固他自己统治地位的。长期与毛泽东打交道的他清楚，单靠军事手段难以驯服毛泽东；现在他看准机会，想利用王明的影响和背景来掣肘甚至整垮毛泽东。

12月21日晚，蒋介石出面欢迎王明、周恩来、博古一行，并进行了长时间的会谈。中共代表王明向蒋介石介绍了目前抗战的形势、两党关系与合作任务，共产国际活动情况及苏联的一些建议。王明所谈颇合蒋介石的口味，一向表情严肃的蒋介石亦微笑说：“所谈极好，照此做去前途定会好转，彼所想亦不过如此。”并表示：“外敌不足虑，他欲前进困难愈多，我国军事虽失利并不足虑，只要内部团结，胜利定有把握。”蒋介石希望王明能“在汉相助”。

不回陕北小山沟，留在武汉这样的大都市，是王明十分乐意的事。

12月23日中共中央代表团和中共长江局合并，对外叫中共中央代表团，对内称长江局。经中央同意留在武汉工作的王明，任长江局书记，周恩来为副

八路军武汉办事处大楼（今长春街57号），中共代表团和中共中央总书记长江局在此办公

书记。下设五个机构：（1）参谋处，叶剑英任参谋长；（2）秘书处，李克农为秘书长；（3）民运部，董必武兼部长；（4）组织部，博古兼部长；（5）党报委员会，王明任主席。

从此以后，中共中央长江局在各个方面积极地开展了工作。在这期间，王明也做了不少有益的事情。

第一，积极宣传坚持抗战、抗战必胜，宣传坚持抗日民族统一战线、坚持国共合作的重要性和必要性。他在武汉所作的许多报告和发表的许多文章中，宣传了右倾主张，但他对坚持抗战、坚持抗日民族统一战线和国共合作的宣传，对于驳斥投降派的“亡国论”和挑拨，对于让国民党统治区人民了解中国共产党的抗日主张，还是起了积极的作用。

第二，广泛接触了国内外的各界人士，频繁参加了各种会议和慰问活动，对于宣传中国共产党的抗日主张，扩大中国共产党在国民党统治区及国外的影响，团结各方面的人士一起抗战，也起了积极的作用。

第三，同国民党建立了比较融洽的关系，在国共关系问题上向中共中央提出了一些较好的建议，同时又对国民党的反共活动进行了斗争。王明本来是作为中共代表团的成员到武汉与国民党代表谈判的。他到武汉后，同周恩来、博古等与蒋介石及国民党代表陈立夫等就国共关系问题进行了多次谈判，重要的问题立即向中央作了报告。

第四，对南方中共党的工作和新四军工作给予了一些指导，提出了一些好的意见。

第五，对逃跑到武汉的张国焘做了一些工作。对于王明和长江局所做的挽救工作，张国焘在回忆中也承认，他说：“在汉口的时候，周恩来、王明、秦邦宪等曾对我的脱党行动加以阻难，但我意已决，无法挽回，因而他们发表指责我的文件。”

从以上活动可以看出，王明在担任中共中央长江局书记和中共代表团代表期间，在与国民党代表进行谈判、加强国共合作并与其反共及投降妥协活动进行斗争，与各方面人士及国际友好人士进行统一战线工作，指导新四军及长江流域的斗争，开展党的工作与群众工作，宣传党的主张与扩大党的影响等方面，都做了不少有益的工作。中共中央长江局的成绩是主要的，武汉时期是国共两党关系最好的时期，也有王明的一份努力在内，对于这方面是应该肯定的。

但是，王明在武汉期间也宣传和贯彻了他的右倾主张，在很多方面犯了严重错误，从而给长江局的工作以至党的工作，造成了很大的损失。尤其是他俨然以共产国际和中共中央的代表自居，把自己凌驾于中共中央之上，屡屡不经中国共产党实际领袖毛泽东的同意，就擅自以中共中央名义发表谈话和声明，甚至随意起草和修改毛泽东的文章，在长江局闹独立性。

1937 年 12 月，王明于汉口会见了美国合众社记者白得恩。在共产国际见过不少世面的王明回答记者的提问，已是驾轻就熟了，他口若悬河，讲起来头头是道，颇得在场人士的赞叹。但王明只顾单方面赞颂“国民政府军事委员会蒋先生精明坚决，雄才大略”，“中国共产党极力赞助和拥护领导抗战的国民政府”。而对国民党仍在实行的片面抗战只字不提。与毛泽东在 1937 年 10 月 25 日与英国记者贝特兰谈话的观点表现出明显的分歧。

毛泽东为中央起草指示

毛泽东在与英国记者贝特兰谈话时指出：中国的抗战虽取得了很大成绩，但广大人民群众依然被政府捆住手脚，不准抗日。反对日本帝国主义不带群众性，是决然不能胜利的。

王明不与中央商量，一味迎合蒋介石国民党的口味，与毛泽东唱反调，使党中央处于十分被动的地位。

1937 年 12 月 25 日，王明又在汉口擅自以中共中央名义发表《中共中央对时局的宣言——巩固国共两党的精神团结，贯彻抗战到底，争取最后胜利》，在党中央早已发表抗日救国十大纲领之后，又节外生枝，提出新的六大纲领。

27 日，善于舞文弄墨的王明又撰写了《挽救时局的关键》一文。他避开党的独立自主原则，避谈国民党对中共的种种限制和有意的摩擦，只讲统一战线的一致性，对国共之间出现裂痕，不问情由，各打五十板。

1938 年 1 月 14 日，中共采取先斩后奏的手法向国民党蒋介石通告了第一个由共产党领导的抗日民主政权——晋察冀边区临时行政委员会成立的情况。王明又不满意，1 月 28 日，王明从汉口致电中央书记处并转朱、彭、任、刘，认为晋察冀边区以此采取已成事实方式，通电逼蒋承认，对全国统一战线工作将发生不良影响。

2 月 9 日，王明致电中央书记处，告之决定由他本人起草，用毛泽东名义发表一篇 2 月 2 日与延安新中华报记者其光的谈话。“因时间仓促又长约万字，不得先征求毛泽东及书记处审阅”。

对于王明在武汉擅自发表与中共中央主张相矛盾的意见谈话，毛泽东是清楚的，也了解它的恶劣影响，对王明自以为是，目空一切，甚至在他面前指手画脚，毛泽东是很反感的。以毛泽东的性格和脾气而论是不能容忍的，但经历长期摔打的毛泽东毕竟有高深的涵养，也善于敏锐地判断形势。由于王明错误的危害性还未完全暴露出来，身上罩着光环的王明在中共党内还有一定的市场，为了全党的团结统一，毛泽东还得与王明周旋……

7. 政治局会议上毛泽东的提议被否决

1938 年2 月27 日至3 月1 日，中共中央政治局大部分成员汇集延安。身在延安的毛泽东、康生、张闻天、凯丰、任弼时、张国焘和从武汉赶回的王明、

出席 1938 年 2－3 月政治局会议的部分人员合影。左起：张闻天、康生、周恩来、凯丰、王明、毛泽东、任弼时、张国焘

周恩来参加了会议，重点讨论抗战形势和军事战略问题。

刚刚从武汉赶来的王明利用毛泽东的谦逊，成了会议的主角。短短的三天会中，先后两次长篇发言。他认为国民党为“我国第一大政党”，在政府和军队居于领导地位，国民党二百万军队是抗战的主力，提出建立一支有“统一指挥、统一编制、统一武装、统一纪律、统一待遇、统一作战计划、统一作战行动”的“七统一”的军队，实施以“运动战为主、配合以阵地战，辅之以游击战的战略方针”，把抗战胜利的希望寄托于蒋介石身上。

毛泽东发表不同意见，重申统一战线中不能放弃领导权，无论何时不能忘记与国民党合作，但必须时时有戒心。指挥关系上，应是战略统一下的独立自主，八路军主要应开展游击战争、创造根据地。

对杀害过自己的妻子、杀害过自己的兄弟姐妹、杀害过无数党内战友的蒋介石，毛泽东是了解其本性的。抗日初期形势扑朔迷离的情形下，毛泽东能透过种种表面现象，把握国共合作的关键，不管有什么风吹草动，不管遇到什么压力、阻力，始终坚持独立自主的原则不动摇，坚持山地游击战，创建根据地，发展壮大人民革命力量的原则不动摇。这就是毛泽东的高明之处。没有毛泽东的深邃的战略眼光和无产阶级革命家的胆识，抗日战争中党和红军的力量就得不到相应的发展，1945 年后，共产党能否与国民党相抗衡就很是一件值得怀疑的事了。

然而在 1938 年初，由于国民党广大将士仍在前线浴血奋战，国民党军队先后在平津、淞沪、晋北、徐州与日本军队短兵相接。蒋介石国民党在人民心目中的表面形象有所改变，对其反动性的一面大多数人认识不足。这样，以共产国际政策代言人身份出现的王明在会上提出的主张仍被多数人接受。

毛泽东被晾在一边。凭着他的远见卓识，毛泽东感到王明的这些主张流传开来，将对全党产生严重的消极影响；加上从 1938 年 1 月起，日军开始空袭武汉，从安全角度出发，同时也考虑把王明留在延安将便于制约其右倾主张更广泛的流传，毛泽东又提出“王明不能再到武汉去”的建议。

久居大城市的王明不愿生活在延安这样偏僻的山村，他更担心自己若身居延安，共产国际的一系列指导方针将难以贯彻实施；他要求继续留在武汉。

一个要留，一个要走，相持不下。会议最后对毛泽东的提议进行表决。结果，毛泽东又一次败北。除康生同意毛泽东的意见外，多数人同意王明继续去武汉。同时也规定“王明同志留一个月后再回来”，多少给毛泽东留点面子。当然王明后来并未执行中央决定，直到六届六中全会前夕才返回延安。

3 月政治局会议，王明又一次向毛泽东“挑战”成功，使他有点飘飘然，对自己的实力充满信心，对取代毛泽东成为全党领袖抱有巨大希望，从而更加凌驾于党中央、毛泽东之上，在武汉另搞一套。

3 月 11 日，他以中共中央名义公开发表了《三月政治局会议的总结》，大肆宣扬他的右倾投降主义主张，同时利用职权向其管辖的广东、湖北党组织传达其右倾投降主义观点。

3 月 21 日，国民党临时全国代表大会召开前夕，王明又擅自起草了《中共中央对国民党临时全国代表大会的提议》，在未和中共中央和毛泽东商量的情况下，就将提议同时送交中共中央和国民党。

中共中央接到提议，不太满意，认为提议没有正确提出困难，坚决反对妥协投降和悲观失望的问题。3 月 25 日，中共中央另行起草了一个《中共中央致国民党临时代表大会电》，要王明按这个口径与国民党对话，重新提出八项建议。4 月 1 日，王明反而复电中央说："我们根据政治局决议原则所起草的致国民党临时全国代表大会政治建议书于 24 日已送去，国民党临时代表大会昨夜已开幕，你们所写的东西既不能也来不及送国民党，望你们在任何地方不能发表你们所写的第二个建议书，否则对党内党外都会发生重大的不良影响。"

长江局作为中共中央的派出机构，理应服从中共中央的指挥。王明作为中共中央政治局委员、书记处书记，本应服从中共中央的统一领导。但王明俨然以党的决策人自居，对党中央的正式提议既不递交国民党，对自己越权行为又不予检讨，反而对毛泽东、张闻天等中央首脑指手画脚，暴露了他凌驾于党中央之上的宗派主义行为，显现了他自居为中共领袖的心态。

王明控制的长江局自行其是，很多人心知肚明。对于这种状况，当时仍在延安的红军"洋顾问"李德，在他的回忆录《中国纪事》中这样写道：

> 我们把华中局（应为长江局，下同）叫做第二政治局。事实上以后在华中局和延安之间已有某种程度的分工，华中局贯彻的是 1937 年决定的并得到共产国际委员会支持的统一战线，而毛泽东在延安却采取了他自己的政策。

李德的表述不一定准确，但可以毫无疑问地得出这样一个结论：长江局与延安中央弹奏的确实是不和谐的音符。

8. 王明不同意在《新华日报》发表毛泽东的《论持久战》

打正规战、不作长期抗战的打算、企图利用国民党正面战场决战来扭转战局，是王明回国后的一贯主张，也是共产国际的意旨。当国民党在战场上节节败退，东北、华北相继沦陷后，王明仍执迷不悟。

1938 年 5 月徐州失守，日军兵进华中，“九省通衢”的重镇武汉成为会战的中心。面对日军长驱直入，蒋介石政权危机四伏的状况，1938 年 6 月国民党军事委员会制订了保卫武汉的作战计划：准备在武汉外围与敌周旋五六个月，消耗敌军，阻止敌军继续向西的攻势。国民党军事委员会准备在武汉与日军一搏，并非打算坚守武汉，而是想阻挡一下日军的攻势，巩固以重庆为中心的大后方。

身居武汉、没有经历过战争烽火的王明，对保卫大武汉表现出异乎寻常的热心，提出要“誓死保卫武汉”，并为保卫武汉出谋划策。他认为：如果武汉失守了，即使中国还能坚持抗战，也会元气大伤，民族凝聚力会受到严重挫伤。

还在 1938 年 3 月 22 日，正值日军采取南北牵制、两翼包抄的战术，大举进攻武汉之际，毛泽东以中央书记处名义明确指示长江局，要把一切工作的重点放在准备游击战争上。要求安排学生、失业工人和革命积极分子回到农村老家，在那里组织并领导游击战。在武汉的大部分干部，也要派往农村地区，建立党的领导机关。即使党的工作在武汉受到一些损失，也必须在所不惜，按这一指示办事。

毛泽东的电文，与王明的主张大相径庭，被王明置之脑后。

5 月 19 日，徐州失守，武汉成为日军志在必得的囊中之物。毛泽东在半个月内一连五封急电，要求长江局部署中原地区的游击战争。王明不以为然，他相信国民党不会丢弃武汉，相信国民党能在民众的协助下，会把武汉变成中国的马德里。

时任河南省委书记的朱理治回忆：长江局成立后，河南省委属长江局领导，省委根据中央精神，准备以游击战争为中心任务开展各方面工作部署，并报告了长江局。王明不同意这一部署，派专人去河南，说报告“政治思想上有问题”。

当时，武汉受中国共产党影响和领导的学生、工人、知识分子很多，仅码头工人就有 18 万，武汉沦陷前返回农村的工人也多。如果按中央指示及时组织他们去农村开展游击战争，大有可为。

中央书记处的电报，王明没有向有关省委传达，反而把保卫武汉作为现阶段的战略中心。按王明的说法，武汉失守将对国际国内局势产生极坏影响，守住武汉，对维持抗战以至最后的胜利，至关重要。他号召武汉人民，像马德里市民一样抵御兵临城下的侵略者，阻止日军的进攻步伐。

著名作家马识途回忆：“我听过王明的报告，他要我们坚持在国民党统治区工作，要支持国民党抗日，大量的人要留下来，跟着退到大后方去，批评我们都想到农村去打游击。”

1938 年夏，中日战争如火如荼。战争向何处去，国内没有几个人能看清楚。毛泽东登高望远，洞若观火。此时的毛泽东不再将游击战争停留在争论上，而是将它组织实施。

华北大地上，各种各样的支队、游击队、武工队，如雨后春笋，破土而出。毛泽东并不满足以山地为基础的游击战争形态，他的思路由山地转入平原。他致电一二九师主要负责人刘伯承、徐向前、邓小平：根据抗战以来的经验，在目前全面抗战与正面深入群众工作两个条件之下，在河北、山东平原发展抗日战争，坚持平原地区游击战，也是可能的。

发出这一指示时，毛泽东经过了长时间考虑。最早，刘少奇根据华北地区山地游击战争迅猛发展的形势，向毛泽东提出了适当时候，在平原开展游击战争的可能性。1938 年初，聂荣臻电告延安，开展游击战争，光靠山不行，首先要靠人民群众。开展平原游击战争困难确实多一些，但人民群众比山可靠。此后，徐向前针对“人山”观点加以补充：“假若我们能在河北平原上，把广大的人民推动到抗日战线上来，把广大的人民造成游击队的人山，我想不管什么样的山，也没这样的山好！”

前线将领一封封较为成熟的电报，证明毛泽东山地游击战争思想开始成熟，中共武装力量开始由山区向平原延伸。

点燃了北方全面抗战的烽火，毛泽东并没有放弃对南方游击战争的指导。5 月 4 日，他给新四军负责人项英发出指示，告知在敌后进行游击战争虽有困难，敌情方面虽严重，但只要有广大群众活动的地区，并充分注意指挥机动灵活，也能克服困难。

毛泽东的战略主张逐渐为军队指挥员广泛认同。

抗战开始 10 个月中，社会上流行着形形色色的论调。亲日派汪精卫叫嚷：“中国武器不如人，战必败，再战必亡。”以蒋介石为代表的英美派被迫抗战后，曾幻想依靠外援迅速取胜，当英美两国援助不到、军队节节败退时，也叫嚷“亡国论”；台儿庄战役胜利后，他们又叫喊“速胜论”；徐州失陷后，又唱起了“亡国论”。

时局的发展，迫切需要让全国人民真正了解中日战争的走向。在这关系中华民族生死存亡的历史关头，毛泽东在深刻分析的基础上，开始思索时代提出的重大政治与理论课题。

坐镇延安的毛泽东始终在冷静观察中日战争的发展态势，对中日战争的现状、前途进行了冷静分析。这一段时间以来，毛泽东笔耕不止，写了很多东西，系统总结了自1927年他第一次拿枪以来的很多军事思想，特别是针对王明等头脑发热企图取得抗战“速胜”的速胜论者和部分人对抗战前途悲观失望的“亡国论”，写了具有历史意义的鸿篇巨著——《论持久战》。

毛泽东在窑洞撰写《论持久战》

《抗日游击战争的战略问题》和《论持久战》的早期版本

他的一名警卫员亲眼看见了毛写作《论持久战》时的情景：

毛坐在窑洞里的书桌边，蜡烛的微光照着他苍白的脸。他有两天没有睡觉，只吃了一点点东西。笔记本旁边放着一小块石头，手臂酸疼时就紧握几下石头使手指得到松弛。大家生怕他累倒了，便在值班时加倍注意，劝他多休息。

又到了半夜时分，该是毛泽东吃饭的时候了（到延安后，毛泽东养成了晚上工作的习惯，这个习惯直到他晚年），警卫员把准备好的热饭菜给他端去，轻声对他说：“主席，吃饭吧。您已经两天两夜没睡觉了，吃完饭，睡会儿吧。”

毛主席头也顾不上抬，一边写一边答道：“你先睡吧，我等一会再睡。”

“主席，你身体不大好，像这样熬夜怎么行啊？吃完饭，睡会儿吧！”警卫员出于对领袖的崇敬和强烈的责任感继续恳求道。

“好，等一会儿就睡。”主席抬头看了看警卫员，微笑着说。

一顿夜餐，警卫员前后热了三次，毛主席都没顾得上吃。

就这样，毛泽东连着五天没有睡好觉。两只眼睛布满了血丝，宽阔的面颊明显地消瘦下去了，颧骨凸了出来，脸上浮起了一层淡淡的黑色，饭吃得更少了。

到了第七天，警卫员怕毛主席冻坏身体，弄了盆炭火搁在他的脚边。

不知过了多长时间，警卫员听到毛主席叫他，连忙跑过去看，原来毛主席的棉鞋被烤着了，他正在弯着身子脱那只冒着青烟的棉鞋。鞋子脱下后，他用暖壶里的水把火浇灭，棉鞋是不能再穿了，只好换上单鞋。

毛主席似乎这时才醒过神来，“怎么搞的？我一点也没有觉得就烧了”。他一边说，一边哈哈大笑。

在警卫员的一再请求下，毛主席才躺到了床上。

第二天，毛主席就病倒了，头疼，吃不下饭，也睡不着觉。医生诊断是累坏了。吃药休息了一天。他又开始了伏案疾书。

八九天后，毛主席交给警卫员一卷用摄纸卷好的纸卷，让他过河送到清凉山解放社去。这就是《论持久战》的手稿。

看了毛泽东写《论持久战》的经过，用“废寝忘食”是远远不能形容那番情景的。

文稿写成后，毛泽东于5月26日至6月3日在延安抗日战争研究会上作了演讲。当时的中共中央机关刊物《解放》周刊全文发表，引起极大反响。

《论持久战》列了21个问题，分为两个部分，第一部分（前8个问题），主要分析了中日两国的基本特色、揭示了抗日战争发展的客观规律；第二部分（后13个问题），主要论述了在抗日战争中发挥自觉的能动性，实行人民战争的极端重要性。最后的结论是：“抗日战争是持久战，最后胜利是中国的。”这是中国共产党关于抗日战争的战略方针和战略战术的一个重要文献，对于广大民众认识抗日战争的特点和夺取抗日战争的胜利有着重要意义。

延安的《解放》周刊发表后，毛泽东又派人将文章送往武汉，交给《新华日报》发表。同时，中共中央致电长江局要他们在《新华日报》发表《论持久战》。

《新华日报》是王明任长江局书记时于1938年1月1日在武汉创刊的机关报，是党在国民党统治区唯一一份公开发行、很有影响的报纸，王明兼任该报董事会董事长。可当时长江局书记王明却以文章太长为由，不予刊登。后来，中共中央又致电长江局，要他们分期刊登，但王明等人仍不同意。而就在这段时间，他自己和别人撰写的保卫大武汉的文章、社论、新闻报道却连篇累牍在《新华日报》上亮相，从6月到9月仅《新华日报》发表保卫武汉的社论就有17篇，几乎垄断了报纸的版面，说到底，没有版面是假，文章太长了是借口，而王明与毛泽东的认识有分歧，认识不到抗日战争是持久战才是问题的关键。

事过三年后，1941年10月，毛泽东仍没有忘记这回事，他在与王明的一次谈话时对王明的做法提出了批评。10月8日，王明在中共中央书记处工作会议上的发言中说："我对这小册子（《新群丛书》出了《论持久战》的单行本——引者注），一点是因为西安和南京会失守，另一点是国际援助问题。"

1949年3月，在党的七届二中全会上，当有的同志又对此事提出批评时，王明完全把不刊登《论持久战》的责任推到别人身上，他说：好像我是同意发表的，不同意的只是别人，我没有任何责任。

然而，事实胜于雄辩，王明不同意《新华日报》刊登毛泽东的《论持久战》，主要是他不同意甚至反对毛泽东在文章中表述的观点。

1938年7月7日，全面抗战一周年之际，王明曾提出"要以三年血战粉碎日寇侵略"。1938年夏，王明又专门写诗攻击毛泽东关于"持久战"的观点，诗曰：

四亿弗凭斗志衰，空谈持久力何来？
一心坐待日苏战，阶段三分只遁牌。

也是在这个时候，正好有一位苏联人途经武汉回莫斯科，王明暗中托他密告季米特洛夫和斯大林，说毛泽东的《论持久战》存在原则性的错误，希望能得到共产国际的支持。

事隔36年后，做贼心虚的王明在《中共五十年》中说："我和秦邦宪（博古）、项英、凯丰及其他同志一致反对这篇文章，因为该文的主要倾向是消极抵抗日本侵略，等待日本进攻苏联。这个方针既同中国人民的民族利益又同中国共产党的国际主义相矛盾。""所以，我们决定不在《新华日报》上发表《论持久战》一文。"

多么冠冕堂皇的理由！但乌鸦的翅膀终究遮不住太阳的光辉。《论持久战》不但在中共党内产生了巨大的影响，鼓舞了全国人民抗战的信心，在国民党内也获得了广泛的赞誉。

就在武汉会战结束后，在陪都重庆，周恩来向白崇禧介绍了《论持久战》。白崇禧是国民党内的实力派，素有"小诸葛"之誉。白崇禧听完周恩来的介绍，十分感兴趣，他让周恩来一定送给他一本。在得到《论持久战》小册子后，白崇禧进行了认真研读。读完后，白崇禧拍案赞赏，对程思远说："这才是克敌制胜的高韬战略！"他按捺不住心里的高兴，想立刻推荐给蒋介石，但转念想了一下，暂且按下不表。与毛泽东相反，蒋介石很少有长篇宏著，他的文章基本都是由人代劳，记日记也是三言两语。一次，一篇冗长而务虚的报告递给蒋，他看了几页，批了一句“我非纸篓”。基于对蒋的这些了解，白崇禧决定先营造个舆论以“先声夺人”。

白崇禧在国民党上层不断宣扬、介绍“持久战”理论，很快在当时中国军事界产生了重大影响。在当时有军事权威之称的白崇禧为毛泽东“论持久战”理论和观点所折服，甚至还将毛泽东叹为军事天才，这些都逐渐传到了蒋介石耳中，并引起他的注意。白崇禧趁此向蒋介石转述了《论持久战》的主要精神，并让程思远送了一册过去。不出所料，蒋也对《论持久战》深以为然，武汉会战后的局面也印证了“抗日战争必将经历的三个阶段”。于是在蒋介石的支持下，白崇禧把《论持久战》的精神归纳成两句话：“积小胜为大胜，以空间换时间。”并在取得周恩来的同意后，由军事委员会通令全国，作为抗日战争中的战略指导思想。

《论持久战》在成为国共两党领导抗战的共识之外，在国际上也引起了重大反响。当时周恩来寄了一册给香港的宋庆龄。读完文章后，宋庆龄深为认同毛泽东鞭辟入里的分析判断，她找到自己亲近的朋友爱泼斯坦等人把《论持久战》翻译成了英文，准备在海外出版。毛泽东得知后，特意为英文本写了序言：“希望此书能在英语各国间唤起若干的同情，为了中国的利益，也为了世界的利益。”

当然，最为重要的是，时间的推移、实践的检验，雄辩地证明了抗日战争正是按照毛泽东在《论持久战》中所设想的那样发展的，中国人民最终战胜了侵略者，100 年来第一次在反对外国侵略的斗争中取得了完全胜利。历史见证了毛泽东的科学分析和预测，更历史地将《论持久战》这部光辉著作列入了世界十大军事名著之一。

9. 受党中央和毛泽东所托，中央政治局委员任弼时出使共产国际

就在王明急切地盼望共产国际的指示，企图获取斯大林、季米特洛夫的支持，进而在与毛泽东交锋中占据上风之时，长期以来，经党中央和毛泽东同意，中共中央政治局委员、中央军委政治部主任任弼时派往莫斯科，目的就是向共产国际和苏联全面汇报我党的情况，改变共产国际对以毛泽东为代表的中国共产党人的错误认识，争取共产国际的理解和支持。

长期以来，共产国际和苏联对“二十八个半布尔什维克”的主要代表，留

俄学生王明信任有加，认为他熟读马列经典，理论水平较高，更主要的是他“尊重”上司，肯卖力地贯彻共产国际的意旨；与此相比，对有主张、有见地、长期转战于偏僻山村的毛泽东，看法上存在着明显偏见，认为以毛泽东为代表的中国共产党人在政治上没有成熟，不可能掌握复杂的形势，认识不了今天的中国。

共产国际在众多的场合都是有意抬高王明，冷落毛泽东的。

在共产国际执委会，毛泽东仅仅当了个普通委员，地位不仅比共产国际主席团成员、政治书记处书记王明低得多，甚至比康生还要低，康生由于紧随王明而担任了共产国际主席团委员。

苏联十月革命20周年前夕，共产国际发表各国共产党的文章，对中共，他们不向毛泽东约稿，而发表了王明的《苏联社会主义革命二十周年与中国人民的抗战》一文，把王明抬高到中共主要领袖的地位。王明回国前，斯大林在百忙中，特意接见了王明和康生，季米特洛夫作陪。

王明回国后，由于有共产国际、斯大林的撑腰，很是唬住了部分人。他的错误主张一度模糊了党内对毛泽东思想的认识。李维汉说：“王明回国后，约半年时间内，毛泽东又处在少数甚至孤立的地位。”当时毛泽东曾对李维汉说：“我的命令不出这个窑洞。”

毛泽东被“晾起”的现象持续了半年多，他没有采取强硬的反击措施。现在毛泽东怎么主动起来，同意派任弼时赴共产国际寻求支持呢？据我们分析，原因主要有：

一是因为共产国际和斯大林高度信任和支持的王明，回国半年多奉行的右倾投降主义主张产生的消极影响越来越明显，逐渐为中共党内同人所认识，纠正王明错误主张的时机已逐步成熟。

二是王明仗着有共产国际撑腰，不听党中央和毛泽东的劝告，顽固执行一套右倾主张，如不采取得力措施坚决纠正王明的新投降主义，我党就不能掌握抗日战争的领导权，将严重危害中华民族的抗战大业。因此，很有必要派人将我党的情况全面地向共产国际汇报，改变共产国际对以毛泽东为代表的中国共产党人的错误认识，争取共产国际的理解，支持毛泽东提出的一整套抗战主张。

三是毛泽东在长期的革命斗争中领导艺术日臻成熟，在党内外享有相当的威望，他所提出的维系抗日大局的方针、政策的正确性在实践中逐步得到验证。共产国际有可能正式接受毛泽东为中共领袖这样一个事实。

1938年3月16日，任弼时受党中央和毛泽东的委托，乘飞机取道新疆赴苏联，前往共产国际完成这一重要使命。

任弼时原是王明路线的得力推行者，后来在血与火的洗礼、考验中，认识到自己的错误，义无反顾地叛离了原来的阵线，转而坚定地支持原来的对手——毛泽东，成了毛泽东正确路线的中坚人物。毛泽东考虑他曾在苏联学习和工作过，在共产国际具有较大的影响，办事既讲原则性，又不呆板、拘泥，是完成这一重要任务的理想人选。

任弼时果然没有辜负毛泽东和党中央的期望。到达莫斯科后，他首先拜会了共产国际总书记季米特洛夫，向他详细地汇报了中国国内的情况，4 月 14 日，又向共产国际主席团提出了《中国抗日战争的形势与中国共产党的工作与任务》的书面报告大纲。汇报的主题是：毛泽东最善于把马列主义的普遍真理同中国革命的实践相结合，毛泽东的正确，已经完全为中国革命实践所证明，只有“毛泽东才是中国共产党的领袖”。

任弼时还多次拜会了苏共中央总书记、国际共运的领头人斯大林，共产国际执委的主要头面人物莫洛托夫、曼努伊斯基、库西宁，向他们着重介绍了毛泽东创建独具中国特色的革命模式、灵活多变的战略策略。任弼时还广交朋友，穿梭于兄弟党代表团，并把当时在苏联学习的我党部分干部分别派到各国党代表团，介绍中国革命的情况。各兄弟党代表团听了，既感到新鲜，更觉得有道理。兄弟党的许多同志都说：“毛泽东最伟大，中国革命有希望，我们要向中国同志学习。”

任弼时的出色工作，赢得了丰硕的成果。1938 年 6 月，共产国际执委主席团举行专门会议，通过了关于任弼时报告的决议案，肯定中国共产党的政治路线是正确的，赞同中共的抗战路线和政策，支持毛泽东为中央领袖。季米特洛夫在此过程中起了巨大的作用。他从任弼时那里了解到，毛泽东在中共党内享有崇高威信，遵义会议后在中央一直起着实际领导核心作用的情况，坚定了支持毛泽东为中共领袖的看法。他还在共产国际会议上，当着任弼时、王稼祥的面，公开批评王明缺乏实际工作经验，又喜欢自以为是，拉帮结派，想当领袖。

7 月 6 日，苏联《真理报》破天荒头一回刊登了毛泽东的照片，不久，王稼祥即将回国前夕，在克里姆林宫客厅，季米特洛夫又亲自接见任弼时、王稼祥。季米特洛夫说：“中国共产党的领导人毛泽东同志，是久经考验的马克思列宁主义者。中国目前仍然应该坚持与国民党又合作又斗争的原则，警惕重复第一次国共合作的悲剧。”他语重心长地说：“应该告诉全党应该支持毛泽东为领导人，他是在实际斗争中锻炼出来的领袖。其他的人，如王明，不要再争当领导人了。”

就在这时，一向对中共在抗日战争中的作用持怀疑、保留态度的共产国际，也一改往日的冷面孔，用前所未有的热情连续发表文章和报道：充分肯定中国共产党和八路军的地位和作用，宣称“正是由于中国共产党和红军的艰苦努力，中国的内战才得以停止”。中国人民才“取得了战胜日寇的第一个伟大胜利”。

共产国际的明确表态，标志着任弼时出使共产国际的成功，毛泽东的地位稳固了。而王明采取“恶人先告状”，向共产国际、斯大林打小报告，企图整垮毛泽东，自己取而代之的愿望落空了。

共产国际对毛泽东的信任，使王明从此失去了与毛泽东相抗衡的实力。王明向毛泽东领袖地位的挑战随着 1938 年 8 月王稼祥的回国而彻底失败。

第六章　延安交锋

1. 王稼祥两次历险，带回共产国际有关毛泽东的绝密指示

1938 年 8 月，又一架军用运输机从莫斯科飞往中国，上面也坐着一位重要人物。此人从莫斯科带回共产国际的重要指示。

他，便是王稼祥。

王稼祥是在 1936 年底前往莫斯科的。他拖着病体，好不容易跨雪山，过草地，到达陕北。由于病情越来越严重，中共中央决定派红军总卫生部部长贺诚陪同他去莫斯科治病。

当时，王稼祥穿过国民党军队的封锁线，来到上海。在上海，潘汉年通过宋庆龄的关系，说是一位植物学教授要去比利时考察，弄到了国民党政府的护照。这位“植物学教授”，便是王稼祥。

1937 年 6 月下旬，王稼祥在贺诚的陪同下，终于来到了莫斯科。在苏联，王稼祥得到了精心的治疗，身体日渐复原。

当王明决定回国时，他接替王明，出任中共驻共产国际代表团负责人。王稼祥的这一任命，是共产国际总书记季米特洛夫决定的。

季米特洛夫

当时年已 56 岁的季米特洛夫，是国际共产主义运动富有声望的活动家。他早年就加入保加利亚社会民主工党（后改为共产党），积极从事国际共产主义运动。1933 年 9 月，他在莱比锡法庭上严厉驳斥了法西斯对共产党的诬蔑，以无可辩驳的事实揭露了“国会纵火案”是法西斯精心策划的阴谋。“莱比锡审判”，成了国际共运史上的壮举，季米特洛夫也因此获得各国共产党人和革命者的尊敬。1935 年在共产国际七大上，他当选为执委会总书记，并实施了有效的领导。中共作为一个大的支部，一直得到这位总书记的重视。他是多么希望中国共产党的领导核心能团结一心，共同对敌啊！但在同王明共事的日子里，他已觉察到王明与中国国内领导人关系紧张。因此，在王明即将回国前，他专门找王明和将要接替王明担任中共驻共产国际代表团团长的王稼祥谈了一次话。

据王稼祥后来回忆：

季米特洛夫曾对王明说："你回国去要与中国同志关系弄好，你与国内的同志不熟悉，就是他们要推你当总书记，你也不要担任。"

任弼时（接替王稼祥担任中共驻共产国际代表团团长）也回忆说，季米特洛夫曾对他说过，在王明回国前，他曾嘱咐过王明说："虽然你在（共产）国际工作了多年，而且是执委成员和书记处书记之一，但你回去并不代表（共产）国际，而且你长期脱离中国，脱离中国革命实际，所以回去以后，要以谦逊的态度，尊重党的领导同志，中国党的领袖是毛泽东，不是你，你不要自封领袖。"

共产国际负责人的这种临别赠言绝不是无的放矢的官样文章，而是出于对王明厚望的肺腑之言。但王明没有听进去。

季米特洛夫接到王明状告毛泽东的电报，意识到王明回国后不仅没有听他的劝告，反而与毛泽东等中央领导人的关系越来越僵，已到了十分严重的地步。当时中国的抗日战争正处于极为严峻的时刻；全民抗战局面刚刚形成，要使抗战取得胜利，全党尤其是党的最高领导层的团结和统一是至关重要的。季米特洛夫看到了问题的严重性，认为有警醒王明的必要。

1938 年 6 月，王稼祥将卸任回国，季米特洛夫召见了他和继任的任弼时，嘱咐王稼祥向中共中央转达他的意见："中共一年来建立了抗日统一战线，尤其是朱德、毛泽东领导八路军执行了党的新政策，（共产）国际认为中共的政治路线是正确的，中共在复杂的环境及困难的条件下，真正运用了马克思列宁主义。""在当前中共中央领导机构要在毛泽东同志为首的领导下解决。中共中央领导机关中，要有紧密团结的空气。"

情真意切，语重心长！

当王稼祥回国的时候，从莫斯科带来共产国际极为重要的指示——中共应该以毛泽东为领袖！王稼祥还随身带着一只皮箱，里面装着三十万美元现钞——共产国际支援中国革命的一笔经费。

飞机降落在新疆迪化（今乌鲁木齐）之后，不能再飞往兰州。一支八路军车队前来接他以及他带回的一批军用物资。车队取道兰州赴延安。

车队离开兰州之后，在茫茫黄土地上前进。途中，突遭土匪拦劫。为首的土匪，络腮黑胡，双目射出凶光。车上那 30 万美金现钞，顿时处于最危险的境地。

王稼祥在土匪头子手枪的逼迫下，先是打开几只大木箱。打开一看，箱里尽是一些俄文书籍和杂志，土匪们毫无兴趣。他们的目光，集中在一只小皮箱上。王稼祥镇定自若地打开那只小皮箱，取出自己的衣物及一些国民党银行印行的纸币，送给土匪们，又摘下手表，送给土匪头子。他说明自己是八路军，没有钱财。土匪见他和车队的人都一色灰布八路军军装，就叫他们转过身去。过了好久，背后没有动静。王稼祥回头一看，土匪早已不见踪影。

幸亏王稼祥机智，在迪化把三十万元美金转移到大木箱里，上面铺了书籍，躲过了飞来横祸。

自从受土匪惊扰之后，车队加快车速，日夜兼程，不敢在路上逗留。司机极度疲惫。车近延安时，王稼祥乘坐的那辆卡车的司机打起瞌睡来，车子一下子翻进沟里。众人大吃一惊，赶紧停车，跳进山沟，把王稼祥从车内拉出。王稼祥居然安然无恙，从地上拾起眼镜，眼镜也没有摔碎！原来，那辆卡车翻下去时，正好有一棵大树挡了一下……

王稼祥经过两番“历险记”，终于安抵延安。

他带回的季米特洛夫对中国共产党的绝密指示，将对确立毛泽东在全党的领袖地位，遏制王明的野心起着重要的作用。

2. 六中全会批准了以毛泽东为首的中央政治局的路线，王明在党内的影响逐渐缩小

1938 年 9 月 14 日，王稼祥在中共中央政治局会议上传达了季米特洛夫的指示。在延安的中央政治局委员听了传达后，为共产国际明朗的态度所鼓舞，会议决定，立即召开六届六中全会，并由王稼祥打电报通知王明，请在武汉的中央委员回延安参加会议。

王明接到延安来电后，又摆出他坐镇共产国际时的威风，立即回电中共中央，声称请毛泽东等中央领导和中央委员到武汉或西安去，在那里召开六届六中全会，以此抬高自己的政治地位。同时，他还要求王稼祥到武汉去，向他单独透露共产国际讨论问题的经过和传达文件内容，以及在莫斯科谈话的情形。以便从王稼祥那里了解共产国际的内部情况，在六中全会上抛出秘密武器，先发制人。

发号施令惯了的王明，这次又失算了。

王稼祥接到王明的电报后，立即请示毛泽东，毛泽东说：

“他王明是涂了胭脂抹了粉送上门去的（讽刺王明讨好国民党），我住在清凉山，靠留守兵团吃饭，哪里也不去。”因为这不仅仅是会议地点之争。

毛泽东要王稼祥复电：“请按时来延安参加六中全会，听取传达共产国际

重要指示。你应该服从中央的决定，否则一切后果由你自己负责。”

中央以如此强硬严肃的口气催促，王明哪敢不来。

9月15日，王明和周恩来、徐特立等回到延安。如果说在这以前，王明和毛泽东是各吹各的调，互不相干的话，那么这一次开始了真正的正面交锋和较量。

20日，中共中央政治局召开会议，王明在会议上作长篇报告。回国10个月，主要和国民党上层打交道，对抗日战争的局面也开始有所了解，对国共两党的抗战方针作了一番研究。因此他在报告中也主张动员广大民众参加抗战，在敌后建立抗日根据地，开展游击战争，在国共合作中应保持中共在政治上组织上的独立性。这些不能不说是王明的进步，但是，他继续强调“保卫大武汉”的意义，坚持他的错误观点。

“保卫大武汉”，是徐州失守后，国民党军事委员会于1938年6月制定的以保卫武汉三镇为中心，以豫西、豫东、皖北、皖南及湘赣两省为广阔外围的大战役。王明也非常热衷这口号，反复鼓吹这一口号的积极意义，中共中央早就对他单纯强调保卫大武汉的方针提出批评，但王明在发言中继续坚持他的这一主张。同时他在报告中宣扬军队的“统一”，把抗战已取得的成绩，归结于有统一的统帅，统一的作战计划，统一的行动等等。不难看出。这只是他“一切经过统一战线”右倾理论的翻版，由此可见，王明认识和改正错误之困难，非一般人能比。

参加六届六中全会的中央政治局委员合影。前排左起：康生、毛泽东、王稼祥、朱德、项英、王明；后排左起：陈云、博古、彭德怀、刘少奇、周恩来、张闻天

9 月 29 日，扩大的六届六中全会在延安桥儿沟举行，按照三天前中央政治局会议决定的程序，开幕式由张闻天主持，随后由王稼祥在会上传达共产国际和季米特洛夫的指示。

王稼祥在传达中说：

根据国际讨论时季米特洛夫的发言，认为中共一年来建立了抗日民族统一战线，尤其是朱毛领导的八路军执行了党的新政策，国际认为中共的政治路线是正确的，中共在复杂的环境及困难的条件下真正运用了马列主义。

在领导机关中要在毛泽东为首的领导下解决，领导机关要有亲密的团结的空气。

在我临走时他特别嘱咐，要中共团结才能建立信仰。在中国，抗日民族统一战线是中国人民抗日的关键，而中共的团结又是统一战线的关键。统一战线的胜利是全党的一致与领导者间的团结，只有党的团结，才能赢得人民信任。

要告诉全党，你们应该支持毛泽东同志为首的中国共产党的领导人，他是中国革命实际斗争中锻炼出来的领袖，王明等人不要再争吵了。

共产国际指示是最高权威，肯定了毛泽东在全党的领袖地位，剥夺了王明说三道四的资本。向来把共产国际视为后盾、处处以共产国际正确路线代表自居的王明，听了王稼祥的传达，心里凉透了。

这意味着季米特洛夫已经不像他回国时那样器重他了。不仅如此，在中共高层宣布，这意味着他王明不代表共产国际，等于宣告他王明不能充任中国共产党的主要领导，想到这里，王明有些不寒而栗，他也弄不清在哪个环节上得罪了共产国际。

王稼祥传达完共产国际的指示后，会议没有对王明进行点名批判。王明还觉轻松，但这种轻松并不长。毛泽东提醒与会者，不要上了“张国焘一类人”的当。不言而喻，“张国焘一类人”之所指是人人皆知的。

毛泽东已经习惯这种斗争策略，后来反对林彪时，他与一些高级干部打招呼，也是说：要警惕陈伯达一类骗子。结果林彪憋不住了，自己跳了出来。

10 月 12 日至 14 日，毛泽东用三天时间在会上作了题为《论新阶段》的政治报告。他说：“坚持民族统一战线才能克服困难战胜敌人，建设新中国，这是毫无疑问的。但是在同时，必须保持加入统一战线中的任何党派在思想上，政治上和组织上的独立性，不论是国民党也好，共产党也好，其他党派也好，都是这样。”

毛泽东肯定地说：“没有问题，统一战线的独立性，只能是相对的，而不是绝对的。如果认为它是绝对的，就会破坏团结对敌的总方针。但是绝不能抹杀这种相对的独立性，无论在思想上也好，在政治上也好，在组织上也好，各党必须有相对独立性，即是说相对自由权。如果被人抹杀或自己抛弃这种相对的自由权，那就也会破坏团结对敌的总方针，这是每个共产党员，同时也是每个友党党员，应该明白的。”

毛泽东的这些话，当然不能理解为纯粹是针对王明个人的。在当时，党内相当一部分同志尤其是高级干部中存在只讲联合统一，忽视独立性的倾向。但王明是这种倾向的主要代表。也可以说，有些人正是受王明影响才产生或滋长这种倾向的。因此，毛泽东的报告也包含了对王明右倾错误的批判，因为王明在回国后不久的12月召开的中共中央政治局会议上，就发明了“五统一”，即建立真正的统一指挥、统一武装、统一补给、统一组织、统一待遇。王明嫌“五统一”还不够，次年1月又在“五统一”上加了“统一编制”、“统一政治工作”和“统一作战计划”，变成了“八统一”。总之，王明认为“统一”得越多越好。

毛泽东在政治报告中还专门论述了学习马克思主义的问题，指出马克思列宁主义是“放之四海而皆准”的理论，是我们行动的指南，全党要掀起学习竞赛，都要认真地学习马列主义。针对当时党内存在的教条主义倾向，他强调：“马克思主义必须和我国的具体特点相结合并通过一定的民族形式才能实现。马克思列宁主义的伟大力量，就在于他是和各国具体的革命实践相联系的。对于中国共产党来说，就是要学习把马克思主义的理论应用于中国的具体环境。”

他接着指出：“离开中国特点来谈马克思主义，只是抽象的空洞的马克思主义。因此，使马克思主义在中国具体化，使之在其每一表现中带着必须有的中国特性，即是说，按照中国的特点去应用它，成为全党亟待了解并亟待解决的问题。洋八股必须废止，空洞抽象必须少唱，教条主义必须休止，而代之以新鲜活泼的，为中国老百姓所喜闻乐见的中国作风和中国气派。”

真是入木三分。今天读起来，仍能感受到毛泽东当时讲这番话时，气势磅礴的形态和铿锵有力的语调。

在会议结束前一天，毛泽东又特别强调了统一战线中的独立自主问题，他说：“为了长期合作，统一战线中的各党派实行互助互让是必需的，但应该是积极的，不是消极的。”毛泽东明确指出：“一切经过统一战线”是不对的。这是因为，“国民党是当权的党，它至今不许有统一战线的组织形式，在敌后，只有根据国民党已经许可的东西（例如《抗战建国纲领》），独立自主地去做，无法一切经过统一战线。或者估计国民党可能许可的，先斩后奏。例如设

毛泽东在延安

置行政专员，派兵去山东之类，先经过则通不过。”“我们提倡这个口号，如果是要求国民党一切都要经过我们同意，是做不到的，滑稽的。如果想把我们所要做的一切事先取得国民党同意，那么，它不同意怎么办？国民党的方针是限制我们发展。我们提出这个口号，只自己把自己的手脚束缚起来，是完全不应该的。”“总之，我们一定不要破裂统一战线，但又绝不可自己束缚自己的手脚，因此不应该提出‘一切经过统一战线’的口号，‘一切服从统一战线’，如果解释为‘一切服从’蒋介石和阎锡山，那也是错误的。我们的方针是统一战线中的独立自主，既统一，又独立。”

这个结论既明了，又准确。而结论的得出正是以彻底否定王明的“一切服从统一战线，一切经过统一战线”为前提条件的。虽然没有点王明的名，但在中央委员范围内，不直接点名效果也许会更好些。同时也是给王明一个认错改过的机会而采取的一种策略。

作为主席团委员，王明在六中全会上并没有沉默。他在会上作了《共产党员参政员在国民参政会中的工作报告》，10 月 20 日，又作了《日前抗战形势与如何坚持持久战争取得最后胜利》的长篇发言。一方面，他表示同意毛泽东的报告和提出全党要团结在中央和毛泽东同志周围；另一方面他仍老调重弹，坚持“一切为着抗日民族统一战线，一切经过抗日民族统一战线。对友党、友军采取大公无私、仁至义尽、言行如一、表里一致，互相帮助，互相尊重，互相友爱，共同工作，共同发展，同生死，共患难，祸福与共，相依为命工作方法和方式。”

我们知道，王明称不上语言大师，却有较强的驾驭文字的能力，即使如此，一下子要脑子提供这么多对“友”尽忠的词，恐怕也得搜肠刮肚，绞尽脑汁。看来他对“友”不可谓不忠。

关于学习理论，王明在肯定了毛泽东政治报告中有关学习马克思主义理论的部分外，为了显示比毛泽东高明，他提出马列主义理论中国化必须注意：

1．首先必须学习马列主义——不仅政治理论，而且军事理论；只有学习马列主义理论，然后才能运用和民族化，因此，必须加紧学习马、恩、列、斯的学说。

2. 不能庸俗化和牵强附会。

3. 不能以孔子的折中和烦琐的哲学代替唯物辩证法。

4. 不能用中国旧文化学说来曲解马列主义，而要以马列主义来了解和开发中国文化。

5. 不能在“民族化”的误解之下来忽视国际经验的研究和运用。

11 月 5 日，毛泽东在会上作结论，郑重讲了统一战线中的独立自主问题。

他说，为了长期合作，统一战线中的各党派实行互助互让是必需的，但应该是积极的，而不是消极的。他批评一切经过统一战线的口号，认为中国的情形是国民党剥夺各党派的平等权利，企图指挥各党听它一党的命令。

毛泽东对十二月会议以来同王明在政治上的分歧，着重用说理的方式进行了总结，对王明本人也是温和的态度。他说：“王明在会上已表示完全同意各报告，他在部分问题中说的有些不足或过多一点，这是在发言中难免的。这些问题已弄清楚了。王明在党的历史上有大功，对统一前线的提出有大的努力，工作甚积极，他是主要负责同志之一，我们应原谅之。”

会议期间，武汉已于 10 月下旬失守，中国抗日战争进入了以战略相持为特点的新阶段。会上作出了一个重要决定：巩固华北，发展华中，迅速发展华中抗日根据地，打开一个新局面。

会议决定撤销长江局，成立南方局和中原局。南方局负责西南国统区党的工作，周恩来为书记；中原局管辖河南、湖北、安徽、江苏地区党的工作，刘少奇为书记；东南分局改为东南局，项英为书记；充实北方局，杨尚昆为书记。

六中全会历时一个多月，直到 11 月 6 日才结束。会议通过《中共中央扩大的六中全会政治决议案》，批准了毛泽东为首的中央政治局的路线，基本克服了党内的王明为代表的右倾投降主义错误，对统一全党的步伐，推动各项工作的迅速开展起了关键作用。从此，王明在党内的影响逐渐缩小。

3. 王明提出女子大学要培养新贤妻、新良母、新孝女的模范

长江局撤销后，中央决定留王明在延安工作，他仍是书记处书记，兼任中

共中央统战部部长和中央妇女运动委员会主任。从这时直到整风运动中期，王明十分活跃，延安的妇女运动开展得有声有色。我党有组织、有计划地开展妇女工作，培养妇女干部是从这时开始的。

1939 年 3 月 3 日，中央妇女运动委员会发出《关于目前妇女运动的方针和任务的指示信》，对妇女工作的基本任务、特点和工作意见作了详细的指示，为党指导妇女运动的开展提供了依据。

为了加强对妇女干部的培养，提高妇女干部的素质，中共中央政治局决定在延安创办中国女子大学。王明被任命为校长，受命后王明满腔热情地投入了女大的各项筹备工作。

女子大学的校址选在中央机关和八路军总部驻地之间，校舍由当地民主政府动员几百民工修建。他们依山凿洞，加紧施工。不到两个月，一百多孔新窑洞一排排出现在山坡上。每孔窑洞大小不等，可容纳 8 到 10 人。

站在对面山坡上，或从延河边上远远望去，这些窑洞层层叠叠，整整齐齐，紧紧相连，犹如一座五六层高的楼房，拔地而起，高接云端。夜幕降临，窑洞里点上油灯，灯光透过窗孔，与夜空的点点繁星交相闪烁，仿佛使人置身于不夜的都市，生机盎然。

除了这些窑洞，女大还修建了三个教室，一个礼堂。延河岸边的广阔沙滩，略加平整，成了体育场。周围垒起一道一人多高的土墙，便成了可爱的校园。

尽管中央极力支持，可边区政府能拨给女大的经费仍少得可怜。毛泽东、王明、董必武将担任国民参政员所得薪水捐献出来，林伯渠捐献了一批煤油灯，博古捐献了大礼堂的幕布，八路军代表邓小平捐赠了一批战马，新四军代表张鼎丞送来了一些战利品。叶剑英、李克农发动募捐，女大创办时遇到的物资困难大为减轻。

这时，抗日军政大学办到第四期，成立了八个大队，其中第八大队就是女生队。中央决定将抗大八大队和中央党校的妇训班并入女子大学，并抽调 30 多名强有力的专职干部到女大工作。

女子大学下设教务、政治、秘书、总务四个处，四个处长依次为张琴秋、孟庆树、郭霁云、吴朝祥。她们有的在大革命时期入党，有的留学苏联，有的参加了长征，有的是长期在白区工作的知识分子。在当时的延安，她们都是声望很高的妇女界精英。

1939 年 7 月 20 日下午，女子大学开学典礼在中央大礼堂隆重举行。在延安的全体中央政治局委员、党政军各部门负责人，从前方回来的八路军、新四

红军女子大学的课堂现场

军代表参加了女大开学典礼。

毛泽东在开学庆典大会上说：全国妇女起来之日，就是中国革命胜利之时。女大的成立，不仅要培养大批有理论武装的妇女干部，而且要培养大批做实际工作的妇女运动干部，准备到前线去、到工厂去、到农村去，动员和组织全国妇女，参加抗战。

王明在会上作主题报告，他说，为什么要创办女大？第一个原因是为了适应抗战建国大时代的需要，第二个原因是根据妇女运动的特点，第三个原因是使中国妇女运动起一个历史的转变，第四个原因是为了特别提高妇女的地位。女大培养出来的人才，应当具备两个特点：一方面，她们是不依赖男子，有独立人格，独立生活，独立工作，独立斗争能力的革命女性；另一方面，她们是新时代的新贤妻新良母新孝女的模范。凡是女性，差不多都要经过女儿、妻子、母亲这三阶段。所以，新时代的妇女，应当在社会事业社会生活中是先进革命的战士，在个人生活家庭中，是高尚模范的人物。

王明最后说：女大的成功是有保证的！特别是中共中央和毛泽东同志直接地、经常地领导和帮助女大，再加以各方面的爱护和培育，女大这个刚出生的小女孩，一定会成长为一个庄严伟大的中华民族的优秀女儿！

女大开办时有近500学生，分为8个班，3个层次，6个普通班，包括培养妇运工作干部；1个高级研究班，主要培养具有较高理论修养的女干部；1个特别班，主要是培养有妇女运动经验的工农妇女干部。

女大学生来自全国21个省及海外华侨青年，年龄最大的41岁，最小的14岁，大多数在18—22岁，女大对她们的影响是巨大的。

中央对女大非常关心，生活上尽可能地给予照顾。女大的窑洞都粉了白灰，光线好；学生睡木板床，吃井水；学校设置淋浴澡堂，还规定放生理假制度。这些在今天看来过于简单的规定，在当时确是很大的照顾了。

为了办好女大，王明也确实花了一番心血，从请教师到课程设置，从制定校训到写校歌，他都身体力行。为保证办学质量，王明在延安各机关聘请有理论专长或实践经验的同志到女大兼课，毛泽东、周恩来、邓颖超、博古和王明自己都到女大讲过党课。此外，他比较注重理论学习。当然，这与他教条主义的思想观念是分不开的。

女大从开办到1941年8月与陕北公学、泽东学校合并，成立延安大学为止，毕业12个班，培养了1000多名妇女干部。她们在抗日战争、解放战争和新中国的建设事业中发挥了重要作用。

王明在任中央妇女运动委员会主任和女子大学校长期间，对妇女问题进行了一些研究，发表一些文章，作过一些讲演，对促进妇女运动，提高全党对妇女的认识，以及加强对妇女工作的领导都起了积极推动的作用。这说明王明的确是个颇具才气的人物，尽管他在办学过程中也有一些错误，甚至严重错误，但他办女大，功大于过，还是应该肯定的。

4. 王明成为延安的理论权威，“王明万岁”的呼声时有所闻

在人才济济的中共党内，缺乏实际斗争经验、更不能指挥千军万马在战场上与对手周旋的王明能走上如此高位，在党内甚至还有相当的市场，足以证明他不是无能之辈，在某些方面确有他的独到之处。

应该说，王明还是有才的，在小时候他赋诗作词的才能就得到显现；到苏联学习后，他用功刻苦，记忆力超人，对马列经典可算是背得滚瓜烂熟，在职演讲和作报告时，引用马列经典，口若悬河；演讲更是王明的强项，他能言善辩，富有激情，知识丰富，很具煽动性，在共产国际大会上，他作报告经常被热烈的掌声所打断，回延安后，他借着共产国际的光环，加上他极具感染力的演讲，曾经也让一些人信服。

此时，王明身为女子大学的校长，演讲的才能也能得到充分发挥。据说，在当时，只要听说王明要在女大作报告，其他院校的知识青年成群结队地跑来旁听。尽管往返几十里路程，他们乐此不疲。当听完报告返回校园时，天就要亮了。

王明在延安

据当时听过王明演讲的人说：王明的讲演很有个性。他精神饱满，神采飞扬，善于引经据典，旁征博引，一讲就是三四个小时。年轻人为王明的外在架势和理论功底所陶醉，当他作完报告时，甚至有人当场高呼“王明万岁”。

延安的庆典多、纪念活动多。王明不仅在女大作报告，延安各团体、各学校、各机关也请他作报告。王明的身影到处可见，王明的声音到处可闻。

王明上身常穿一件皮夹克，脚穿高筒皮靴。他作报告时，身后总跟着两名警卫员，端着一大沓精装书。警卫员将书摆放在讲台上后，王明就在一大堆书面前开始演讲，一会儿翻开这本书讲一段，一会儿翻开那本书讲一段。

言必称马列，行文如流水。长期在苏联学习和工作，熟读马列经典著作和共产国际决议，这是王明的资本。缺乏中国革命实践斗争的经验和对中国社会特点的把握，这是王明的致命弱点。在全党马列主义理论水平整体不高的环境下，王明以“马克思主义理论家”自居，确实俘虏了不少干部和青年。

王明等一批留苏学生出身的中央领导人，控制着当时的理论阵地，即使像毛泽东已经有了相当理论成就的领袖，也不能不避而远之。在相当长的一段时间里，延安的理论宣传和教育工作，引经据典，蔚然成风。1944 年，整风运动临近尾声之际，康生公开地说，如果不搞整风运动，毛泽东几乎不敢来中央党校作报告。

毛泽东是最早认识教条主义错误的。六届六中全会上，他就有针对性地提出马列主义要中国化。他深知，要把人们从教条主义束缚下解放出来，还得靠马列主义。他要求全党迅速掀起一股学习热潮，并说，要建设一个大党，一个独立的有战斗力的党，就要有大批的有学问的干部做骨干，就非学习不可。他号召全党同志研究学问，把全党变成一个大学校。

毛泽东把全党的理论学习作为一件大事来抓，中央特设了干部教育部，张闻天为部长，李维汉为副部长。中央宣传部，中央组织部带头成立学习小组，在延安参加学习的干部就有四千人之多。

抗日战争时期，中国共产党面临的形势和肩负的责任比过去更艰巨，更复杂，毛泽东更加深刻地感到理论的重要性，更加发奋读书，写书。在组织李维汉、杨松、吴亮平、陈伯达共同编写《中国革命和中国共产党》这本书时，毛泽东把资产阶级民主革命分为新民主主义革命和旧民主主义革命，两者间的根本区别在于无产阶级是否掌握了领导权。他认为，现阶段中国革命的性质不是无产阶级社会主义的，而是资产阶级民主主义的。由于受结构和篇幅限制，有些观点没有更为深刻地分析和论述。

"新民主主义"这面大旗举起来了，新民主主义革命的政治、经济、文化的具体内容是什么？毛泽东认为有必要再写一本书，对中国社会特点和中国革命规律进一步深刻阐述。

延安窑洞的油灯，常常彻夜闪烁，通宵达旦。毛泽东高速旋转的大脑，在飞越了一座又一座理论山峰之后，闪烁着耀眼的光芒，照亮中国革命前进的航程。在《新民主主义论》中，毛泽东系统地阐述了新民主主义的理论和纲领，把中国共产党所要建立的新中国是怎样的一个国家，清晰地展现在人们面前。

毛泽东在写作

《新民主主义论》出来后，并没有引起党内的高度重视。负责宣传教育工作的张闻天，也只把这篇著作列入临时的策略教育与时事教育文件。王明更是旗帜鲜明地加以反对，认为文章为中国民族资产阶级辩护，反对中国过渡到社会主义道路，是同列宁主义相矛盾的，建议毛泽东修改。

毛泽东这部著作，后被人称为马克思主义中国化的一次飞跃。连一向攻击共产党没有自己理论的国民党文人叶青也不得不表示，自从读到《新民主主义论》，"我对于毛泽东，从此遂把他作共产党理论家看待了"。

王明不同意列宁主义在中国具体条件下的灵活运用，认为毛泽东是用“新民主主义”对抗列宁主义，他用这样的眼光建议毛泽东修改，毛泽东自然不会接受。

不久，毛泽东公开地说：有些人把马列主义当成死教条，对于研究今天的中国和昨天的中国一概无兴趣，只把兴趣放在空洞的理论研究上，言必称希腊，老子天下第一，专门吓唬那些不懂理论的工农干部和青年学生。

毛泽东所指，一目了然。

王明不承认自己是教条主义者，但他明白“马列主义中国化”的矛头是指向自己的。1940 年 3 月，王明把自己 1931 年所写的《两条路线》，改名为《为中共更加布尔什维克化而奋斗》，在延安再版。

这本书初版时，对当时的中国革命提出了许多意见，被后人称为教条主义的纲领。1932 年，王明在莫斯科再版过一次。

王明在三版序言中说：“反李立三和反罗章龙路线斗争距今将近十年了。本书已经成为历史文件，本无再版价值。因为我们党近几年来有很大发展，成千累万的新干部新党员，对我们党的历史发展中的许多事实，还不十分明了。本书所记载着的事实，是中国共产党发展史中的一个相当重要的阶段，因此，许多人要求了解这些历史事实，尤其在延安各学校学习党的建设和中国历史时，尤其需要这种材料的帮助。”

王明在序言中写下了这样一段话：“任何人的思想，历史的事实，都是向前发展的，都是整个发展过程中的一定片段，而当事过境迁之后，再去审查已经过去时期的事实和理论，当然比当时当地当事人容易明白得多。但是，每个忠诚的辩证唯物主义和历史唯物主义者，不能离开一定的时间和空间的条件来看待和处理问题，不能把昨日之是，一概看作今日之非；或把今日之非，一概断定不能作为昨日之是。同时也不能把此地之是，一概看作异地之非；或把异地之非，一概断定不能作为此地之是。一切决定于时间和空间，一切决定于当时当地所处之各种具体条件和具体环境。”

毛泽东认为王明再版这本小册子，是一种挑战行动。应该怎样看待党的历史，这个问题摆在了他的面前。

六届六中全会前，中共中央曾考虑在准备召开的七大上讨论党的历史，共产国际没有同意。王稼祥在六中全会上传达国际的意见时说：国际认为，中共七大要着重于实际问题，主要着重于抗战中的许多实际问题。关于总结十年经验，国际认为要十分慎重。以后，由于战争形势的发展和党的高级干部难以集中，七大一直未能如期召开，有关党的历史问题的讨论一直拖了下来。

王明的小册子出版后，毛泽东亲自主持收集、编辑和研究六大以来的重要历史文件。他读到了许多过去在中央苏区没有看到过的材料，更深刻地感受到教条主义的危害。在一次政治局会议上，毛泽东第一次比较集中地谈到党的历史上右倾和“左”倾错误。

毛泽东说，在大革命时期，陈独秀主张联合一切，下令制止工农运动；在苏维埃时期，最初实行打倒一切，到六大时纠正了，但到后期，又是打倒一切。“左”的政策使军队损失十分之九，苏区损失不止十分之九。遵义会议提到这个时期只说是军事上的错误，没有说是路线上的错误，实际上是路线上的错误。所以，遵义会议决议须有些修改。

王明、博古、朱德、康生、张闻天、陈云相继发言，多数人不同意苏维埃后期的错误是路线错误的说法。不但王明、博古难以接受，其他人对此在认识上也有分歧。

求同存异，毛泽东只好暂时妥协。

这期间，共产国际对毛泽东的支持力度也进一步加大，对毛泽东的宣传更加频繁和集中，称毛泽东是“为中国人民的解放而战斗的英勇战士，中国共产党的组织者和领导者之一，真正的布尔什维克，学者，杰出的演说家，军事战略家和天才组织者。”

张闻天逐渐意识到自己应当让位了。据他回忆，到了1939年春，他就把政治局会议地点，主动移到毛泽东住处，自己只形式上当负责人，一切重大问题均由毛泽东决定。进入1940年，张闻天更明确承认毛泽东应当是党的领袖，几次提出让位的要求，并在工作中把各项权力统统交给毛泽东，自己实际上分管宣传教育工作。

以共产国际领导人自居的王明，这时也感到了危机。他见共产国际如此评价毛泽东，也开始见风使舵。

5. 王明一反常态吹捧毛泽东

六中全会上毛泽东和王明已经开始正面交锋，虽然彼此没有指名道姓，但都心照不宣。第一回合以毛泽东取胜，王明败北而告一段落。如果说王明在回国时，甚至在担任中央长江局书记期间，他以共产国际执委、中共当然的顶头上司自居，盛气凌人，发号施令的话，那么，10个月后的今天，他不得不冷静下来，认真权衡一下了。

在共产国际期间，他是中国代表团团长，去共产国际之前是中国共产党的主要领导人，在中国问题上他最有发言权。尽管他推行的“左”倾冒险主义使红军不得不远离根据地而长征，使中国革命遭受了严重的损失，这些他可以一推了之。但是，他坐镇莫斯科，以共产国际的名义对中国共产党颐指气使。遵义会议后，他的指挥逐渐失灵，中国革命又重新兴旺起来。

刚回延安时，他凭着满肚子的经典，确实使一些干部为之佩服。但现在，他们中的大多数人都慢慢转向毛泽东了。他感到了一种危机，一种从未有过的危机。他要保存自己，必须寻找对策。如果再和毛泽东抗衡，不仅自不量力，而且无异于自甘堕落，共产国际已明确指示他不要争了，他再争不是与共产国际过不去吗？这条路万万走不得，因为这些年来，他的成功和升迁完全是靠着共产国际的背景。再则毛泽东能站到现在这个位置，是全党在实际斗争中逐步认可的，不是他自封的，也不是某个人指派的，因此他的根基稳固。而他王明入党以后，在国外的时间远比在国内的时间多，在国内同志处在最艰苦的时候，他却远走异国他乡，去过养尊处优的生活，这又怎么能使国内的同志信服呢？

想到这里，王明内心也体验到一点点羞愧和无地自容。他扪心自问，觉得和毛泽东抗衡也没有必要，尤其是在目前处于劣势的情况下，越争对他越不利，何不以退为进，暂处守势或者采取另一种策略。

机不可失，时不再来。共产国际不是已经明确了毛泽东在全党的领袖地位吗？作为共产国际的领导成员之一，就应该拥护国际的决定，并且要用实际行动来向全党昭示共产国际决议的正确性。因此，王明决心在宣传毛泽东上做文章，这样既可以使共产国际的领导者们看到，中共党内的斗争不是他王明挑起的，王明是拥护毛泽东的，如果毛泽东还要批判王明，那“分裂”党的责任就不应该由王明负，另一方面，目前毛泽东步步紧迫，原来受自己影响的党内一些高级干部也逐步觉醒，越来越清醒地认识到六届四中全会以来，党和红军遭受的挫折都与他王明分不开，再死硬下去，就是众矢之的。因此，他计划打出宣传毛泽东这张牌，既可以缓和他与毛泽东的关系，也可以使全党看看我王明的高姿态——不与毛泽东计较，怎样抛弃个人恩怨，以革命事业为重。这样，不但可以转移视线，还能从某种程度上获得同情和谅解。一箭多雕，何乐而不为呢！

六中全会以后，王明开始实施他“捧毛”方针。他在公开的报告、演讲和发表的文章中，大讲毛泽东是“中共领袖”，是“我们最敬爱的”同志、“以毛泽东同志为首的中共中央”，一些本不十分重要的工作，他也主动向毛泽东请示汇报，俨然一副学生恳请恩师指教的面孔。

1940 年 5 月 3 日，延安“泽东青年干部学校”举行开学典礼，王明在会上作了题为《学习毛泽东》的报告，这是王明使尽浑身解数，对毛泽东吹捧得最起劲的一次。他说：“对于青干学生学习问题，我只贡献五个字：学习毛泽东！青年干部学校既以毛泽东同志的光辉名字命名，那就要名副其实，就要学习毛泽东同志的生平事业和理论。”

怎样学习毛泽东呢？王明在演讲中概括了五个方面：

第一，“学习毛泽东同志的始终是一贯地忠于革命的精神”。毛泽东同志在青年时代就努力于革命事业。从党的一大以来，“毛泽东同志便是我们党的主要领导人，便是中国革命的一个优秀的领导者”。在蒋介石发动“四一二”反革命政变后，“毛泽东同志则如鹤立鸡群一样英勇坚决地继续革命工作”。“领导党和红军经历了无数的痛苦，克服了各种困难在任何条件下，在任何艰难困苦的环境中，能始终如一地忠于革命事业。”

第二，“学习毛泽东勤于学习的精神”。毛泽东没有进过马列主义学校，但毛泽东同志却比我们党内任何同志都学得多，比我们党内的任何同志都学得好，真正地学习了马列主义，真正地善于把马列主义灵活地应用到中国革命的实践中。正由于毛泽东同志不断地工作，不断地学习，不断地从工作中学习马列主义，从马列主义学习中处理工作，所以他才能把理论与实际联系起来，所以他才不仅成为中国革命的伟大的政治家和战略家，而且是伟大的理论家。

第三，“学习毛泽东同志勇于创造的精神”。“毛泽东同志在其理论和实践中有很多新的创造。便如在建设苏维埃政权的问题上，在建设中国工农红军的事业上，在创造革命的军事战略战术问题上，在建设民族统一战线问题上，《游击战争的战略问题》、《论持久战》等军事著作，不仅是抗日民族解放战争的军事指南，而且是马列主义在军事问题上的新发展。”“《新民主主义论》不仅是中国现阶段国家问题的指南，而且是一切殖民地半殖民地关于建立国家问题的新贡献。”

第四，“学习毛泽东同志长于工作的精神”。毛泽东同志“能做最下层的群众工作，也能做最上级的领导指挥工作，在农民工作中，他是一个有名的农民工作大王，在军事工作中，他是伟大的战略家，在政权工作中，他是天才的政治家，在党的工作中，他是公认的领袖，不管什么工作，只要放在他手里，都能做好，只要你向他请教，他都能告诉你经验和方法。”

第五，“学习毛泽东善于团结的精神”。“毛泽东同志现在不仅是共产党中央和共产党团结的核心，不仅是八路军和新四军团结的中流砥柱，而且是全中国各阶级和人民大众众望所归的团结中心。”

王明最后归纳说：“我的总的意思，还不过是一点，就是泽东干部学校的学生以及全国的优秀青年，应该以毛泽东为模范，应该学习毛泽东。”

四天后，王明的这个演讲全文在《新中华报》上发表，在更大的范围内广为传播。

当时，如此起劲地歌颂，吹捧毛泽东，除王明之外，没有第二个。

9 年以后，周恩来在全国青年第一次代表大会上报告的第三部分号召青年“学习毛泽东”。

刘少奇也是在七大修改党章的报告上才称毛泽东为天才。

林彪称毛泽东为“天才”也比王明晚了四分之一个世纪。

《学习毛泽东》的演讲或成文发表，无论王明主观上怎么样，但毕竟他公开表示承认毛泽东的领袖地位，客观上在当时还是起了积极作用的。尤其作为一个被人们普遍认为是理论权威的大人物，且又是毛泽东的政敌，能讲出颂扬毛泽东的话，要比一般人讲出同类话更让人信服，尽管王明讲话中对毛泽东的优良品质概括得不完全，但在当时公开地、理直气壮地喊出“学习毛泽东”的口号，无疑对稳定毛泽东在全党的领袖地位，教育全党团结在以毛泽东为核心的党中央周围，是有积极意义的。

当然，后来证明王明的演讲，只是他的一种手段，他在“学习毛泽东”的背后，极尽诬蔑攻击之能事，对毛泽东搞两面派。对王明来说，使用这一种手法不足为奇，也是积习难改。

第七章　大局已定

1. 项英之死，毛泽东与王明得出截然相反的结论。为解决党内分歧，一场影响深远的整风运动由此展开

1941 年初，新四军军部及其所属皖南部队 9000 余人奉命北移，遭遇国民党方面 7 个师 8 万余人的伏击。新四军被迫抵抗，血战七昼夜，终因弹尽粮绝，除两千余人突出重围外，一部被俘，大部壮烈牺牲。军长叶挺被扣，副军长项英惨遭杀害。

消息传出，国际国内哗然，这就是震惊中外的“皖南事变”。

项英是中国工人阶级的领袖，长期担任党内重要领导职务，也是新四军的创始人和主心骨。得知项英遇害的消息，王明写下了一首悼念诗——《工人柱石》：

毛家诡计蒋家兵，
主要目标杀项英。
举国劳工哭柱石，
全民抗战损干城。
回思海上同风雨，
直觉胸中尽刺针。
党事如今多邪道，
无边忧思望前程。

项英之死，王明认为是毛泽东借刀杀人的“阴谋诡计”。也有学者认为，王明的有些诗词是后来所作，是为了发泄自己心中积压已久的愤恨。而毛泽东则认为，项英一命身亡，是王明一切经过统一战线的苦果。

1 月 15 日，在讨论皖南新四军的政治局会议上，毛泽东批评项英对国民党的反共政策从来就没有斗争过，精神上早已做了国民党的俘虏。他认为问题的根源在于有些同志不了解中国革命的实际，不了解经过十年反共的蒋介石。

毛泽东这里所指的有些同志，自然包括王明在内。他早就断定，蒋介石本质上是反动的，一切经过统一战线是愚蠢的。情绪激动的毛泽东讲这番话时，在座的王明肯定不会顺耳。

毛泽东明确地告诫全党：一切好转的可能性没有了，蒋介石把我们推到完

全对立的位置，我们决不能再容忍，我们不能怕破裂，否则我们就要犯更严重的错误。

情绪激怒的毛泽东，已不在乎国共第二次合作能否继续下去了。毛泽东不在乎，斯大林却很在乎。皖南事变发生后，苏联仍源源不断地给蒋介石提供军事援助，并再次干预毛泽东采取同蒋介石尖锐对立的立场。

1月20日，季米特洛夫来电，要求中共中央严格注意把握政策。言下之意，毛泽东对蒋介石的反应过头了。

1月25日，季米特洛夫再次给毛泽东发来紧急电报，对毛泽东的反蒋倾向加以约束，告诫毛泽东必须在国共合作的大框架内活动。电报继续强调了利用蒋日矛盾的重要性，要求集中火力打击国民党亲日派，不可另起炉灶，以免上亲日派的当。

莫斯科反对国共破裂，既有利于苏联，也有利于中国。

不论毛泽东对共产国际的指示有多少不满，来自莫斯科的意见对中共仍有重要的制约作用。在蒋介石后来多少有些示弱，而日本军队又在向国民党的正面防线发起进攻之后，毛泽东的怒气总算平息了一些。

皖南事变，毛泽东痛定思痛。他认为项英执行了错误的路线，过去认为是个别错误，现在错误的东西扩大起来，便成了路线错误。苏维埃运动后期的“左”和抗战初期的右，内容很不相同，但这两个时期的错误项英都有份。左和右看似两个极端，但项英这样由左到右，则说明两极相通，源于同一思想方法，那就是理论脱离实际，一味地听从莫斯科的指示。

六届四中全会后，大批留苏学生走上中央领导岗位，这些熟悉理论教条的留苏学生在党内的能量和影响非常之大。毛泽东认为这种风气对党的事业将会造成严重影响。

1941年春天，在打退国民党的反共高潮之后，毛泽东开始采取一些措施，要求全党从中国革命的实际和中国革命的具体利益出发，考虑问题，决定政策。

5月19日，毛泽东在延安宣传干部会议上作《改造我们的学习》的讲演，阐明了理论联系实际这一马克思主义基本原理的重大意义，强调了实事求是的科学态度。他说：

“中国共产党的二十年，就是马克思主义的普遍真理和中国革命的具体实践相结合，使中国革命的面目为之一新。”

“说到学习国际的革命经验，学习马克思列宁主义的普遍真理，许多同志学习马克思主义似乎并不是为了革命实践的需要，而是为了单纯的学习，所以虽然读了，但是消化不了。只能片面引用马克思、恩格斯、列宁、斯大林的个别词句，而不会运用他们的立场、观点和方法来具体地研究中国的现状和中国的历史、具体地分析中国革命问题和解决中国革命问题，这种对待马列主义的态度是非常有害的，特别是对于中级以上的干部，害处更大。”

毛泽东在论述了理论联系实际的重要性后，又剖析和列举了主观主义的学习态度的各种表现，他说：

“或作讲演，则甲乙丙丁，一二三四的一大串；或做文章，则夸夸其谈的一大篇，无实事求是之意，有哗众取宠之心。华而不实，脆而不坚，自以为是，老子天下第一，‘钦差大臣’满天飞，这就是我们队伍中某些同志的作风，这种作风，拿来律己，则害了自己；拿来教人，则害了别人；拿来指导革命，则害了革命。总之，这种反科学反马克思列宁主义的主观主义的方法，是共产党的大敌，是工人阶级的大敌，是人民的大敌，是民族的大敌，是党性不纯的一种表现。大敌当前，我们有打倒它的必要。只有打倒了主观主义，马克思列宁主义的真理才会抬头，党性才会巩固，革命才会胜利。”

接着毛泽东给这种人画了一幅像：

墙上芦苇，头重脚轻根底浅；
山间竹笋，嘴尖皮厚腹中空。

“对于没有科学态度的人，对于只知背诵马克思、恩格斯、列宁、斯大林著作中若干词句的人，对于徒有虚名并无实学的人，你们看，像不像?”

王明再也坐不住了。毛泽东虽然是在大会上讲的，也没有点他王明的名，但他心跳加剧脸上发烧。毛泽东讲的“这种人”虽然不是指某一个人，但他王明肯定是属于“这种人”之列，这是毫无疑义的。

毛泽东的这番讲话，吹响了延安整风的号角，可在党的高级干部中没有引起多少反响。

江西挨整的历史，毛泽东始终记忆犹新。江西红军和根据地是他和大批地方干部千辛万苦创立起来的，一批自称代表“国际路线”的留苏学生来了，排斥了几乎原来所有的领导人。博古到达苏区后，毛泽东被挤出中央领导层。遵义会议，博古下马，只纠正了部分错误，没有指出其宗派主义、冒险主义是路线上的错误。当博古部分地接受了毛泽东的批评，张闻天又主动承担责任之后，毛泽东没有能够把这个问题继续下去。但在毛泽东内心深处，这个问题没有解决。

经过一段时间的工作，多数领导人同意对江西时期的领导责任进行一次历

整风运动一角

史性总结和讨论，在党的七大上对全党有一个交代。

毛泽东把江西时期“左”的错误提到一个相当高度，他认为江西时期的错误是路线错误。博古坦然表示对当时的错误负责，希望有机会时能检讨自己的历史错误。

博古与毛泽东亲切交谈

毛泽东成功地解除了博古的思想疙瘩，但要彻底解决党内的教条主义，尚非轻而易举之事。他知道，党内教条主义的真正代表，首屈一指的要数王明。王明有莫斯科的特殊背景，尽管莫斯科支持毛泽东的领袖地位，但并不等于认定王明是错误路线的代表，况且莫斯科对毛泽东的做法也并不完全认同。

对于毛泽东的党内教育，王明虽表示予以合作，内心里还是有抵触情绪。

在中国女子大学传达毛泽东的整风动员报告时，他要求今后对理论联系实际的问题要注意，但强调仍应注意好好地学习理论，适当地联系实际，反对这也联系，那也联系，变成“乱联系”。

他还说，不要怕人说教条，教条就教条，学他几百条，学会了，记住了，碰到实际自然会运用。如果一条都记不住，一条都不会，哪能谈得上运用？把理论运用于实际是对的，但是先有了理论才能运用，一条也没有哪儿去运用？

王明在内心深处对清算党的历史不满，对毛泽东批评党内教条主义也有怨言。毛泽东决定积蓄力量，等待时机。一个月后，机会终于来了。

1941 年 6 月 22 日凌晨，希特勒突然出动 190 个师，在 3700 辆坦克、5000 多架飞机、45000 门大炮配合下，铺天盖地般向苏联发动突然袭击。苏联党和人民奋起自卫，伟大的卫国战争开始了。

苏德战争，莫斯科无暇他顾，为中国共产党人独立自主解决自己的问题，提供了千载难逢的契机。毛泽东开始加足马力，肃清党内教条主义，与王明展开了面对面的交锋。

2. 毛泽东与王明展开正面交锋，两人互不相让，扬言要到莫斯科去打官司

秋天的延安，成熟的庄稼遍布田野，灿烂的野花点缀着山坡。杨家岭山脚下的一片桃林，硕果累累，压弯了枝头。

1941 年 9 月 10 日，著名的“九月会议”拉开序幕。

在延安的政治局成员毛泽东、任弼时、王稼祥、王明、朱德、张闻天、康生、陈云、凯丰、博古、邓发全部到会，李富春、李维汉、叶剑英等人列席。这次会议时间跨度一个多月，实际上只开了五天。

在第一天的会上，毛泽东作反对主观主义和宗派主义的报告，这是他连日思考的结果。他开宗明义地宣布，过去我们党很长一段时期为主观主义所统治，苏维埃后期主观主义表现更严重，形态更完备，时间更长久，结果更悲惨。这是因为他们自称为“国际路线”，穿上马克思主义的外衣，是假马克思主义。遵义会议实际上变更了一条政治路线，但主观主义遗毒仍然存在，现在延安的学风就是主观主义，党风则是宗派主义。

毛泽东认为，粉碎主观主义和宗派主义的方法，首先要认清其严重性，分清真假马克思主义；其次理论与实践相结合，一面把中国丰富的革命实践经验

马克思主义化，一面创造性地把马克思主义中国化。他提议，取消过去所谓的理论家头衔，今后能解决实际问题的，真正使马克思主义中国化的人，才算得上理论家。

与会者认为，毛泽东的这个报告很有分量，是有感而发，有气而出。也有人说，毛泽东把延安的主观主义和宗派主义说得似乎太重了一点。

毛泽东准备这次会后，在延安开一个动员大会，集中力量反对两个主义，中央政治局委员人人出面讲话。既然如此，政治局成员就得人人表态。

平时诙谐、幽默、随便的毛泽东，这天的神态，颇为义愤，大有不打倒两个主义誓不罢休的样子。在这种场合，大家感到必须严肃认真对待。

既然毛泽东提到苏维埃后期的错误、遵义会议后的遗毒，贯穿这两个时期的负责人张闻天，主动第一个检讨。

张闻天说：对苏维埃后期工作的估计，同意毛泽东的意见，组织上是宗派主义，不相信有实际经验的老干部；思想上是主观主义与教条主义，不研究历史与具体实际情况。自己是负责人之一，应当承认错误，特别是宣传错误政策上应负更多责任。过去，共产国际把一批没有做过实际工作的干部，提到中央机关来，给党的事业带来很大损失。过去没做实际工作，缺乏实际经验，现在要补课。过去的老账，必须要还。

不久，张闻天主动去农村调查，在陕北神府、米脂、绥德和晋西北等地，调查了一年半的时间。

张闻天之后，博古紧接着发言。

博古说自己在苏联学了一些理论，拿了一套公式和教条就回国了。当年完全没有实际工作经验，四中全会上反对立三路线，只是站在更“左”的立场上，用洋教条反对土教条罢了。因此，过去党的许多决议，不过是照抄照搬国际指示而已，完全没有结合中国的实际。

对 1932 年至 1935 年的错误，他承认要负主要责任。要揭发过去的错误，必须从思想方法上，从整个路线上来检讨。这次检查过去错误，感到十分严重和沉痛，希望在大家帮助下逐渐克服。

在邓发检查之后，王明做了一个表白式的自我批评。他认为江西时期博古中央路线自己不仅没有沾边，而且还有批评纠正的功劳，因为毛泽东也承认，他对提出抗日民族统一战线政策功不可没。至于抗战初期的错误，那毕竟是共产国际的主张，要承认错误，岂不是说共产国际犯了错误？

王明肯定反主观主义和教条主义对自己有很大好处，承认在莫斯科学的都是洋教条，但回国比博古、张闻天都早，参加实际工作的时间长些，工作作风已有转变。以后担任驻共产国际代表，能够看出博古、张闻天在中央苏区工作中存在的问题，特别是不同意他们对毛泽东的态度，反对他们在五中全会提出的两条道路决战的观点，并且较早提出了实行统一战线反对日本的全套办法，只是对当时中国的实际情况研究还不够。

第二天接着开会，王稼祥首先发言。

王稼祥承认自己实际工作经验很少，同样在莫斯科学了一些理论。回国后参加了反对立三路线，当时不过是主观主义反对主观主义，教条主义反对教条主义。过去主观主义传统很久，其产生根源，除由于中国社会原因外，就是经验不够。学了一些理论而没有实际工作经验的人，易做教条主义者。从莫斯科回来，没有实际工作经验的人，更易做教条主义者。

王稼祥发言后，朱德接着说：四中全会的中央主要负责人，多数是从莫斯科回来的，用马列主义的金字招牌压服实际工作者。四中全会的中央，是书生式的领导。

尽管检讨一次比一次深刻，批评一次比一次尖锐，因这次会议并无深入讨论党的历史的任务，只是要求与会者对照自己的问题，就反对主观主义和宗派主义明确表态。因此，大多数与会者心情比较轻松。王明见无人批评自己，自我感觉良好。

李维汉不是政治局委员，但在立三路线和江西苏区时都在中央担负领导工作，这两个时期的错误主张，都较为积极贯彻过。他认为自己在检查和认识错误之后，感到轻松愉快。

王明批评李维汉说，“轻松愉快”就会检讨不诚恳、不彻底、是想马虎过去。不等李维汉申辩，他又谈到与会的和没有与会的，担任中央领导的与未担任中央领导的，活着的与去世的约 20 人这样或那样的“错误”，似乎唯独自己没有什么政治性质的错误。

王明义正辞严地提到博古、张闻天到中央苏区后，先是夺了毛泽东的党权，继而又夺了毛泽东的军权，最后连毛泽东在政府中的权力也夺走了。王明说他在莫斯科对这件事深感不满，并认为张闻天、博古当年领导的中央是不合法的。

王明说，1931 年秋他与周恩来离开上海时，虽然推荐博古、张闻天组织临时中央政治局，但当时已经说明，由于博古、张闻天既不是中央委员，更不是政治局委员，将来到政治局委员多的地方要把权力交出来。没想到，博古、张闻天到中央苏区后却不提此事，竟领导起那些真正的政治局委员来了。

一石激起千层浪，会议气氛陡然起了变化。当时就有人提出把在重庆南方局的周恩来调回延安。

毛泽东决定成立高级学习组，先花半年时间研究思想方法与党的历史，原定的全党动员计划暂时取消。一场触及灵魂的党的历史大讨论，在党内高层迅速展开。

毛泽东就延安整风与高级干部谈话

十多天后，中央高级学习组开始深刻检讨江西时期党的历史。多数人对王明上次的检讨不满，尤其是他幸灾乐祸，落井下石，惹得天怒人怨。

博古明确地讲：自己所犯错误是政治路线错误，临时中央政治局进入苏区后不作说明，确有篡位之嫌。这些错误怪不得别人，但中共驻共产国际代表团助长了这种错误。

张闻天也承认，当时路线的确错误，临时中央到江西后确有篡位问题。但王明当时在莫斯科不予纠正也是不对的，况且五中全会的名单也是共产国际批准的，这些事件王明当时为什么不起作用？

康生也批评王明，说王明在莫斯科其实与当时国内博古中央犯有相似错误，他在个别策略上有对的地方，但基本思想与博古一致。康生还特别提到王明在抗战初期的错误，说王明不听劝告留在武汉，在武汉期间所犯错误，都是主观主义和宗派主义的表现。

在留苏学生出身的中央领导人中，张闻天、博古、王稼祥、凯丰等人都承认了自己的错误，唯一没有认错的只有王明。眼看大家把矛头对准了他，毛泽东也期待王明能够有所表现。

毛泽东见王明转不过弯来，决定会后采取个别谈心的方式，或许效果更好一些，于是提议休会。

就在这时，季米特洛夫来了一份措辞严厉的电报，向中共中央一连提出15个问题。其中一个棘手的问题是，在法西斯德国继续进攻苏联的情况下，中国共产党采取什么措施打击日本，使德国在东方的同盟国日本，不可能开辟第二战场进攻苏联。

毛泽东来到王明居住的窑洞，听听他对这个问题的意见。王明看了一下电报内容，略加思索后说道：

“这有何难？加强抗日军事行动，改变游击战略，加强运动战，做好统一战线工作，将日本势力牵制在东方，使其无暇顾及对苏联的进攻，打击德国法西斯侵略苏联的嚣张气焰。”

“运动战当然要搞，搞多了会吃大亏。”毛泽东认为，1940年秋八路军发动“百团大战”之后，元气损伤比较严重，加上日军集中力量报复，华北根据地已陷于困难境地，如果八路军再采取大规模行动，有可能使华北根据地陷入更加严重的灾难之中。为此，毛泽东对王明的建议不以为然。

王明认为，苏联是第一个社会主义国家，保卫苏联是中国共产党天经地义的任务。如果苏联被打垮了，中共也就难以为继。于是，他接过毛泽东的话争辩道：“要抗日，我们就不要怕丢血本，要抗给国民党看，抗给斯大林看。我们若三心二意，蒋介石怎么看我们，斯大林怎么看我们?”

“抗日要抗，立场不变。你不怕输血本，我可怕输血本。不保存实力，革命如何继续下去?”

本来，毛泽东还要和王明谈一些其他问题，因对季米特洛夫的电报产生分歧，两人不欢而散。

毛泽东深感王明顽固，唯莫斯科是从，要打通其思想关节，并非一日之功。几天后，他又约王稼祥、任弼时，一同与王明交谈。

“那天，我的态度不好，要检讨，你的态度同样不好。今天我们不要动怒，尽量心平气和。”毛泽东首先开腔，来了一个君子协定。

毛泽东、王稼祥、任弼时各自谈了对当前时局的看法，谈了对苏维埃后期政治路线的认识，并指出王明在武汉时期的错误，希望王明不要固执己见，好好总结经验教训，以利全党统一认识。

王明一听，三人观点接近一致，认为他们事先商量过，于是按捺不住对毛泽东发起攻击。

"目前，我党处于孤立，与日、蒋两面作战，无同盟者，国共对立。原因何在？党的方针太左，新民主主义是将来的事，现在不行，吓着了蒋介石。反帝、反封建、搞社会主义是三个阶段，不能混为一谈。目前只能反帝，对日一面战争，避免同蒋介石摩擦。"

"王明同志，你怎么认为中共处于孤立状态？"任弼时打断王明的话，不满地问道。

"怎不孤立！国共合作的黄金阶段是武汉时期，那时两党关系基本融洽，群众运动轰轰烈烈，现在两党摩擦不断，难道还不孤立？蒋介石再坏，总比日本人好，现在不能和蒋介石斗，斗垮了日本人，再和蒋介石斗也不迟嘛！"

毛泽东接过王明的话："一厢情愿是要吃亏的。对于反动派，你不惹他，他要惹你；你不斗他，他要斗你；你不打他，他要打你。新四军遭受如此重大损失，教训还不深刻吗？"

"不管怎么说，苏维埃时期四中全会路线，抗战初期一切经过统一战线的方针，是根据共产国际政策制定的，没有错。这个问题，我要和你们争论到底，不行，就到共产国际去打官司。"

毛泽东见王明又拿共产国际作挡箭牌，毫不示弱："这场官司，到哪里去打都行，真理只有一个，若要打官司，我毛泽东奉陪到底。"

3. 王明指责毛泽东过"左"，毛泽东批评王明太右。任弼时、王稼祥联手出击，王明如坠万丈深渊

毛泽东一夜没有合眼。第二天，他主持召开书记处会议，介绍了头一天晚上与王明谈话的情况。

王明自信有共产国际指示为依据，底气十足，他重申了同毛泽东争论的一些看法，有些观点讲得更明确。他说：

最近国际来电要我们考虑如何改善国共关系，这个问题的提出是有原因的。我们与国民党关系弄得更好些是有必要的，而且有可能的。国民党固然反对我们，是中国革命的阶级敌人，但也反对日本，反对中国革命的民族敌人。毕竟在现阶段，民族敌人是主要敌人。因此，即使在国共摩擦的情况下，我们仍然是要执行统一战线政策，仍然是应当拥护蒋介石的。

王明接着指责毛泽东太“左”了，把反帝与反封建相提并论，不要大地主大资产阶级，是一种两面作战的路线，是一种自我孤立的政策。

王明讲话后，毛泽东发言。他说，最近和王明同志谈了几次，都没有谈通，王明认为我们过去的方针是错误的，认为我们太左了。恰恰相反，我们认为王明太右了，对大资产阶级让步太多了，只让步是弄不好的。

谈到武汉时期，毛泽东说，王明在武汉时期的许多错误，我们等待了许久，等待他慢慢地了解，直到现在还没有向共产国际报告。毛泽东把王明在武汉时期的错误归纳为四条：

一、对形势估计，过于乐观；

二、处理国共关系，没有坚持独立性和斗争性；

三、军事战略，助长了反对独立自主的山地游击战的方针；

四、长江局与中央关系不正常。

显然，毛泽东有备而来，并与书记处主要成员交换过意见。因此，他对王明公开表露反对自己的态度，显得冷静，他简单地总结了“我们”同王明之间的分歧之后，要求与会者讨论。

针对毛泽东的批评，王明不甘示弱，逐条进行解释和反驳。

王明坚持认为，毛泽东批评的许多问题，都是国际提出来的，他只是转达而已。对国民党强调斗争性不够，但在武汉工作中他不仅坚持了独立性，而且进行了很多斗争；对片面强调游击战争有看法，但部分军事领导人反对洛川会议精神与他无关；对《论持久战》中的个别观点确有不同意见，但并不是他不让发表这篇文章；在武汉许多事未向中央请示，具体原因很复杂，多数与他无关，主观上并没有闹独立的想法，客观上使长江局形成半独立局面。

与会者明白，王明把一些责任推给了周恩来。

王明最后强调，他的路线是对的，个别问题有错误。在这个范围内给他任何处分，他愿意接受，自己的错误自己负责。

王明发言时，不时有人插话。他一讲完，凯丰、陈云就明确表示不同意王明推卸责任的态度，指出许多问题的发生并非与王明无关，尤其与中央的关系，是各种错误的根源，王明并没有实事求是地加以说明。

头天晚上和毛泽东一同见过王明的任弼时、王稼祥，认为王明拒不认错，是因为自恃有共产国际撑腰。王稼祥和任弼时说，王明在传达共产国际意见时，有许多地方不准确，有些关键地方没有谈到。斯大林明确主张用军队创造自己的政权，主张开展游击战争；季米特洛夫强调现在不要谈领导权问题，当面告诫王明要与国内同志搞好关系。另外，季米特洛夫还委托任弼时告诉毛泽东，对王明要进行帮助。共产国际明确讲，王明有一些明显的个人缺点，如总是把自己的意见当成大家的意见，一向喜欢拉帮结派，比较滑头，不够诚实，缺乏实际经验等。

王明本想拿共产国际的招牌与毛泽东抗衡，想不到任弼时和王稼祥道出共产国际对自己如此不信任，他一下子被动了，仿佛坠落万丈深渊，陷入孤立无援之境。

毛泽东见王明的思想没有解决，又作了一次耐心等待。他在会议结束时说，王明认为中央的政治路线有问题，事关重大，我们要提前讨论一次。关于苏维埃后期的错误，现在停止讨论。希望王明对武汉时期的错误和对目前政治问题的意见，在下次政治局会议上说明，供会议检查讨论。

会议又一次改变了方向。

毛泽东早就意识到，和王明斗争不是三两个回合可以解决的。张国焘有军队，公开反对中央，后来又叛党投敌，令人一目了然。王明没有一兵一卒，但有一批追随者，他自称代表共产国际，有更大的欺骗性。会后，毛泽东精心准备了一个讲话提纲，准备以宗派主义、主观主义为突破口，逐条批驳王明的观点，并对王明在武汉时期四个方面的错误作了进一步展开，语气也变得尖锐起来：

一、统一战线中的迁就倾向，不分左中右，只分抗日不抗日，一切经过统一战线，全无列宁主义原则。

二、认为国民党一切都好，全然忽视他们反共，只有一个民族立场，没有阶级立场，离开了共产主义者的原则。说好一点，是没有清醒头脑，被民族浪潮冲昏了；说坏一点，实际上是资产阶级思想在无产阶级队伍中的反映，是陈独秀主义，张国焘主义，是严重的原则性问题。

三、在中日战争问题上，不作具体分析，有盲目乐观偏向，军事上空谈“五个统一”，对中央发展长江流域游击战争的指示置之不理。

四、在处理党内关系上，闹独立性，使长江局成为实际上的中央，反对延安用书记处名义，对延安、华北下命令，六中全会不肯回来，到了西安还想回到武汉去，形成“独立自主局面”。

毛泽东准备的这个提纲，是要对王明武汉时期的错误来一个总清算。三天后，政治局会议于10月12日举行。会前几分钟，王明心脏病突发，休克病倒了。

王明不能到会，会议被迫推迟。

13日上午，中央书记处派中央副秘书长李富春参加医院会诊。医生们提出，王明目前的身体状况，至少应当卧床休息三个月。王明托李富春转告政治局，请求休养期间不参加书记处工作会议，只参加政治局会议。

毛泽东听了李富春的转告，立即派任弼时去医院看望王明。

此时的王明，已失去往日风采，抗争的勇气荡然无存。他向任弼时明确表示，接受毛泽东对他在武汉时期错误所作的结论，即在政治上、组织上有原则性错误，但不是路线错误。

王明抱歉暂时不能参加会议，但关于目前时局的意见，仍可请政治局同志到医院来谈，然后由政治局讨论，病好之后再看记录。他最关心的还是莫斯科对他的看法，拐弯抹角地向任弼时打听，季米特洛夫到底还说了些什么。

13 日下午，政治局召开临时会议，听取任弼时汇报王明的病情。毛泽东宣布停止原定的讨论武汉时期王明的错误，并对前段中央学习组讨论江西时期的问题小结。

毛泽东对王明的反抗虽有许多不满，但王明既然已经承认了自己在武汉时期的错误，他对王明还是采取了宽容的态度。毛泽东肯定王明在武汉时期的错误是个别的，工作路线是对的。至于苏维埃后期的错误，博古负主要责任，李维汉次之，张闻天又次之。王明在六届四中全会形式上纠正了立三路线，但在后来的工作中仍未克服立三路线。至于其他人这一时期的错误，则属于不自觉的。

显然，毛泽东并没有把矛头对准王明。他认为对中国革命危害最大的、最需清算的那些“左”的错误，应该从博古临时中央成立之日，即从“九一八”以后开始算起。四中全会至“九一八”王明主持工作期间，中央路线基本正确，但有几个严重原则错误。

对王明问题所作的结论，毛泽东并没有上纲上线。他认为不能一棍子将王明打死，即使共产国际领导人对王明个人品质的批评，毛泽东明确提议不要扩散，包括在政治局会上也不要再讲。毛泽东最后的结论是：要从这次检查过去的讨论中得到经验教训，要治病救人，使犯错误的人能客观地看问题，逐渐纠正过去错误。

初步战胜了王明，毛泽东把目光转向全党。从 1941 年冬季开始，一场声势浩大的整风学习运动，普遍发动起来了。

抗战以来，党的队伍急剧发展。到 1942 年初，全国有党员 80 万人，共产党领导的军队扩大到 57 万，这些人大部分是在民族浪潮高涨时参加革命队伍的，新党员、新干部占了九成。毛泽东说，如果全党干部在这个时期教育好了，学习好了，现在可以对付黑暗，将来可以迎接光明。

病倒的王明，对于整风运动十分反感，他不好明确表示自己的不满，只能在字里行间发泄自己的感慨。1942 年 2 月 16 日，他在中央医院作了题为《忆牡丹》的七绝诗一首：

雍容傲骨岂凡流，
荷菊梅兰未可俦。
自是凛然争气节，
独逢乱谄不低头。

寄物明志，言诗抒怀。王明歌颂牡丹“雍容傲骨”及“独逢乱谄不低头”的气节，显然是在抒发他的对抗情绪。如果说王明的真情实感在这里流露得还不够透彻的话，他同月在中央医院作的一首口语诗，更加一目了然：

名为整三风，实为行四反。
一切为个人，其他都不管。

王明在诗后注明说，四反即反对列宁主义，反对共产国际，反对苏共和苏联，反对中国共产党；一切为个人，是指毛泽东制造毛泽东主义，建立党内个人专制和个人军事独裁；其他都不管，是不管所谓整风运动对中国共产党和中国人民造成什么损失，也不管它给国际共产主义运动和世界革命运动造成什么损害。

王明在诗中，发泄出内心极端强烈的个人化情结。

4. 王明肝肾损坏，成为长期病号，由此引发一场医疗官司。三十年后，王明说这是毛泽东谋害所致

延安中央医院，位于城北 4 公里。依山而建的一排排窑洞，层层叠叠，从山麓延伸而上，直逼山梁。尽管当时条件简陋，医生奇缺，这里却汇集了一批医学博士和外国专家。

由于长年奔波劳累，东西转战，党的不少高级干部病魔缠身。中央医院成立后，一批领导人相继入院。王明住进医院时，就有八路军的两位师政委——张浩和关向应，他俩都是中央委员。

组织上给王明安排了三孔窑洞，他自己住一孔，孟庆树和孩子住一孔，警卫和秘书住一孔。在当时，这是中央医院的最高待遇。

张浩在延安

病中的王明，知道张浩也在住院，决定去看看这位老战友。四个战士用担架将王明快要抬到窑洞前时，张浩的儿子林汉雄正在洞口玩耍，他一眼认出王明，马上退回窑洞，对父亲说："王伯伯来了。"

张浩冷冷地说："是王明吗？我不见！"

这时，担架已摆在窑洞面前了。王明坐在担架上，林汉雄对他说："我爸爸不想见你。"

王明没有理会林汉雄，隔着厚实的棉布门帘，大声朝里喊："我们都是快要死的人了，我是特地来看你的。过去的事就算了，不要记在心里。"

张浩听到王明说出这句话，心里更加生气。

病中的张浩，这时双脚水肿得厉害，不能行动。前几天，他特地约关向应来谈心，谈到自己的堂弟林育南被王明扣上右倾机会主义帽子，与何孟雄、李求实等人一道壮烈牺牲，要求中央清算"左"倾遗毒，予以平反。

张浩气愤的另一件事是：王明在武汉时，指责他假传圣旨。

1935 年底，张浩奉王明之命回国，传达"反蒋抗日"的指示。可张浩回到瓦窑堡后，共产国际根据形势的变化将"反蒋抗日"改为"联蒋抗日"。这些变化张浩并不清楚，后来却遭受王明的责难。

想到这些，张浩怒不可遏："你这个人，我不想见，还是快回去！"

王明还在求见，可张浩就是不答应他进门。王明伤心地在担架上哭了一阵，让警卫员抬着回去了。

王明走后，张浩写了个纸条，要林汉雄交给关向应。病中的关向应展开纸条一看，见上面写着：应兄，王明来缠，我没见他。

关向应满意地笑了，也写了个纸条：林兄，你做得对！

不几天，张浩病逝，毛泽东亲自守灵、致哀、抬棺、执绋，延安万人空巷，为其送行，王明没离开窑洞一步。1946 年 7 月，关向应去世，王明勉强支撑着稍有康复的残弱之躯，随灵护送。

王明住进中央医院，病情时好时坏。他扁桃腺肥大，经常发炎，也影响心脏。为防止心脏病继续恶化，医院组织有名望的医生会诊，决定动手术，割掉扁桃腺。

当时，中央医院没有耳鼻喉专家，白求恩到前方去了。李富春和医院院长傅连暲决定由妇产科主任、外科医生金茂岳主刀。在此之前，金茂岳做过这一类手术，效果很好。

方案定下来后，金茂岳开始手术前的准备，将所需药品列了一个单子。手术所需的麻醉药、消炎药、静脉注射葡萄糖，这三样东西医院没有，王明得知军委卫生部有这类药，亲自给军委卫生部写信，派警卫员把所需药品领了回来。

可还没有动手术，王明的扁桃腺又发炎了，喉咙又疼痛，又咳嗽。手术不能做了，金茂岳医生让王明吃消炎的磺胺药，一次半片，一天三次。

吃了二片药，王明感到肝脏的右边有些疼痛。他以前从没有出现过肝区疼痛的情况，检查也没有其他问题。医生认为可能是吃了磺胺片引起的，把磺胺药停了下来。

到了第二天，王明不但肝区疼痛没有停止，而且又发生了黄疸。王明有慢性大便秘结，而且有痔疮，有时还带血。金茂岳和几个医生研究后，认为可能是便秘、痔疮引起的，决定进一步治疗黄疸，治疗肝区疼痛。

内科治疗黄疸的一般办法是清泻，金茂岳用甘汞加点苏打给王明治疗。两天后，王明病情有所好转，肝区疼痛减轻了，黄疸也减少了，孟庆树比较满意。

使用甘汞有一定危险性，长期服用，会发生慢性中毒。过了一段时间，王明的病不但没有减轻，反而有增无减，发烧、流口水，谁也没想到是甘汞作怪，反而认为是甘汞剂量不够。

孟庆树的父亲是名中医，当时和王明生活在一起。他号了王明的脉，说肝火旺，应吃点中药，其他人也有这样的建议。刚好李富春牙痛，也住进了医院，听了医院的汇报，明确表示：既然中医有此建议，西医暂时拿不出更好的办法，可以请李鼎铭先生看看。

李鼎铭是延安有名的中医，看后同意肝火旺盛的说法，并说可以开方，也可以医治，前提是停止一切西药。

王明吃了李鼎铭开的中药，第二天体温下来了，肝的疼痛也减轻了，黄疸也下去了。王明的病情虽有好转，但整个状况没有彻底的改观。中共中央向莫斯科反映后，斯大林特地派阿洛夫来延安，给王明治病。

阿洛夫毕业于莫斯科医科大学，获博士学位，后任医科大学教授。希特勒德国入侵苏联，阿洛夫参加了战伤救护，是一位出色的野战外科专家。

金茂岳将治疗经过和用药情况，当着王明的面一一向阿洛夫博士作了介绍，阿洛夫对治疗方案没有表示异议，让王明继续吃他从苏联带来的磺胺药，只是吃法不一样，一星期一个疗程，叫七六五四三二一，即第一天七克，第二天六克，依次递减。

第二天，王明肚子疼得厉害，疼得直叫，并且尿血。

李富春组织中央医院、和平医院、八路军后方医院的医务人员会诊。金茂岳首先介绍病情和治疗经过，并将病历资料、病情记录和护理册子拿出来，请大家过目审查。

八路军后方医院小儿科医生李润诗，曾留学日本。她在查看护病记录时，发现从1942年9月起，王明已服用了半年时间的甘汞。她认为服用甘汞是可以的，但不能长期使用。低汞和苏打在胃肠内可转化为有毒的高汞，量虽少，长期使用，会发生慢性中毒，引起口腔炎和损害肝肾，这是病情加重的根本原因。

李润诗发表意见后，在场的人震惊了。

陈应谦医生对王明作全身检查，发现全身呈衰弱状，并伴有血压增高、口腔炎等症。王明诉说，两侧腰痛，小便稀少，精神不振，掉牙齿等。并说，所开处方，每次开一两个月的药量，大量积压，久置变色，主治医生仍坚持要病人服下……

原因查出来了，通过调查，护士也承认了这件事。金茂岳感到很痛心，他认为自己不仅没有完成任务，反而发生了医疗事故，跪在王明面前承认错误，赔礼道歉。

王明说："这也不光怨你。"

不久，孟庆树将情况反映到中央，认为金茂岳政治上值得怀疑，可能是国民党派遣的特务。毛泽东非常重视，要求康生主管的社会部调查处理。

毛泽东与王明政治上虽有意见分歧，但对他的生活与健康还是十分关心的。王明住院后，毛泽东经常到医院看望。1942年夏天，毛泽东来到中央医院，王明午睡未醒。特别护士李坚见中央首长来了，便要去叫醒王明，毛泽东说："不要喊醒他，让他多睡一会儿！"

毛泽东在院子的石凳上，等了一个多小时，直到王明醒了，才进入病室。

王明住院中毒，中央有关部门特地组织了一个审判委员会，王明因病未能到场。孟庆树声称：王明病情恶化，是医院院长傅连暲和主治医师金茂岳所害，并断言金茂岳来历不明。

金茂岳1935年毕业于齐鲁大学医学院，获博士学位。"七七事变"后参加中国红十字会第23医疗队，辗转于安庆、汉口、西安等地救护抗日伤员。1938

年1月，经西安八路军办事处安排，北上延安。中央医院创办时，筹办妇产科并担任主任。

金茂岳医术精湛，还担任了中央负责人的保健工作。后来，西安红十字会发来电报，命令第23医疗队返回西安。经过激烈的思想斗争，金茂岳还是决定留在延安。1942年3月，经中央组织部部长陈云介绍，金茂岳成为一名共产党员。

孟庆树在审议庭上含沙射影，大骂金茂岳和傅连暲。在此之前，傅连暲上门赔礼道歉，孟庆树举起凳子要砸，逼着傅连暲承认谋害王明，被王明制止下来。

王明政治上失意，又患重病，孟庆树焦虑不安，心烦意乱。后来她向中央检讨，承认自己脾气不好，党性不强。同时声明，她从未对中央对党不满，也未样样不满和经常不满，相反有时感到为给王明治病，党花费了很多钱，只要延安有的，要什么给什么，只要延安能办到的，都办了。如果没有中央的关照，王明恐怕早已不在人世了。如果她有时还有些牢骚的话，王明连牢骚也没有——在治病方面。

当时延安正在审干，一度发生反特扩大化的错误，康生指示将金茂岳抓起来，罪名是"蓄意谋害王明"。

金茂岳知道社会部把他当成了政治问题。他白天写申诉材料，晚上接受审查，在严刑逼供下被迫承认自己是国民党派来的特务。1945年，法院反复核查，宣判金茂岳没有任何政治问题，而是一次医疗事故。

金茂岳无罪释放，重新回到工作岗位。当他去给毛泽东看病时，毛泽东握着他的手，语重心长地说："金大夫是好同志！"

30年后，王明在《中共五十年》中说：毛泽东为了"消灭他的主要政敌"，通过李富春指使主治医生金茂岳用含汞的药物逐渐毒害自己，这是一场有组织、有计划、有步骤的"蓄意谋害"，目的是"置我于死地"。

他在《中共五十年》一书中说：

"从1941年10月4日起，我每天至少在他（指毛泽东——引者注）那里吃一顿饭。8日，我的胃由于大量出血而变得极不正常，头晕得很厉害，心脏虚弱，医生诊断说，病状很像中毒。9日，我的病情已经很重了……10日我就躺倒起不来了。"

"同时，毛泽东借口必须加紧兴建中央会议大厅和中央办公厅，吩咐李富春立即动工。在我住院的数十几天内，工人日夜不停地爆破采石，震耳欲聋的响声昼夜不停。我根本不能休息，我的病情开始恶化了。

“10月14日，他（指毛泽东——引者注）强迫我住院治疗。”

10月21日，王明在中央医院写的《阴谋败露》一诗，也记载了这件事：

李电力争尚未完，王突病倒毛开颜，
会轰岩石山腰畔，直逼我窑门面前。
日夜炮声无止息，身心疾患更加添，
因知理屈阴谋使，危害行污共党员。

时间、地点、事件；症状，诊断、住院，似乎千真万确，偶尔一看，天衣无缝。殊不知，白纸黑字也是可以造的，弥天大谎也是可以撒的，暂不论王明为了拒绝承认错误而躲进医院，看看事实就可以真相大白。

金茂岳，当时任王明的主治医生。他回忆当时的情况是：他赶到王明在杨家岭的住处时，傅连暲、马海德等都在那里，他们说：“王明发生了休克，正在抢救，心脏有点不好。”王明在中央医院住下后，我就问病历，检查身体。经检查，因扁桃腺肥大，经常发炎，容易感冒影响心脏，心脏有点肥大，有点杂音。再一个就是得过胸膜炎，肺部不太好，有时感冒时有点咳嗽，没有其他什么病，吃饭、睡眠还可以，自己还可以活动。

这就是说，王明是病了但不是中毒。

至于“令轰岩石山腰畔”，使王明得不到休息，导致病情恶化，就更是牵强附会了。延安时期并不是享清福的时期，修建中央会议大厅和中央办公厅是“重点工程”，且不说毛泽东和其他中央领导都住在离工地不远的地方，王明病了，中央和毛泽东同志还都给予了关心，但是，总不至于为了王明的安逸而下令停建重点工程吧。倒是王明该反省一下，提出这种要求，甚至把它说成是蓄意谋害的一部分，让人看了后，感觉作为党的高级干部的王明“风格”太低了，要求太苛刻、太过分了。

至此，王明编造的故事还没有完，更耸人听闻的还在后头，他在书中写道，金茂岳在会诊之后亲自向他坦白交代了事件的所谓“真情”：

金茂岳在结论签字后，跑到我这里来，跪在我的床前，痛哭流涕地说：

“王明同志，我在您面前是个有罪的人，我对你下了毒，每一次当我给您开毒药时，我的心情都非常沉重。”

“那你为什么要这样做？”我问。

“是李富春吩咐的。他说，您是教条主义者，是反对毛主席的，因此决定要除掉您，我是主治医生，他们就把这事委托给我了。……”

这时屋里闯进了两个军人，其中一个冲着金茂岳喊道：

“我们到处找你，原来你在这里。你跪着干什么，哭什么，还嘟囔什么？走！到枣园去！你是个犯罪分子，没有权利同别人讲话！”

他们揪住金茂岳的衣领把他带走了。

王明说得有板有眼，好像“蓄意谋害”铁证如山。但是王明也许忘了，当时除他和金茂岳在场外，还有巴方廷在。巴方廷是王明从苏联回国途经乌鲁木齐时就跟随他的警卫员，在王明身边达七年之久。巴方廷回忆当时的情况说，金茂岳在给王明治病时由于用药不当，感到很痛心，确实曾经来向王明承认错误，赔礼道歉，“金抢着叫他哥哥，叫原谅”。但是，当时“并没有听说别人要他来害王明，也并没有来了两个军人把金茂岳带走这一情节，而是我把他拉开劝走的”。

王明这次生病，在治疗过程中出现了医疗事故，这是事实。王明住院后不久，除心脏不好和扁桃腺炎外，又出现了大便秘结和卡塔尔性黄疸，根据延安当时的医疗条件和技术水平，在静脉注射葡萄糖的同时，清泻药服用甘汞。治疗几天后，王明的病情有了好转。

问题就出在服用甘汞上。据原延安白求恩和平医院医疗主任黄树则回忆说：“金茂岳是妇产科医生，擅长妇科，一直在妇科工作，不熟悉内科，本来用甘汞应用粉末剂，可是金茂岳都用了水剂加重曹。用的时间较长，这种药是不宜长久使用的。后来检查，发现王明尿液中有汞，这就出来问题了。王明说金茂岳用药害他，告到中央。毛主席当时很注意此事，要求一定要弄清楚，叫傅连暲组织人会诊。”

事情很明白，如果毛泽东、李富春要蓄意害王明，即使王明尿液中检查出汞来，恐怕他根本就不会知道。

与王明编造的相反，毛泽东和党中央对王明的病情是很关心的。毛泽东等中央领导同志经常到医院或家中看望王明。及时解决医疗中遇到的问题。对此，王明的妻子孟庆树是十分感激的，她在 1943 年 11 月 15 日给党中央的信中说：“为了王明同志的病，党花了很多钱，尤其在生活方面，要什么给什么，只要是延安有的。而且富春同志还常常去电重庆、西安等地为王明买药、买东西，这些是王明同志和我都常感到不安的。假使说我有时还有些牢骚，王明同志却连牢骚也未有过——在治病方面。”信最后写道：“我再一次地以十万分的热忱感谢毛泽东和中央各位同志，为了给王明同志治病，都已花了很多力量。只要是延安办得到的都办到了。过去如果没有毛主席和中央各位之关照，王明同志恐早已不在人间了。”情真意切，如歌如泣。也许王明在写《中共五十年》的时候，忘了还有这么一封留在中央档案馆里的信，成为谁也改变不了的铁证。

5. 周恩来对王明的批判，有理有据，给王明教条主义错误以致命打击

随着整风运动的深入，王明“左”右倾错误已大白于天下了。王明本人虽然因病住院，但清除他给党和革命事业造成的严重后果以及在一小部分同志思想上的不良影响仍在继续进行，一批同志勇敢地站出来揭发批判王明的错误，把整风运动推向了新阶段。

1941 年 9 月 26 日，中共中央书记处作出了成立高级学习组的决定后，在国民党统治区的南方局成立有 25 人参加的高级学习小组，开始了整风学习，南方局书记周恩来担任组长，董必武担任副组长。学习组按照中央的部署安排学习、使运动不断深入。

1943 年上半年，周恩来回到延安，8 月至 11 月参加了延安高级干部的学习。作为一个老党员和党的领导干部，周恩来在大革命时期、土地革命战争和抗日战争时期都发挥过极其重要的作用。他领导上海第三次工人武装起义和八一南昌起义；在中央苏区第四次反“围剿”斗争中指挥若定，在毛泽东被贬的情况下，仍取得反围剿的胜利；在遵义会议上，他积极支持毛泽东同志出来领导党和红军，作出了重大贡献。但是，因为工作的关系，周恩来也和王明共过事，对王明是比较了解的，尤其在中央长江局相处近一年之久，因此，对王明在抗战中的机会主义和统战中的投降主义有容忍退让的地方。在整风运动中，他在学习文件，参加中央会议的同时，阅读了大量历史。

9 月 21 日至 27 日，周恩来对王明《为中共更加布尔什维克化而斗争》的小册子进行了系统的分析和批判，写出了《关于新立三路线的研究》的长篇笔记。他指出：在国际上，王明急于要证明中国能首先胜利；在中国革命基本问题上，王明急于要转变；在时局估计和任务上，王明强调高潮，急于争取一省数省首先胜利；在党的任务上，王明急于实现全国的进攻路线；对长沙事变，王明认为是一省数省首先胜利的证明，而怪立三事先未作准备，所以不能坚持。

王明是凭借批判立三的资本而成为中共中央的主要负责人的，但在后来的实际工作中，王明的“左”比起李立三来，更是有过之而无不及，那么原因在哪里呢？周恩来认为王明对李立三错误的批判有三种情况：第一种，李立三的观点本来基本正确或“还不很错”的（如关于革命对象问题），而王明“站在

‘左’倾观点来反对”，强调反富农反资产阶级，反对中间营垒的作用，“反而更错了”。第二种，李立三的观点已接近托洛茨基的观点（如否认世界资本主义发展不平衡规律），或者就是托洛茨基观点（如在革命转变问题上的“不断革命”论），王明同李立三一样，“也是个急于转变论者”，夸大中国资本主义的发展，急于向非资本主义转变，把李立三的“左”倾观点保留下来。第三种，李立三的观点确实错了（如在促进革命形势问题上），可是，王明同他也“只是程度之差”。总之，“王明对当时李立三路线的批判，完全是站在‘左’倾的不正确的观点上去发表意见”，“这就给了新立三路线以全部思想根据与理论根据”。

对王明小册子中“关于三中全会与调和态度”一节，周恩来指出它在许多方面与事实不符，他用历史的眼光，对三中全会给予评价。他说：“三中全会说立三错误是‘个别’两字很不对，但‘左’倾并未错，而王明却说立三路线是‘一贯右倾机会主义的理论与实践’更是大错。”

很显然，本来很“左”的东西，而被论成是“一贯的右”，除非是别有用心，否则只能说明他比原来“左”得更“左”。

任何坏的事物只有找出产生的根源，才能彻底地弄清它、根除它。周恩来对王明的批判没有停留在一般的浅层次上，他对王明错误的种种社会根源和思想根源进行了分析。他说：“这些小资产阶级不能忍受民族战争即农民战争的长期性，他们企望一下子就能进入社会主义，以避免破产痛苦（从这一点就产生在政治上的冒险主义与发狂性）。（王明李立三都急于要转变）如果这样没有可能的话，或者就对大地主大资产阶级作不惜任何代价的让步。从这一点就产生政策上的投降性。”周恩来认为正是基于前一种情况，产生了新立三路线（也就是第二次国内革命战争时期的王明“左”倾错误）；基于后一种情况，便产生新陈独秀（也就是抗日战争初期的王明右倾错误）。

六届四中全会是在共产国际代表米夫的操纵下召开的，王明由此上台，并开始推行比立三路线更“左”的“左”倾冒险主义路线。周恩来在与刘少奇、洛甫等人座谈了四中全会的情况后，对四中全会通过的由米夫起草的决议案进行了研究。他认为这次全会肯定了当时中国革命处于新的高涨，任务是进攻，这说明“仍然不认识中国革命形势发展的不平衡性”，他表示：一、根据中国革命发展的趋势，攻占某些大城市将来会被提到日程上，但绝不是四中全会前后的任务。二、在配合援助苏区粉碎敌人“围剿”的任务上，全会有“极不正确的了解”，将“变帝国主义战争为国内战争”、“武装保卫苏维埃”两个口号教条式地搬到中国来，“这两个口号不是空喊，便是自损其力。”由此，周恩来的结论是：四中全会决议“并没有解决任何当前紧急的问题”，却“给了党无穷的恶果”，“给了以后整个内战时期以失败的主要因素。”

周恩来对王明的批判，有理有据，分析透彻，系统深刻，给了王明教条主义以致命的打击，也在一定程度上促使了那些受王明影响的同志的觉醒，促使了整风运动健康深入地开展。

6. 在与王明的较量中，得到毛泽东支持的刘少奇脱颖而出

刘少奇作为中华人民共和国的国家主席，在“文化大革命”中惨遭磨难而死，这是世人皆知的，但是，刘少奇是在延安整风运动中，在同王明错误作斗争中而成为中共领导层中的一颗新星崛起，并不是所有的人都清楚，我们不免用点笔墨简要描绘一下这个时期王明同刘少奇、毛泽东三者的关系。

刘少奇（1898—1969 年）出生在离麓山冲不远的宁乡市花明楼的一个富裕的农家，是毛泽东的老乡，他比毛泽东小五岁，比王明大七岁。刘少奇青年时毕业于长沙高等中学，在华法教育会组织青年赴法勤工俭学的大潮中，他到河北保定留法预备班学习法语，准备赴法勤工俭学，但最终未能如愿。旋即进入上海外国语学社学习。1920 年加入社会主义青年团，年底被选派赴苏联学习，也就是说，他比王明早五年去苏联，但他们走的是同一条线路。刘少奇到莫斯科后进了东方共产主义劳动大学，因为那时中山大学还没有创办。后来和王明打得火热的米夫，此时正兼任劳动大学的研究员，不过他没看中刘少奇，刘少奇在苏联加入中国共产党，1922 年回国后，在上海参加中国劳动组合书记处的工作，是毛泽东上级机关的工作人员（毛泽东是湖南分部的负责人），不久任中共湘区委员会委员（毛泽东是书记），被派往安源从事工人运动，任安源路矿工人俱乐部副主任、主任，参与领导安源工人罢工斗争和大革命时期的几次大的罢工斗争，在中共五大上当选中央委员。大革命失败后，主要在白区从事党的地下工作。1931 年在党的六届四中全会上被选为中央政治局委员，抵制了王明“左”倾教条主义错误。1932 年进入中央苏区后，参加长征，在具有历史意义的遵义会议上，毛泽东说“他表现还是不错的”。1936 年任中共中央北方局书记，正确执行党的抗日民族统一战线的政策。1938 年担任中共中央中原局书记，皖南事变后任新四军政委。在长期的对敌斗争中，积累了丰富的经验。1943 年回到延安，担任党中央的领导工作，成为党的核心层的一颗新星。

刘少奇在延安

刘少奇在六届四中全会上当选为中共中央政治局委员，这正是王明成为党的主要负责人的时候，可以说，刘少奇是王明为首的党中央的主要成员。不过，此时刘少奇本人因出席莫斯科召开的赤色职工国际第五次代表大会后，留在赤色职工国际工作，秋天才回国。回国后，在工作中逐步认清四中全会形成的第三次“左”倾错误，并进行抵制。他对“左”倾错误的认识更加深刻，在实际工作中，自觉同“左”倾错误作斗争。王明从苏联回国后，一味宣扬“一切经过统一战线”的右倾投降主义主张，首先遭到了刘少奇的反对，形成了六中全会上关于“口号”的争论，对此，王明在他的《中共五十年》中有详细的记载：

“1937 年 12 月 9 日，我从莫斯科到延安，在 12 月初中央政治局会议上所作的报告中顺便谈了以下情况：季米特洛夫同志建议我们运用法国共产党组织人民阵线时期的经验，并建议在中国提出这样的口号：‘一切服从抗日民族统一战线，一切经过抗日民族统一战线，’我也说过同意这口号。”“但是，在这个报告之后，我在自己的文章和报告里再也没有提过这两个口号。”

事实上，他在以后的六中全会上发言仍坚持“一切经过统一战线”的口号。

刘少奇对王明的这两个口号提出了批评，指出：一切经过统一战线就是一切经过蒋介石和阎锡山。王明对此很不服气，他说：

“究竟为什么少奇在党的这项政策和蒋介石与阎锡山之间画上等号？少奇把‘一切经过统一战线’的口号理解为‘一切经过蒋介石和阎锡山’，这正是由于他把党的抗日民族统一战线政策同蒋介石和阎锡山混为一谈。按着少奇的这种解释，结果是，抗日民族统一战线政策等于蒋介石和阎锡山的政策，难道还能想得出比这更荒谬的说明吗？”

“按着少奇的说法，结果就是‘一切经过抗日民族统一战线’的口号等于‘一切经过蒋介石和阎锡山’的口号，所以是不正确的，但同时他又说，‘一切服从抗日民族统一战线’的口号（按着他的逻辑，这就等于是‘一切服从蒋介石和阎锡山’的口号）是不对的，难道天下竟有这样的逻辑吗？”

不愧是喝过洋墨水的理论家，似乎把“谬论”和违背“逻辑”一类的词都搬出来，人家就理屈词穷了。但是王明也许忽视了一点，那就是抗日民族统一战线是一个理论问题，更是一个实践问题，不可能靠玩文字游戏而得到真正的解决。王明在武汉的实际行动，是他“一切经过抗日民族统一战线”的最好注脚，那就是“一切经过蒋介石和阎锡山”。

在刘少奇与王明的争论中，毛泽东态度鲜明地支持刘少奇，他在六中全会上作结论时说：“刘少奇同志说得很对，如果所谓：一切经过就是经过蒋介石和阎锡山，那只是片面的服从，无所谓经过统一战线。”毛泽东的结论无疑是使王明挨了不轻的一棒。

1940 年，为了说明自己是反立三路线的有功之臣，王明又将他的得意之作《为中共更加布尔什维克化而斗争》再版发行，供学习党的建设和中共历史的材料。刘少奇看了这本册子后，在上面批道：

“这本罪恶的小册子记载着罪恶的党内斗争材料不少，然而它使我们能从这些材料中窥见了四中全会及其前后党内斗争的内幕，使我们对党内这段历史有完全新的了解。马克思主义者必须利用这本材料将党内这些历史重新写过，并作出结论说：王明这一派人在其所谓‘反立三路线’斗争中，不独没有真正反对立三路线，不独没有任何功绩，而且有莫大的罪过。”

刘少奇与王明的争论不是偶然的，1943 年春，刘少奇回延安后，王明曾想法把他拉到自己这一边来。在交谈中，他又把两年前同毛泽东谈过的意见，大略地告诉了刘少奇（即接到季米特洛夫信后对中央反扑时提出的那些问题），刘少奇认为这些都是原则问题，提到政治局会议上讨论，可是当中央政治局决定由刘少奇、任弼时、王稼祥同他谈这些问题时，他又放弃自己的意见，不愿再说这些问题，原来他只是试探刘少奇，看他是否跟中央和毛泽东有矛盾，以便从中进行挑拨。阴谋败露后，他只好退却。

刘少奇在白区工作所取得的成绩，他卓越的组织指挥才能和在实际工作中对“左”倾错误尤其是对王明错误的抵制和批判得到全党的公认，在 1943 年的三月政治局会议上，他成为书记处三书记（毛泽东、刘少奇、任弼时）之一，而且担任了统管中央组织部、统战部、民运工作委员会、中央研究局、海外工作委员会的组织委员书记。会议还决定刘少奇参加军委，任军委副主席，并负责管理华中党、政、军、民工作。七中全会通过的《决议》高度评价了刘少奇的功绩和能力。王明被解除了中央书记处书记、南方工作委员会主任、妇女运动委员会主任等职务，只留住中央政治局委员和统战部部长，从此以后，他再也没有资格与毛泽东抗衡了。

7. 在毛泽东得心应手、王明焦虑不安之际，一个震惊世界的消息传到延安

在中共历史上，高层人事变动都得到了莫斯科的同意，陈独秀、瞿秋白、博古担任党的最高领导人，事先都是共产国际安排的。即使在与莫斯科失去电讯联系的情况下，遵义会议推举张闻天为中共中央总书记，毛泽东为政治局常委，事后也专门派陈云前往莫斯科汇报。延安整风后，毛泽东变动王明等人的书记处书记职务，事先并没有征求莫斯科的意见。

王明通过苏联在延安的联络小组，接连不断地向莫斯科发密电，希望莫斯科对毛泽东施加压力和影响，干预正在日益深入的整风运动，挽救王明在党内的领导危机。

令王明不解的是，莫斯科竟然没有什么反应。

当时，决定苏联命运的斯大林格勒战役激战犹酣，作为苏联最高统帅的斯大林，正全力对付希特勒的疯狂进攻。季米特洛夫不相信毛泽东会与莫斯科分道扬镳，他认为中国革命是反帝性质的，支持毛泽东为中共领袖是他的既定方针，况且，自毛泽东“当家”以来，中共得到了明显的发展与壮大，这是有目共睹的事实。

就在毛泽东得心应手、王明焦虑不安之际，一个震惊世界的消息传到延安。1943 年 5 月 20 日，季米特洛夫致电毛泽东，共产国际将于 22 日宣布解散。当翻译师哲将来电送给毛泽东时，毛泽东兴奋地说：“他们做得对，我就主张不要这个机构。”

1943 年初，斯大林格勒战役取得重大胜利，这是世界反法西斯战争的一个转折点。为彻底消灭法西斯，斯大林迫切希望得到英、美等国的援助和支持，在欧洲开辟反法西斯第二战场。为消除英、美与希特勒作战的政治疑虑，斯大林决定解散共产国际。

共产国际的历史功绩，中国人民是不能忘记的。它推动了国共合作的形成，帮助了北伐战争的胜利，声援了 1927 年至 1937 年处于最困难时期的中国共产党。在抗日战争中，它号召各国支部及各国劳动人民，帮助中国反对侵略战争，用了一切可能的力量。没有共产国际的成立和帮助，中共不可能会有今天。

然而长期以来，共产国际一直扮演着“父亲”的角色，尽管中共日益成熟

共产国际驻地——莫斯科高尔基大街柳克斯旅馆

解放日報

提議解散共產國際
中共中央決議批准

中共中央同意共产国际解散

起来，但作为其下级支部，仍旧难以摆脱其权威的制约。双方的关系常使毛泽东感到束缚和不快，他甚至还不能不为自己与王明的关系而感到担心。共产国际的解散，对毛泽东来说确是一次政治上和组织上的大解放。他的双手可以放开了，道德上的责任感也没有了。他在政治局会议上说：现在可以举行党的代表大会了。

既然共产国际不复存在，毛泽东再也不用担心对王明的严厉批评，会引起莫斯科不高兴。抗日战争的发展和共产国际的解散，他越来越觉得有两个问题必须解决：其一是对党的历史，要有一个客观公正的评价；其二是必须克服党内的主观主义和宗派主义。只有解决这两个问题，全党才能巩固团结，才能攻而不破，战无不胜。

毛泽东对王明的批评，迅速升级。

王明自 1941 年 10 月住进医院，陆续有中央领导人来探望。当着毛泽东、任弼时的面，他表示愿意接受批评，诚恳检讨；而对王稼祥、周恩来、博古、张闻天，甚至刘少奇，他总是大吐苦水；特别是对在延安的俄国人，一有机会就打听莫斯科有无新的指示。

王明对王稼祥说：毛泽东这人太厉害，睚眦必报，你过去反对过他，你是跑不了的。

在周恩来面前，王明说：现在整风刚刚开始，你我错误一样，到时一定会整到你头上来的。

见到博古时，王明说：这次是整你我的，但不用担心，那边方式我是知道的，先提问题，后边就有文章。

1943年初，张闻天被通知返回延安，听说王明身体不好，和夫人刘英去看望。王明见到张闻天，又发泄一通："这次整风，主要是整我们从莫斯科回来的同志，尤其是你。共产国际说你是党的理论家，毛泽东听了大发脾气说，什么理论家，背了几麻袋教条回来了。你的教条比我多，我嘛，只是不懂人情世故了，什么话都随便说，所以犯了毛泽东的忌讳。"

起初，毛泽东对这些不怎么了解。当他知道王明背地里串联的情况后，渐渐意识到不把王明问题彻底解决，教条主义、宗派主义还可能死灰复燃，卷土重来。

1941年九月会议后，毛泽东就开始研究苏维埃后期九份有典型错误的文件，并写下批判笔记，与九个文件相对应分为九个部分，各部分既相互关联成为一个整体，又可独立成篇，也称九篇文章。只不过，他的矛头当时是对准博古的，情绪也较为平和。这个时候，毛泽东带着愤怒重读了这些文件，大大地修改了原来的笔记，不仅加上了王明，而且把王明视为"左"倾路线的元凶。

第一篇是评论王明1931年9月20日起草，并以中共中央名义发布的《由于工农红军冲破第三次围剿及革命危机逐渐成熟而产生的党的紧急任务》的文件。毛泽东一改以往的估计，否定六届四中全会，肯定王明是这个时期"左"倾路线的始作俑者，博古、张闻天等人是发展者与执行者。

毛泽东当时的秘书胡乔木后来回忆说，这个笔记是喜、笑、怒、骂跃然纸上，情绪化色彩甚浓，纯粹是激愤之作，是过去长期被压抑的郁闷情绪的大宣泄。下列笔记中使用的语句，颇能反映出毛泽东当时深恶痛绝的激愤心情：

王明反对立三路线夺取中央权力以来还不到九个月，就又恢复了立三路线，可见他反对立三路线是假的，不过借着反立三路线之名，行夺取党权之实。至其思想，完全和立三一模一样，都是反马列主义的小资产阶级野心家。

王明诸人不但没有起码的马克思主义知识，就连一个普通老百姓的知识也都没有，所以他们写起文章来，就特别显得幼稚可笑。可是世上偏有这一类人。真是天地之大，无奇不有，连共产党内也不能免。

我常觉得，马克思主义这种东西，是少了不行，多了也不行的。中国自从有那么一批专门贩卖马克思的先生们出现以来，把个共产党内闹得乌烟瘴气，……全都是吃了马克思主义太多的亏。这批人自封为“马克思主义理论家”，家里有成堆的马克思主义出卖，装潢美丽，自卖自夸，只此一家，并无分店，如有假冒，概不承认。

毛泽东这个时候写下如此激愤的批判笔记，除了发泄其内心的激愤和郁闷之外；一个重要原因就是在他发动批判王明时，需要政治局主要成员给予理解和支持。他曾将这篇笔记送给新成立的书记处另外两位书记刘少奇、任弼时过目。

关于批判九个历史文件的九篇文章，一直没有公开过。1964 年春，中央档案馆找出原稿送给毛泽东，毛泽东冠以《驳第三次左倾路线》的题目，并写了一段前言。他说：“这篇文章是在延安写的，曾经送给刘少奇、任弼时两同志看过，当时没有发表……甚至没在中央委员会内部传阅，就不再提起了，大概是因为这篇文章写得太尖锐，不利于团结犯错误的同志。”

在征求修改意见的信中，毛泽东写道：“此文过去没有发表，将来（几十年后）是否发表，由将来的同志们去作决定。”

毛泽东把改好的稿子送给当时几位中央领导同志传阅过，后来既没有公开发表，也没有在内部发表。1974 年 6 月，毛泽东又找出九篇文章仔细看了一遍，将其中称赞刘少奇的内容全部删掉，打算印发中央委员，但后来只发给部分政治局委员。直到逝世前一个月，即 1976 年 8 月，毛泽东还请人给他读过一遍。

毛泽东修改完九篇文章后不久，又把王明在抗战初期的错误提升到“右倾机会主义”和“投降主义”的高度来批判。他在 7 月 13 日政治局会议上异常尖锐地说：抗战以来，党内部分同志没有阶级立场，对国民党的进攻，对大后方党员被屠杀没有表示义愤，这是右倾机会主义的思想。国民党打共、捉共、杀共、骂共，我们不表示坚决反抗，还不是投降主义？代表人物就是王明同志。他曾认为中央路线是错误的，认为对国民党要团结不要斗争，认为他是马列主义，实际上是假马列主义。

毛泽东对王明左右开弓了。

1943 年 9 月，又是一次九月会议，再度讨论党的历史问题。这次会议是 1941 年九月会议的继续和发展，参加这次政治局会议的成员有 11 人，王明、王稼祥、凯丰因病缺席，李富春、杨尚昆、李维汉等 19 人列席会议。

会议一开始，毛泽东坦率地道出了多年来对王明不满的两大原因，一是他的意见长期被压抑，党的工作受到不应有的损失；二是无论在江西，还是在延安，王明宗派到处篡党夺权，即使在六中全会后，延安实际上是诸侯割据，一国三公的局面。时至今日，王明一面养病，一面还做破坏活动，向一些同志说怪话，批评中央。

毛泽东认为党仍存在发生破裂的可能。因为现在的中央并不是六大选举的，而是四中全会、五中全会选举的，六大选出的中央委员只剩下6人，只有他和刘少奇是受打击的，其余多是拥护王明宗派的。也就是说，王明宗派长期控制中央码头，并且打着国际旗号，欺骗了党十多年。

会议第一阶段，主要讨论抗战时期的中央路线。

毛泽东讲话之后，王明宗派的主要追随者博古，第一个站起来发言。他说：抗战时期党的路线，同意毛泽东提出的两条路线，一条是毛泽东同志为首的正确路线，一条是王明在武汉时期的错误路线，是新陈独秀主义。他当时参加了长江局的领导工作，根据今天的认识作自我反省，认识到存在这个问题。

王明因病未能到会，博古主动首先表态。

没有沾染王明路线的人，讲起来比较随便。既然毛泽东已经定了调，大家便在毛泽东讲话的范围内对王明的错误作不同程度的揭发和批判。叶剑英在谈到与国民党的关系时说：我们主要做一篇半文章，即民族民主革命的半篇文章，与社会主义的一篇文章。国民党只做半篇文章，对抗战也是想半途而废，因此我们同国民党应进行斗争。在处理与国民党的关系上，王明是身在毛营心在蒋。

朱德在总结了党领导下革命近20年的经历，批判王明抗战以来的错误时说：王明路线错误的实质，就是不要政权，不要枪杆子，不要游击战争，不了解中国革命的特点就是靠游击战争来发展我们的力量，对外一切服从，对内独立自主。

朱德也认为王明路线是新陈独秀主义，并比较了两者的异同。相同点是都不要革命领导权，甘愿让给资产阶级；不要武装力量，又幻想革命成功，都是空想；看不起自己的力量，把资产阶级看得很强大；忽视游击战争，陈独秀也骂红军是土匪；怕打烂家当，其实无产阶级是没有家当的，怕打烂家当就会产生投降心理。对两者的不同，朱德认为，王明有国际招牌，穿上马列主义外衣，把人吓住了，陈独秀则是反共产国际的。

9月13日，康生首先发言，他不满意前三天的会议，认为要好好地研究会议的开法，并提出了自己的看法：

首先，要用历史的方法来检讨。王明的小册子，不经中央同意在延安再版，发行全党，使新干部新党员误以为他是反立三路线的英雄。他说自己最近花了两天时间看这本书，发现这是一大骗局。王明不是反立三路线的“左”，而是反立三路线的右，比立三路线“左”得多。要从1930年的小册子算起，这是代表“左”的纲领。

第二，要联系实际工作造成的恶果来检讨。王明不仅是几篇文章的问题，而是长江局、东南局的领导路线，并影响到华北，要求长江局的同志更多地揭发。他批评博古讲话抽象，不揭发具体事实是不对的。王明称自己有三大功绩，一是反对立三路线，二是起草《八一宣言》，三是办《新华日报》。康生说，《新华日报》完全是国民党的报纸，有许多反共言论，时时、事事、处处帮助国民党，完全是投降主义思想。

第三，要用自我批评的方法来检讨。他认为博古的自我批评精神不够，是不行的。

阴险多变的康生

康生要求别人自我批评，自己却一再辩解。他说在共产国际时期，王明说自己要篡位，他当时岂敢？事实上矛盾是有的，政治上虽然跟他走，但组织上不与他同流合污。回国后，王明在组织上有阴谋，想抓军队，自己是知道的。与王明的关系，如他再得势十年也是说不清的。抗战以来，在毛主席教育下，没有执行王明投降路线，真是一个幸福。假如换一个环境，遇上的不是王明，而是李明，是否受蒙蔽，这可是常想的一个问题。

有人对康生把《新华日报》说成是一张国民党的报纸，持不同看法，但也不好直说，因为毛泽东对《新华日报》也批评过，但经康生发挥，性质就变了。

前三天的会议，毛泽东认真听取大家发言。这次会议，他认为该讲话了。他说，四中全会后，就有两大宗派，一是教条宗派，一是经验宗派，教条宗派是主观主义的第一形态，经验宗派是主观主义的第二形态。

毛泽东认为，对教条宗派要作具体分析，有犯路线错误的，也有犯个别错误的；有屡犯错误的，也有后来改正了错误的。他说，教条宗派最主要的是王明，这个宗派有计划地派出干部到各地改组，党政军民学，东西南北中，无处不被其毒。教条宗派只有罪恶无功劳，超过了李立三、陈独秀。王明有何功劳？四中全会已被揭穿，《八一宣言》还能考虑。长征途中，王稼祥、张闻天从这个集团中分化出来，遵义会议撤了博古，书记换为张闻天。遵义会议以后，原来教条宗派有的同志还在活动。

关于经验宗派，毛泽东说：他们大多是正派人，也有不正派的，少数是邪派，如张国焘，整风以来就是反对教条宗派。王明对张闻天说："整风是整你和我的"，这话既对又不对。说是对的，首先要揭破教条宗派，要"整"，王明、博古、张闻天这些人要"将军"，要全党揭露。说是不对的，是还要把一切宗派打坍，打破各个山头。我们只"整"思想，不把人"整死"，是治病救人。对有错误的同志还是有条件地与他们团结，打破宗派主义建设一个统一的党。

毛泽东关于"两个宗派"的发言，还有一些过激之词，有些批评也很不恰当，当时不可能表示异议。这个发言，实际上为1943年9月政治局会议定下了基调。这以后，犯错误的人都按这个思路检讨，其他人也按这个思路展开批评。

10月6日，毛泽东对上一个月的整风学习进行总结，认为收获很大，许多以前未注意的问题引起了重视。他要求参加学习的人扩大头脑中的马列根据地，缩小宗派地盘，以灵魂与人相见，把一切不可告人的隐私都坦白出来，不要像《西游记》中的鲤鱼精，吃了唐僧的经，打一下，吐一字。只有内力、外力合作，整风才有成效。

这天的会上，刘少奇主要讲党内斗争传统。他认为过去党内斗争传统有许多不好的，八七会议反陈独秀闹成宗派斗争，不让陈独秀参加，只许反陈的人说话，不许陈独秀方面的人发言。四中全会上王明领导的党内斗争搞了许多非法活动，只有遵义会议与延安反张国焘的斗争是好的，缺点是没有从思想上解决问题。对党内斗争方法，刘少奇强调，第一，要有自由批评空气，特别是中央负责同志要有这种精神准备；第二，批评只准明枪，不许暗箭，彼此挑拨也是不对的；第三，发言一律称同志，不称首长，以利争论展开。

毛泽东补充了两点意见。一是团结问题，他认为整风是一个大的自我批评，就是以斗争求团结，要把党斗好，不是斗翻，言论一概自由。二是党内斗争方法，赞同刘少奇的意见。

此后，政治局整风会议暂停一个月，进一步研究党的历史，学习和思考相关问题。

11月13日政治局复会，领导层的整风进入第二阶段。毛泽东首先讲话，他在严厉批判王明宗派后，进一步评论了一些中央领导人的是非功过，列举了大革命后期以来党史上一系列重大事件，重要关头时各中央领导的基本表现，认为有的是一贯犯错误，有的只有个别错误，有的是不断犯错误又改正错误，有的是长期坚持错误；有的功大过小，有的有功有过，有的有过无功。

毛泽东要求犯错误的同志宁可把问题看得严重些，不要光是解释，这样才能认识错误，前途才能光明。

听了毛泽东最后几句话，博古的心情极为复杂。康生上次批评他讲话抽象，不揭发具体事实，他认为自己罪责难逃，于是又作第二次检讨。

他首先表示，在教条宗派中，除王明外，他是第一；在苏维埃后期，在国内也是第一；抗战时期的投降主义，以王明为首，他是执行者和赞助者。他接着回顾了教条宗派形成的一段历史和自己的错误，认为教条宗派是从中山大学开始的，回国后掌握着党的重大权力，教条地执行共产国际指示，不管对错，一律照办，有的还有发挥。

博古的检查，比起第一次来，应该说深刻多了。他并没有把责任推给别人，也没做任何解释，他在认真检查自己的错误，争取别人的理解和原谅。

出乎博古的预料，好几个人对他的发言并不满意，又把历史旧账翻出来大谈一通。有人说，一个二十几岁的小伙子，有什么资格在中央负总责？也有人说，博古参加革命后没搞过工运，没搞过农运，更没搞过武装斗争，读了几本马列著作来领导中国革命，哪有不失败的……

批评博古检查不深刻的人，用语相当尖锐，几近刻薄。博古在一阵重炮轰击之下，几乎抬不起头来。他拖着沉重的脚步回到家里，对妻子说："一次、两次检讨都不深刻，不知要怎样才算深刻，自己一直勤奋工作，现在明明要算老账了。"

"王明不到会，你当然是批评的重点对象！"妻子安慰道。

"他倒好，安心养病，听不到那些难听的话。"

博古心情不好，感到压力很大，心情颇为沉闷。

博古自我检讨及大家讨论提意见，用了整整两天时间。张闻天见博古在会上的检查又被批了一通，深感不安。按毛泽东所批评的教条主义排名，第一王明，第二博古，第三是自己。他认为博古检查还是比较认真的，态度也是端正的。但就是这样，博古都难以通过，轮到自己该怎么办呢？

细心的张闻天利用会后时间，断断续续地写整风笔记，实际上是一份反省笔记。他对自己参与所有重大事件、重大活动的表现，作了无情剖析，一一诉诸笔端。

政治局整风并未因博古思想不通而暂停，会议仍按计划进行。博古检查之后，李维汉与其他几个人也分别作了检讨。

11 月 21 日，轮到张闻天了，他根据尚未写完的反省笔记，扼要谈了在莫斯科中山大学与王明、博古等人的关系及分歧，回国后又写了一些带错误倾向的文章，为王明路线张目。长征途中，经常得到毛泽东的帮助，思想开始变化。遵义会议不但未受打击，反而被大家抬出来代替博古。由于处在这个特殊顺利的环境，长期不能彻底了解自己的错误，以至教条主义思想未能根除，一有气候和土壤，就会又冒出来……

与会者对张闻天的检查也不满意，提了许多意见，有的意见也相当尖锐。张闻天一一记录下来，准备在他未写完的《反省笔记》里再认识。

11 月 27 日，周恩来在会上作整风检查，仅准备检查的发言提纲就有两万多字。在参加会议的领导人中间，他参与党中央核心领导的时间最长，资历最老，了解情况最多。

周恩来的发言，分自我反省和历史检讨两个部分，并以历史检讨为主线，从大革命后期的五大讲起，一直讲到当时，是整个会议中讲得最细，检查时间最长的发言，整整讲了五天时间。

11 月 29 日，政治局就王明错误性质达成一致意见，委托李富春与在养病之中的王明谈话，要求他主动检讨自己的教条主义和宗派主义错误，供政治局讨论。

李富春走进王明的窑洞，转告了中央的意见。

王明送走李富春后，对妻子孟庆树说："看来，这回老毛是下决心整我了，怎么办?"

"你应该有个态度啊，李富春来的意思是什么？还不是叫你送个检查，不然，如何能过这一关?"

王明只好让妻子代笔，自己签名，于12 月 1 日向政治局写了一封信，表示全盘放弃过去提出的与毛泽东相反的意见。他在信中说，现在因病不能参加会议和学习，很觉难过。中央所讨论的关于他的主要是哪些问题，他还不知道，等得到中央正式通知后，将尽可能地加以检讨。

王明这次主要检查了两个问题：

1. 1941 年 9 月底 10 月初，因为有同志提出一些关于有否改善国共关系可能的问题，我曾向毛主席提过关于国共关系问题中一些政策问题的意见，当时我只能把这些政策意见提供给毛主席作研究问题时参考，我不愿把这些意见提到会议上去讨论，故后来毛主席在书记处会上提出并指示我的意见是不对的时候，我只略为谈到关于上述问题的部分意见，会后我又向毛主席声明过：既然毛主席认为我的意见是不对的，我不愿再谈这些意见。可是我后来未能经常把握住这一点，是个很大的错误。……

2. 1941 年夏秋之间，毛主席曾和我谈过几次话，后来并约任弼时、康生、陈云、张闻天等同志谈过，指出我在 1937 年 12 月的中央政治局会议上的发言和武汉时期的工作，都有错误，就是在政治上犯有带原则性的错误，组织上有闹独立性的错误，同时指出我的个性和工作方法上有许多缺点。我很感谢毛主席和中央各位同志指出我的这些缺点和错误，使我有可能和我的这些错误和缺点作斗争。

王明这时尚不知政治局会议讨论的具体情况。中共中央下发的文件中称：王明、博古宗派及其机会主义路线，自四中全会篡党开始，至五中全会达到顶点，使白区损失十分之十，苏区及红军损失十分之九。此错误路线虽经遵义会议开始克服，但在 1937 年十二月会议至 1938 年六中全会期间，这个宗派又利用长江局进行反党活动，王明长期地坚持其错误路线，反而说中央路线是错误的，是违背共产国际方针的。

中央文件对王明问题的表述是投降主义，是国民党在共产党内的代表，是大地主大资产阶级在无产阶级队伍中的反映，是帮助国民党瓦解共产党的腐蚀剂。

1944 年 2 月 26 日，周恩来与王明进行了一次谈话，系统地指出他应该反省的问题，希望他认真检查自己的错误。王明了解到中共中央的结论，感到颇难接受。第二天给周恩来写信，表面上感谢周恩来的帮助，但又不服气地提出了一些问题：

（一）关于四中全会至 9 月 20 日决议期间的路线错误问题，我有下列两点，请给我解释：

（1）为什么四中全会决议及 9 月 20 日决议是路线错误？其具体内容如何？

（2）即假定为路线错误，为什么这是所谓的王明路线？因为我总不是此时期重要决议的起草人，……同时，也不是这一时期党的主要负责人。……

当然，我并非推卸责任。我认为从四中全会我当选为中委和政治局委员后，我对中央通过的任何决议，都有政治上和道义上的责任，而那些由我看过和同意通过的文件，如其中有错误和缺点，而应负一个政治局委员应负的责任。

（二）关于在莫斯科作代表时期的工作，我自信虽在个别问题上有错误缺点，但绝无大过……此部分问题，虽中央不准备作结论，但我必须反省和说明清楚。

（三）关于十二月会议及武汉时期的问题，中央虽暂不作结论，但我认为和中央谈清楚，弄清是非，使我了解真实而具体的错误何在，对党的政策了解，对我的教育只有好处。

显然，王明对中央的决定有很大的抵触情绪。

8. 就在王明受到空前批判之际，前共产国际总书记季米特洛夫给毛泽东发来一份电报

共产国际解散后，季米特洛夫改任苏共中央国际宣传部主任。他认为自己不应干预中共党内事务，但从私人友好感情和关心中国革命的愿望出发，他还是对中国的事情和王明的处境给予了极大的关注。因为就在1944年1月份，他曾接到王明通过苏联军事记者的电台给他的一份电报，王明在电报中称：我于1937年11月底回国后，在最近的五年里，毛泽东犯了许多原则性的政治错误和罪行，特别是这一年多来他搞的所谓整风运动，实质上反列宁主义、反共、反苏和反党的运动。对自己受批判的处境也有诉苦。

作为共产国际的前领导人，作为中国人民和中国共产党的老朋友，他还是以个人名义给毛泽东写了一封标明“亲启”的信，为王明说情。季米特洛夫向毛泽东建议：不要指控王明执行了共产国际倡导的统一战线政策并开展对他的斗争，主张把他留在党内，尽量利用他为党工作；不要在党的干部中造成对苏联的不信任情绪；尤其不要相信康生，因为康生所实行的清洗办法帮助敌人从内部瓦解共产党，是在为国民党效劳。

应该说，毛泽东发动整风的目的之一，就是要破除对苏联和共产国际的迷信，但不是反共产国际，更不是反季米特洛夫和斯大林。正因为如此，毛泽东始终把握整风航向，严格防止有人把批评王明教条主义与共产国际挂起钩来，特别是防止与斯大林和季米特洛夫联系起来，避免给人提供“不尊重斯大林”、“不尊重苏联”、“不尊重共产国际”的口实。

毛泽东知道王明错误与斯大林和共产国际指导的内在关系，但他的思想主流，对斯大林和共产国际是尊重的。在谈到王明的两次错误时，都回避斯大林和共产国际指导中国革命时的错误，维护斯大林和共产国际的威信。在总结经验教训时，他着重分析产生错误的社会根源。

毛泽东一面把矛头尖锐地指向莫斯科的代言人王明，一面继续维护莫斯科的权威，努力在两者之间寻找不同点。后来他说得很明白，当时的整风实际上是整苏联的风，是批判斯大林和共产国际的错误，但是关于斯大林和共产国际，我们一字未提。

毛泽东对斯大林和季米特洛夫是尊重的，特别是对季米特洛夫还有一种知遇之恩，感激之情。如果当初不是季米特洛夫支持毛泽东为中共领袖，而是站在王明一边，那会是一种什么结局？

1944 年 1 月 2 日，毛泽东从苏联红军驻延安联络员孙平那里看到季米特洛夫发来的电报，当即挥笔写了复电稿：

王明一直在从事各种反党活动，对此，所有高级干部都已得到了通报，但我们没有告诉一般党员，更没有通知非党群众。在党的高级干部中讨论王明错误后，大家更加团结一致。

在我看来，王明是不可靠的，他以前在上海被捕过。几个人都谈起，他在监狱里承认了自己的党员身份，后来才被释放的。也有一些同志谈到他与米夫的可疑关系。王明进行了很多反党活动。

康生是一个值得信赖的人。他的部门并不负责审查干部，他们只调查证据确凿的特务。我们审查干部的工作是全面和慎重的。

我向你保证并且可以担保，中国共产党热爱并且深深地尊敬斯大林同志和苏联。

在这份电报中，毛泽东对王明和康生的态度截然相反。他明确告诉孙平，这份电报不要对任何人讲，包括康生本人。当孙平提到一些党的领导人对康生有看法时，毛泽东毫不客气地批评了这些人。

电报发出去后，毛泽东似乎有些不安。第二天，他又来到苏联红军联络处的窑洞，询问复电是否发出。他告诉孙平，那份复电可能不妥当，担心季米特洛夫不满意。在谈到王明问题时，他虽然仍旧强调王明的错误，但再没有提到王明“反党”和政治上可疑的问题。

毛泽东对王明的定性十分慎重，一直在考虑是否再给季米特洛夫补发一份电报。7 日上午 9 点，毛泽东再次走进孙平的窑洞，又起草了一份复电，以挽回第一份电报可能造成的负面影响。

毛泽东在电报中真诚地感谢季米特洛夫的指示，并表示将深入地研究它、高度地重视它。在谈到党内问题时，毛泽东认为将采取团结的方针，当然也包括王明。可惜，季米特洛夫关于康生的劝告，毛泽东还是没有听进去。

陕北高原的严寒，悄然而去；春姑娘披着春风，翩翩来临。1944 年初春，毛泽东深思熟虑之后，对重大历史功过作出客观评价：

一、党内党外问题。在整风期间，有人怀疑王明、博古的错误是党外问题，毛泽东肯定是党内错误。

二、合法与非法问题。毛泽东说，有人认为临时中央和五中全会是非法的，现在查到“国际”来电批准过，是合法的，但其法律手续不完备。至于四中全会，经过“国际”与中央承认，这在形式上是合法的，但政治内容是不好的。

三、思想弄清与结论宽大问题。毛泽东说，自整风以来，就是“治病救人”，现在重申还是这个方针，在思想上要清算彻底，组织结论要慎重适当。过去对犯错误者只是惩罚，没有使前车之覆成为后车之鉴，这一次要弄清思想。

四、关于六大方针。整风学习中多数人要否定六大，说基本上是错误的。毛泽东认为“六大”的基本精神是正确的，是起了进步作用的。

五、四中全会到遵义会议期间，也不采取一切否定的态度，凡是对的，也应当承认它。

六、宗派问题。二十八个半布尔什维克，经过几次分化，现在没有这个团体了，去掉这个包袱，才符合事实。经验宗派也没有了，比较严重的是山头主义，历史上的东西已经不是主要东西了。

毛泽东的这个讲话，实际上是对党的历史作了一个总结。

9. 王明第一次向党中央公开检讨自己的错误

至1944年，中国共产党已经走过了23年的历程，风风雨雨，坎坎坷坷，现在有了一个相对稳定的环境，是该认真反思和总结一下了，这对统一全党认识，开辟未来，必不可少。

1944年5月21日，中共六届七中全会在延安杨家岭召开，这次会议最重要的成果之一就是通过了《关于若干历史问题的决议》。这个决议在通过前修改过三次，三次草案都给王明看了。王明回忆说：“他（指毛泽东——引者注）两次派刘少奇、周恩来、任弼时和朱德和我谈话，他自己也来过一次，他们都建议我写一个声明书，承认七中全会的决议是正确的，承认要交代自己的错误。”

七中全会通过的《决议》系统总结了中国共产党自1921年建立以来在各个历史时期的功过是非、主要经验，对党史上一些重大问题作了明确的、实事求是的结论，高度评价了毛泽东运用马列主义基本原理解决了中国革命具体问题的杰出贡献，指出了在全党确立毛泽东领导地位的重要意义。

总结各次“左”倾错误、特别是王明“左”倾错误的历史教训，是《决议》的重要内容，《决议》指出：六届三中全会以后，党内一部分没有实际斗争的犯“左”倾教条主义错误的同志，在王明同志的领导下，却又在“反对立三路线”、“反对调和路线”的旗帜之下以一种比立三路线更强烈的宗派主义的立场，起来反抗六届三中全会后的中央了，他们的斗争，并不是在帮助当时的中央彻底清算立三路线的思想实质，以及党内从八七会议以来特别是1929年以来就存在着而没有受到清算的若干“左”倾思想和“左”倾政策；在当时发表的王明同志的《两条路线》即《为中共更加布尔什维克化而斗争》的小册中，实际上是指出了一个在新的形势下，继续、恢复或发展立三路线和其他“左”倾思想，“左”倾政策的新的政治纲领。这样，“左”倾思想在党内就获得了新的滋长，而形成新的“左”倾路线。

这样，王明就以其“左”倾路线而载入了中国共产党的历史，成为党的历史上连续时间最长，给党和革命事业造成损失最大的“左”倾路线的主要代表。从此，王明成了党的历史上第三次“左”倾错误的代名词。

《决议》在提交七中全会讨论通过的前一天，王明写了封信，要任弼时阅转毛泽东并扩大到七中全会各位同志。信中表示同意《关于若干历史问题的决议》，并第一次公开向党中央检讨自己的错误。信中说：

中央要我写一个我对这个决议的基本认识和态度的文件。我认为这是必要的。

首先，我对这个决议草案的第一个基本认识，就是这个决议草案在党的历史问题思想问题和党的建设方面，有重要的积极建设性的意义。

其次，我对这个决议草案的第二个基本认识，就是它将党内在一定历史时期存在的各种“左”倾思想和“左”倾路线，都作了明朗的批评，而对于决议所指出的从四中全会至遵义会议这一时期的中央领导“左”倾机会主义路线的错误，尤其作了最彻底的清算。我对于七中全会根据毛泽东的正确思想和正确路线以及近年来全党同志在整风运动与党史学习中的认识，而作出的对各次尤其是第三次“左”倾路线在政治上、组织上、思想上所犯严重的错误的内容实质与其重大的危害以及产生此种错误的社会的和历史的根源的分析和估计完全同意和拥护。我不仅以一个党员的资格，站在组织观念的立场上，完全服从这个决议，而且要如中央所指示的，以一个第三次“左”倾路线开始形成的主要代表的地位，站在思想政治观点的立场上认真研究和接受这个决议，作为今天自己改正政治、组织、思想各方面严重错误的指南。

接着，王明找了他所以犯错误的原因，他接着写道：“我之所以犯教条主义的‘左’倾路线的错误，也不是偶然的。这是由于丝毫不懂马克思主义理论及基础、完全不懂中国社会和中国的实际情况，全不研究中国的政治、军事、文化的历史事实和历史经验，以及简直不懂国际经验和民族传统的结果。尤其是由于没有群众工作经验和没有群众的观点，以及小资产阶级社会出身的劣根性作祟的结果。”

看来，王明还是读了《改造我们的学习》的，毛泽东在讲演中对党内存在的不良倾向提出了批评，他是这样说的：

“对于国内和国际的政治、军事、经济、文化的任何一方面，我们所收集的材料还是零碎的，我们的研究工作还是没有系统的，不论是近百年的和古代的中国史，在许多党员的心目中还是漆黑一团，许多马克思列宁主义的学者也是言必称希腊，对于自己的祖宗，则对不住忘记了。”“我们学的是马克思主义，但是我们中的许多人，他们学习马克思主义的方法是直接违反马克思主义的，这就是说，他们违背了马克思、恩格斯、列宁、斯大林所谆谆告诫人们的一条基本原则：理论和实际统一。”

在这之前，王明对人家批评四中全会及其以后的错误，他一概不予接受，相反，他自己从不认为四中全会有错误，因为否定了四中全会，就等于彻底否定了他王明，这一点，王明还是很清醒的。但这次他不抵赖了，至少表面上是这样，他写道：

“四中全会的确不仅是对党毫无功绩，而且是对党造成严重错误的会议，是使‘左’倾路线在中央领导机关内取得胜利而成为‘左’倾路线第三次统治全党的开始的会议！我对于七中全会对三中全会和四中全会的这些新的认识和估计表示完全服从和同意。”

此外，王明认为自己对四中全会到遵义会议这段时期内，中央所犯的错误，应该负责任。信的最后说：

“我郑重声明：中央根据七中全会这一决议的立场和精神与根据对我在各个历史时期所犯各种错误的性质和程度的认识，对我作出任何政治上和组织上的结论，我都服从接受。……我决心在党所指定的任何下层工作岗位上，向毛泽东和中央各同志学习，向全体干部和党员同志学习，向劳动人民群众学习，一切从头学起，一切重新做起……”

应该说，王明能够在病中向中央写这么一封长信，表明自己的态度，这是一个很大的进步，并且有脱胎换骨、改恶从善的思想准备。对王明来讲，这也算是整风运动的收获。如果他的这封信是发自内心的话，那么我们在不久的将来会看到一个精神焕发的王明，但却太让人失望了，这个王明没有出现。这就说明他不是真心实意的，他后来披露了“实情”，这封长信是权宜之计，是应付中央的一种手段。因为中央主要领导都给他做工作，追使他不得不承认错误，承认《决议》草案。

事实证实了这一点，他在《中共五十年》里写道：“臭名昭著的中共七中全会的决议，是公开伪造中共历史的第一个文件。”可以认为王明当时写的长信只是为了过关而虚晃一枪罢了。人的禀性难移，尤其像王明这种有脸面的人物，他压根就没有准备改，这就为他自己设计了一条走向深渊的不光彩之路。

10. 毛泽东领导地位完全确立

遵义会议上，博古再也站不住脚了，从此以后，中共党内负总责的是张闻天。这种形式一直维持到1943年3月，这是中共历史领导层的特殊时期，负总责的负不了总责。在战争年代，这种状况也是正常现象。

1943年3月20日，中共中央政治局会议通过了《中央机构的调整及精简决定》，这个《决定》与遵义会议具有同等意义。《决议》指出：“政治局推定毛泽东同志为主席。”毛泽东名正言顺地成为中共最高领袖。《决议》还指出：“书记处重新决定由毛泽东、刘少奇、任弼时三同志组成，泽东同志为主席。”并且“主席有最后决定权”。

这样，毛泽东既是中共中央政治局主席，又是中央书记处主席。从组织形式上说，他也是中共至高无上的领袖，尽管自遵义会议后，他的这种领袖地位事实上已确定。

在中共党的历史上，在中共中央设主席，这还是第一次，在这之前，中共中央的负责人是“中央局书记”，中央执行委员会委员长或中共中央总书记。

毛泽东领袖地位的确立，在当时是完全必要的。首先，毛泽东的领袖地位不是自封的，而是在长期的革命斗争实践中形成的，是被全党和人民群众公认的。其次，当时党内必须有一个强有力的领导核心，张闻天虽然在遵义会议上被“抬出来”，但因“过去没有做实际”工作缺乏实际经验，到延安一段时间后，他出任“延安农村工作调查团”团长，带队到晋西北农村“补课”去了。并且在这以前，当他听到王稼祥传达共产国际和季米特洛夫的指示后，就主动推举毛泽东为中央总书记，此后也逐渐把总负责的工作移交给毛泽东。而此时的王明，在党内完全失去了市场，中共领袖非毛泽东莫属。再次，也是一个很重要的原因，毛泽东得到了共产国际的承认，这一点，在当时具有特别重要的意义，因为在党内，尤其在高级干部中，共产国际的指示具有极大的感召力。

然而，“主席有最后决定权”的规定，在战争年代具有积极的一面，并且毛泽东在开始行使这特权力时，也十分谨慎，实际上，他对这一特权用得也并不多。可是后来，尤其是新中国成立以后，他对这种权力就加快了使用频率，甚至有时滥用，这是造成他晚年悲剧的一个重要根源。

毛泽东在组织形式上取得了中共最高领袖的地位，是以其思想方法、领导艺术和理论建树为前提的。从某种意义上讲，要统一全党的思想远比形式上统一要难，而没有思想上的真正统一，组织上的统一是不可能的，即使一时统一了，也是暂时的，在这一点上，毛泽东可谓高瞻远瞩，深谋远虑。

遵义会议，实际工作中已经宣告了第三次“左”倾错误的终结，如果说在这以前，党内是“左”倾思想占领导地位的话，那么遵义会议以后，虽然解决了组织路线，在指导思想上也开始纠正“左”的错误，但由于战争频繁，毛泽东不可能建立起系统的理论。在延安立足以后，环境相对稳定，在清除张国焘分裂主义造成的影响之后，毛泽东敏锐地感觉到提高全党的马列主义水平已刻不容缓，因此，中央把学习马列主义理论提到议事日程。

这是因为，延安的斗争比以前任何时期的斗争更为复杂。在江西时期，红军面临的主要敌人是国民党蒋介石。而延安的情况就不同了，红军既要肩负抗日救国的重任，又要防范国民党军阀的进犯，还要和具有抗日意愿的西北军、东北军和平相处。这就决定了红军不仅要打仗而且怎样打，先打谁等等一系列问题都显露出来了，这就要求党制定出正确的方针、路线、政策，否则就会陷入困境。抗日民族统一战线的建立，国共第二次合作的形成，使党掌握了抗日战争和对付国民党顽固派的主动权。

众所周知，在抗日民族统一战线问题上，中共与蒋介石集团有尖锐的斗争，在党内上层由于“神仙”王明的降临，也出现了严重分歧。要取得抗战的胜利，必须统一全党的思想，彻底肃清王明教条主义的影响，而王明是一个言必称马列，行文如流水的理论家。他熟读马列经典著作和共产国际决议，在全党马列主义理论水平不高的情况下，他犹如“鹤立鸡群”，成了党内的理论“巨人”，回国之初，俘虏了不少的人。王明的优势是显而易见的，要使这样一位人物退出历史舞台，谈何容易。

毛泽东没有退却，并且越战越勇，这是他的性格，作为伴随着党的成长和中国革命的发展成长起来的领袖，长期的革命斗争实践使他熟知中国各个阶层的特点和斗争的复杂，他虽然没有读王明那样多的马列经典著作，但在党内，他也算是最早接触马列主义的，并且善于领会马列著作中的精神实质，结合中国的革命实际，把那些高难深奥的理论化解成人人都可接受的道理，人们听了他的报告演讲，或读了他的文章，虽然不如王明那样“高深”，但却使人感到灵气十足，合情合理，实际可信。但是，毛泽东深知，要想把人们从王明教条主义的桎梏中彻底解放出来，还得靠学马列主义，即必须让人们懂得什么是真正掌握了马列主义，应该怎样学习和掌握马列主义。因此，必须通过全党范围内的马列主义教育活动，普遍提高马列主义水平，才能达到目的，为此，毛泽东这位总设计师发起了延安整风运动。

毛泽东精通中国历史和中国国情，又读了大量的马列著作，即使是在长征途中的担架上仍手不释卷，又有丰富的革命斗争经验，延安时期成了他的理论成熟和收获时期。据统计，收录《毛泽东选集》的158篇文章中，其中有112篇是他在西北写的。范围包括：哲学、经济、文艺、战略战术等等方面，这不能不算奇迹，而毛泽东创造了这一奇迹。

整风运动的目的达到了。

人们从另一个层面开始真正认识毛泽东。

更多的人需要了解毛泽东。党需要宣传自己的领袖。那位心里怎么想，嘴里就怎么说，在遵义会议上激烈反对毛泽东的凯丰，从实践中真正体会了毛泽东的正确，他从内心信服毛泽东，很快站到了毛泽东这一边，并在批判张国焘斗争中一马当先，在与王明教条主义的较量中勇往直前，作为中共中央政治局委员、中央宣传部代理部长，他萌发了大张旗鼓宣传毛泽东的设想，并很快制定出宣传计划，准备在毛泽东五十寿辰前后，在全党掀起学习宣传毛泽东的高潮。

凯丰独具匠心的宣传计划，被毛泽东否决了。1943年4月22日，他复信凯丰说：

生日决定不做，做生日的太多了，会生出不良影响。目前是内外困难时候，时机也不好。我的思想（马列）自觉没有成熟，还是学习的时候，不是鼓吹的时候；要鼓吹只宜以某些片段去鼓吹。（例如整风文件中的几件），不宜作体系，还没有成熟。

伟大的谦虚！

但无论毛泽东怎样解释，人们已自觉地用他“没有成熟”的思想武装起来。

1941年3月，延安的理论工作者张如心就提出，党的教育人才“应该是忠实于列宁、斯大林的思想，忠实于毛泽东同志的思想”。第二年3月，他又在文章中提出“毛泽东的理论就是中国的马克思列宁主义”。

1942 年 7 月 1 日，《晋察冀时报》发表社长兼总编邓拓撰写的社论，社论中提出了“毛泽东主义”，并号召“深入学习掌握毛泽东主义”。

1943 年“七一”临近，王稼祥 7000 字的力作《中国共产党与中国民族解放的道路》脱稿了，他让警卫员送给毛泽东过目。文章中写道：

毛泽东思想就是中国的马克思列宁主义，中国的布尔什维克主义，中国的共产主义。

它是创造的马克思列宁主义，它是马克思列宁主义在中国的发展，它是中国的共产主义，中国的布尔什维克主义。

以毛泽东思想为代表的中国共产主义，是以马克思列宁主义的理论为基础，研究了中国的现实，积蓄了中共二十二年的实际经验，经过了党内党外曲折斗争而形成起来的。

毛泽东看了全文后，觉得有些提法不妥，亲自找到王稼祥府上“请教”，王稼祥坚持自己的观点，毛泽东只好同意了文中“毛泽东思想”的提法，他说：“不能提毛泽东主义。我是马克思列宁的学生，怎么可以跟他们并列？马克思有马克思主义，列宁有列宁主义，我不能提‘毛泽东主义’。我没有‘主义’。我的主义，就是马克思主义，列宁主义。你们一定要提，还是你提的‘毛泽东思想’好。每一个人都有自己的思想嘛，不能随便地提‘主义’，不过，我仍然认为，作为一种思想体系，我还没有成熟。这不是谦虚，事实如此。”

从此，在中共党史上，中国现代史上又出现了一个崭新的名词——毛泽东思想。并在随后召开的中共七大上被写入了党章。此后，在中共党史上，这个词与马列主义一样，成为使用频率最高的词之一。这应该给王稼祥再记一功。

在延安整风运动后期，中央党校学员对什么是毛泽东思想展开了讨论，毛泽东发表意见说：“这不是我一个人的思想。是千百万先烈用鲜血写出来的，是党和人民的集体智慧。个人的思想是发展的，我也会犯错误的。比如，我写的东西。写了又改，改了又写，为什么改了又改呢？就是因为有错误嘛。”

毛泽东思想被确定为全党的指导思想，是在党的七大完成的。

党的七大于 1945 年 4 月 23 日在延安杨家岭的中央大礼堂举行。

这时，离在莫斯科召开的六大已 16 年。在那次大会上，共产国际干涉中共党的内部事务，给中国革命造成了严重的损失。现在，共产国际已解散两年了，这对中国共产党来说，有利于彻底清除党内以王明为代表的把马克思列宁

七大代表进入会场

主义教条化，把共产国际决议和苏联经验神圣化的错误倾向．有利于根据中国国情，独立自主地解决中国革命的问题。

在历时50天的会上，毛泽东致开幕词、闭幕词和长篇政治报告，集三个讲话于一身，在党的历次大会上是罕见的，这也说明毛泽东已是中国共产党众望所归的领袖。

刘少奇在大会上作了《关于修改党章的报告》，他以极为热忱的语言，颂扬了毛泽东，赞扬了毛泽东思想，他说：

我们的党，已经是一个有了自己伟大领袖的党。这个领袖，就是我们党和现代中国革命的组织者和领导者——毛泽东同志。我们的毛泽东同志，是我国英勇的无产阶级的杰出代表，是我们伟大民族的优秀传统的杰出代表。他是天才的创造性的马克思主义者，他将人类这一最高思想——马克思主义的普遍真理与中国革命的具体实践相结合。

在中共七大通过的党章中，明确写上了：中国共产党，以马克思列宁主义理论与中国革命实践之统一的思想——毛泽东思想，作为自己一切工作的指针，反对任何教条主义的或经验主义的倾向。

从此，毛泽东思想在法定的意义上也成为中共的指导思想。

毛泽东在七届一中全会上，当选为中央委员会主席。

七大召开时，王明正处在病中，他被用担架抬进大会会场。参加完开幕式后，就离开了会场，这是王明一生中第一次也是最后一次以正式代表身份出席党的全国代表大会，出席时间大约 15 分钟。

毛泽东对那些曾经反对过他的人没有实行“残酷斗争，无情打击”，而是善于团结他们，包括犯了严重错误的王明。尽管代表们对王明所犯的严重错误和他不认真检查错误的态度有很大意见，但毛泽东还是动员大家投王明的票，选举结果，王明以 321 票再次当选为中共中央委员，在 44 名中央委员中排在博古之前，位居倒数第二。

王明虽在病中，但他表示了对七大的极度不满，他在 5 月写了一首《所谓七大》，大肆攻击七大和七大制定的方针、路线，说什么“毛丢马列独登台”“一马横行万马哀”，对动员代表选他当委员的毛泽东极尽污蔑攻击之能事。

第八章　分道扬镳

1. 随着国内政局的变化，王明把自己曾经最得意的“真正的布尔什维克”桂冠戴到毛泽东头上

抗日战争胜利后，蒋介石一面与共产党和谈，一面准备发动内战。面对复杂多变的局势，中共中央全力进行两手准备。王明看到中央委员人人东奔西走，个个身挑重担，也不甘寂寞。他向中央提出要求，希望能做点具体工作。

中央考虑到王明有深厚的理论功底，又有一定的政策水平，安排他负责法律方面的事务。对王明来说，这是一项全新的工作，可他还是愉快地接受了这一安排。

1947 年 1 月，周恩来代表中央召集工作会议，要求王明负责起草一个全国性的宪法草案，供解放区人民代表大会之用，限于 5 月 1 日前完成。

这年 3 月，国民党“西北王”胡宗南，率 23 万大军向陕北解放区发起猖狂进攻，而陕北战场上的人民解放军，全部兵力只有 3 万人。中共中央审时度势，主动放弃延安，转战陕北。王明率法律研究委员会东渡黄河，迁到山西临县。

离开延安时，王明向毛泽东、刘少奇辞行，并口头请示宪法草案的起草原则。

4 月底，法律研究委员会正式开始工作。由于战争环境的影响，初稿直到 8 月才完成，10 月完成第二稿。这期间，王明几次前往河西中央驻地请示工作。由于解放战争激烈地进行，中央无暇讨论，加之宪法草案要待全国胜利后才使用，这项工作只好暂停。

1947 年 12 月 8 日至 28 日，中共中央在陕北米脂县杨家沟召开会议，分析当时的形势。毛泽东阐明了中国共产党在军事、土地改革、整党、经济、统一战线等方面的基本政策，提出了夺取全国胜利的各项任务。在阐述各项政策时，毛泽东批评了王明在土地革命和抗日战争时期所推行的“左”的和右的错误。

王明认为毛泽东的报告，“恰恰回答了现在需要解决的问题，国际国内形势分析完全正确”。在 26 日发言时，他主要讲了统一战线、学习毛泽东思想、起草宪法草案几个问题。

他说，总结党的历史，指出历史上的错误，他都同意。打击与消灭不同，不但过去苏维埃时期没有弄清楚，以后也有许多人没有弄清楚，他自己就是这

毛泽东与王明在米脂县杨家沟

样。他认为打击包括准备消灭在内，但不是现在就消灭。

在谈到思想方法时，王明说：毛泽东思想是马列主义普遍真理与中国革命的具体实际相结合，马列主义的普遍真理就是辩证唯物论与历史唯物论，毛主席提出的区别临时起作用的因素与永久性起作用的因素，就是重要的方法论。区别全部与局部，轻视全部的一般敌人，重视局部的具体敌人；战略上以少胜多，战役上以多胜少，就是从这个原则而来。党内要提倡学习毛泽东的方法论。

谈到宪法草案时，他说，因为用的时间没有看清楚，以为三五个月就要用，故带有临时性、政策性、宣传性。各同志的意见兼容并收，以供中央采择，故内容和形式都有毛病。

李维汉回忆说：“讨论报告时，王明和我在一个小组，他讲了不少的话，根本不接触报告中的批评。”

随着解放战争向前推进，中央机关陆续向河北境内转移，王明一行转移到河北阜平县城南庄，后又移驻建屏县。1948 年 5 月初，王明旧病复发，中央安排他接受治疗，孟庆树负责护理。

在治疗过程中，中央医院又出现了一次技术事故。

王明经常便秘，有时吃泻药，有时灌肠，灌肠的药品经常更换。黄树则医生给王明看病后，开了药物肥皂。当时医院用的药物肥皂是日本生产的，名称叫药物石碱，瓶子上也是这样写的，黄树则开的处方上写的就是药物石碱。

受条件限制，医院的管理不大规范。有些药品应分门别类，分类摆放，可医院把所有药品统统放在一个药架上，排放的位置也不合理。司药看见处方上一个“石”字，就把石炭酸拿出来当成药物石碱，配成溶液，发了出去。

黄树则上门看望王明时，孟庆树正准备给王明灌肠，并把灌肠管插到了肛门里边。孟庆树见黄树则进来，若有所思地问了一句，“原来药物石碱就是石炭酸呀?”

黄树则一听，连说不是。孟庆树一脸茫然，赶紧把灌肠管抽出来，用盐水冲洗。

尽管有惊无险，王明还是很有意见。孟庆树写了个报告，把情况向上反映。周恩来十分重视，在孟庆树的报告上做了批示：将药取错，就像理发员用刀子给别人理发，不是剃了头发，而是剃掉了眉毛，必须严肃处理。

卫生部门认为这是很不应该的事情，给司药一个处分。黄树则说明情况并作了检讨。他说，如果当时把药物石碱写成药物肥皂，这件事就可能不会发生，因为司药对药物石碱不太熟悉。

情况向王明解释清楚了，黄树则还是照常给他看病。1957 年，黄树则随毛泽东访问苏联，已是中央办公厅副主任的黄树则，还代表毛泽东看望了在苏联养病的王明。

事件过去了几十年，王明记忆犹新。他把这次医疗事故与毛泽东扯在一起，说是毛泽东采取措施，加速他的死亡。在《中共五十年》一书中，王明写道：

> 1948 年 6 月 25 日，朱豪中央医院的主治医生黄树则开的处方是：用来苏尔代替药用石碱给我灌肠，用来苏尔灌肠可以引起死亡。
>
> 只是由于我妻子的警惕性，才得以避免了这一次的不幸后果。这个情况，医院院长周泽昭和其他医生都很清楚。
>
> 由于这一事件，中央卫生处于 7 月 7 日发了一个通报，通报确认：“药剂师在配药时犯了错误。”很明显，这种说法的目的在于掩盖加速我死亡的新的企图。这种企图是根据上面的指示而见之于行动的。

国内政局变化很快，在即将取得全国胜利之际，中共中央于 1949 年 3 月 5 日至 13 日，在西柏坡召开七届二中全会，王明出席了这次会议，并有极为精彩的表演。

全会根据毛泽东的报告，提出了彻底摧毁国民党统治，迅速夺取全国胜利的各项方针；提出了党的工作重心必须由乡村转到城市，而城市工作必须以生产建设为中心；分析了全国胜利后中国社会的基本矛盾，提出了党在政治、经济、外交方面的基本政策；特别提醒全党要防止骄傲自满，警惕资产阶级糖衣炮弹，保持艰苦奋斗的作风。

王明在会上两次发言。

3月7日，王明第一次发言。他首先表示完全同意毛泽东的报告，认为这是中国革命在新的历史关头的新任务。随后，他对毛泽东大加颂扬，说取得今天的胜利，是毛泽东将中国的特点和马列主义结合起来了。毛的学说不仅是政治的、军事的，而且是经济学说的科学。现在不仅一般人愿跟毛泽东走，连国民党的人也愿跟毛泽东走，这是因为他领导的正确。

王明甚至把曾经最得意的“真正的布尔什维克”的桂冠，戴到毛泽东的头上，说毛泽东有丰富的历史知识、科学知识，并且与群众有密切的联系，所以才成为中国真正的布尔什维克，大家应该向他学习。

王明在党内处境孤立，这次发言未得到肯定和欢迎。

刘少奇在王明发言时插话：“在毛泽东的旗帜下”有两种意义，“你提出的毛主席的旗帜是掩护”。其他中央委员也在会上的发言中，批评王明的错误。

此时的王明，往日的威风荡然无存。听了大家的批评，只能忍气吞声。当天晚上，他与毛泽东进行了一次交谈。

3月10日，王明在会上第二次发言。他开门见山，将大家的批评归纳为三点：一是对毛泽东思想作了教条主义了解；二是自我批评不够；三是落后。他认为这些批评是正确的。

王明就这三个问题作了说明，并作了一些检查。

他说，关于若干历史问题决议分析得很对，指出自己的错误都是对的。他过去不知道自己有右倾投降主义，有严重的无组织无政府主义现象，特别是武汉时期发表文章、声明等，即是严重的闹独立性，给红军、人民、党的事业造成了很大损失，当然痛心。他还说，延安整风就是针对他自己，这是为了党为了人民，七大之后党确实走向了胜利，自己因身体原因，恐难赶上，尽力为之，希望党和同志继续帮助。

关于犯错误的原因，他说了三条：一是发号施令，教条主义，不懂方法论；二是党的锻炼很差，工作经验也差；三是自高自大，既骄又躁，盛气凌人。

王明在检查过程中，插话提问者不断，有的提出问题，有的提出批评。他对有些问题进行了检讨，对有的问题进行了反驳或解释。

关于是否反对毛泽东，反对《新民主主义论》，他说：“我未反过新民主主义，只说斯大林对中国革命提出三个阶段，毛提出两个阶段，毛批了，大阶段还可分小阶段，过去确实不了解新民主主义的伟大作用。关于要求毛泽东作修

毛泽东与王明、谢觉哉座谈

改这一著作的声明，不能那样孤立大资产阶级顽固分子的问题，他说：我这样做为的是与国民党搞的更好些，以便更好地抗日。”

他接着说，“我当时态度不好，对毛发过脾气……我过去不认识毛，不了解毛的思想，落后，我在莫斯科不了解苏区的情况，但在莫斯科却未反过毛，只是不知道他如此伟大……六中全会后多少对毛泽东思想有所了解”。

有人提到他是否有领袖欲，想当总书记的问题，他说：“我心里没有想过当总书记，季米特洛夫提出不许我当总书记……过去以为自己有功：反立三路线一功，提出抗日民族统一战线又一功，其实，这不是自己的，是把党的功劳放在自己身上。”

关于为什么不检查自己的错误，他说：“过去我想，我的错误是在上海写小册子等，至于苏区的损失，我还认为不是自己的直接责任，而是博古，但后来又同他们的意见有分歧……讲到责任，觉得别人比我负得更多，因为常想是别人搞的，或者我不在那里。另外，多年心中有牢骚、不满，怕负责任，怕引起误会说我搞宗派，拉拉扯扯……怕人家不理，承认了，更不理我了……”

这是王明在党的大会上，第一次公开敞开自己的心扉。

王明最后说：“我向同志们声明，今后一定抛开个人，不想责任，而好好想自己的缺点……我愿做个驴子，慢慢走，跟毛走，看将来能赶上吗?”

2. 毛泽东充分肯定王明参与制定的新中国第一部婚姻法，认为它是“建立新民主主义新型家庭关系的法制准绳”

1949年10月1日，是中华民族历史上划时代的日子。北京30万军民兴高采烈地聚集在天安门广场，隆重举行中华人民共和国开国大典。毛泽东宣读中央人民政府公告，向全世界庄严宣布中华人民共和国成立了。

这一天，毛泽东主持中央人民政府第一次会议，决定中央人民政府各部、委人选。10月19日，中央人民政府发出通知，任命王明为政治法律委员会副主任，法制委员会主任，最高人民法院委员。

政治法律委员会负责领导法制委员会、公安部、司法部等政法部门，是全国政法工作的核心机构。主任由德高望重的国务院副总理董必武兼任，副主任除王明外，还有彭真、张奚若、彭泽民三人。孟庆树为法制委员会委员，兼任资料室主任。

法制委员会的主要工作，就是为中央人民政府起草各种法律与法规。新中国百废待兴，不仅经济建设面临很多困难，建立法律体系的任务也很繁重，需要制订的法律很多。新中国成立初期，不少地方流行着旧的婚姻制度，包办买卖婚姻制度盛行，一夫多妻制，干涉婚姻自由，虐待妇女的案件时有发生。

婚姻制度是家庭制度的基础，是整个社会制度的重要组成部分。旧的婚姻制度，不仅是家庭痛苦的一种根源，把人口占半数的大多数妇女投入被奴役的深渊，而且阻碍了社会向前发展。王明和法制委员会首先抓了婚姻法的立法工作。

还在新中国成立之前，王明就在山西临县开始着手准备婚姻法草案的制定。他搞法律工作，可说是半路出家，搞婚姻法更是陌生。但王明分管过一段时期的妇女工作，马列书读得不少，又富有钻研精神，在他积极参与下，制定婚姻法进展很快。

王明办什么事情先找理论依据。为了制定好婚姻法，他与法制委员会的工作人员，一起学习马、恩、列、斯关于妇女和婚姻、家庭、社会发展问题的学说，学习毛泽东《湖南农民运动考察报告》等著作中的论述，要求工作人员必须很快熟悉这方面的理论论著。

在夺取全国政权前，中共建立过多块根据地，对婚姻问题向来重视，制定了一些法规和条例。战争年代的一系列婚姻法规，虽然带有各个历史时期的特点，却是王明起草婚姻法的基础。他还研究了中共所有的妇女工作专题报告，人民法院的判决书、调解书、案例、统计材料，查阅了婚姻问题的书、报、杂志，并进行婚姻问题的实地调查。

王明与法制委员会的工作人员，将有关婚姻制度的某些史料，国民党民法婚姻章的有关条款，加以批判地借鉴。他们还学习和参考了苏联、朝鲜、东欧等国的经验，如果资料没有中文本的，就将外文翻译过来。王明还亲自翻译了俄文版的《苏联婚姻家庭和监护法典》。

王明工作投入，常常起早贪黑，不分日夜，很快归纳出婚姻法的总体精神和基本原则。他不断向毛泽东、刘少奇、周恩来、董必武请示汇报，给中央领导留下了新的印象，认为王明在向好的方向发展，没有辜负党和人民的重托。

王明还广泛向民主党派、司法机关、少数民族、群众团体征求意见，反复斟酌，前后修改了41稿。据参加起草的李光灿回忆说："关于离婚等问题，搞得还是很不错的，搞出来后，有些共产党国家，还来取经。"

这部《婚姻法》出炉，可谓过五关，斩六将。周恩来主持政务院第22次会议专门审议，之后毛泽东两次主持中央人民政府委员会副主席、委员，政务院总理、副总理以及全国政协常委联席会议决议定稿，最后提交中央人民政府通过。

毛泽东肯定了婚姻法起草工作取得的成绩，对这部《婚姻法》给予了高度评价，认为它是"摧毁封建主义婚姻家庭制度的有力武器，也是建立新民主主义新型家庭关系的法制准绳"。

广大群众在收听宣传《婚姻法》的广播

1950 年 4 月 13 日，中央人民政府举行第七次会议，王明作婚姻法起草经过和起草理由的说明报告。据李光灿回忆：“婚姻法报告由他口述，我笔记。17 个钟头他一口气下来。他的口述能力很强，17 个钟头的口述形成 23000 字的报告。”

这个说明报告，共分六个部分：起草经过；婚姻法的意义；婚姻法的原则规定；结婚和家庭问题的具体规定；离婚及其有关问题的具体规定；婚姻法的施行。

在报告中，王明没有揽功于己，认为这是群策群力的结果。他说在研究和草拟婚姻法过程中，经常得到毛主席的指示和帮助，经常得到政务院政治法律委员会的指示和帮助，经常与全国妇联和司法机关通力合作，是集体智慧的结晶。

经过政治风雨磨砺的王明，与当年不可同日而语了。

从 1950 年 5 月 1 日起，这部《婚姻法》开始付诸实施，直到 1980 年才重新修订。新修订的婚姻法继承了原婚姻法的基本准则和主要条款，许多观点在今天的社会生活中，仍然在起主导作用。

李光灿对王明的这段工作，有过如下评述：“六届六中全会后，实际上王明工作不多了。毛主席给他个任务，成立中央法制委员会，让他当主任。……在法治思想上，王明和董老很接近。董老是科班出身的，日本法科大学毕业，这方面比较专，王明也较专……周总理、董老的法治思想是正确的，王明的法治思想也是正确的。”

这期间，王明经常参加或主持一些会议，阐述自己的法治思想。1950 年 2 月 6 日，他主持全国监狱法律座谈会，提出了“军事管理，民主生活，劳动教育，改过自新”的十六字方针，基本上指明了监狱工作的方向。

王明在第一届全国司法会议上作报告，阐明了司法工作的重要性，法律的本质、人民司法制度、刑民法政策。后来他又对代表提出的意见进行解答，着重谈了镇压与宽大相结合，首恶必办、胁从不问、立功受奖的政策，成分问题，公私兼顾、劳资两利以及婚姻法执行等方面的问题。

作为全国法制委员会主任，王明在公与私、法与情、是与非的激烈碰撞中，是非分明，向党和人民交出了一份合格答卷。

王明的四叔陈云溪，参加过红军游击队，主力部队转移后，与大哥陈聘之走上了不同的道路。国共第二次合作，王明在武汉任中共中央长江局书记，国民参政员。陈云溪跑到武汉，希望王明给他谋取个一官半职。王明对这个一心想升官发财的叔叔并无好感，狠狠地批评他一顿，也没给他安排差事。

陈云溪败兴回到金家寨，四处活动，当上了国民党保安团团长，做了许多伤天害理之事。1948 年，刘邓大军挺进大别山，解放了金家寨，陈云溪率部上山流窜，负隅顽抗，成为政治土匪。

解放军打过长江后，白崇禧派人收拢残部，妄图以大别山为据点，伺机反扑。陈云溪的保安团跟着匪首汪宪、袁成英，杀害地方干部，组织武装暴乱，颠覆基层政权。在鄂豫皖三省剿匪指挥部的严厉打击下，猖獗一时的陈云溪逃到金寨白水河的帽顶山，昼伏夜出，继续为非作歹。金寨县县长刘伟找到陈聘之，请其劝降陈云溪。陈聘之受人民政府之托，给陈云溪写信，宣传党的政策。走投无路的陈云溪慑于人民政权的威力，听从了大哥的劝告，终于率部投降。

人民解放军不费一枪一弹，收缴了陈云溪的保安团。陈云溪因此受到宽大处理，开始平民生活。不久，陈云溪当保安团长时的警卫员因乱搞女人被人民政府逮捕，揭发陈云溪缴械投降时，私藏两支手枪未交，陈云溪因此被捕入狱。

陈云溪是王明的亲叔，又是陈聘之动员投降的，金寨县没有马上处理，上报皖北行署。皖北行署也没有立即批复此案，而是呈报给华东军政委员会。华东军政委员会又将此案呈报材料送京交与王明阅批。王明看后，提笔批复四个大字：依法处理。

1950 年 10 月后，全国掀起大规模的镇压反革命运动。金寨县人民法院于 1951 年根据陈云溪的犯罪事实和王明的批复，判处陈云溪死刑，执行枪决。

陈云溪一案，震动金寨全县。老百姓议论纷纷，称颂王明大义灭亲，维护了法律的尊严。

3. 鉴于王明对错误的敷衍态度，七届三中全会作出《关于王明同志的决定》

1950 年 6 月 6 日至 9 日，中国共产党七届三中全会在北京召开。毛泽东在会上作了《为争取国家财政经济状况的基本好转而斗争》的报告和《不要四面出击》的讲话。

全会的主题是讨论财政经济工作，制订党在这个时期的战略与策略。但七届三中全会在完成这一主要议题的同时，还专门就王明的问题做了讨论，并在会议的最后一天，通过了《关于王明同志的决定》。

七届三中全会专门就王明问题作出决定，是与七届二中全会以后王明对待自己错误的态度有直接关联的。

七届二中全会会场

在1949年3月的七届二中全会上，毛泽东就批评王明不肯作自我批评，怕负责任，有功归己，有过归人。在闭幕会上，毛泽东口头要求王明对历史错误写一声明书，提交政治局审阅。王明当时答应了，几个月过后，一直不见回音。

这年10月23日，刘少奇代表政治局同王明谈话，批评王明不尊重二中全会决议，催促他从速写好声明书，交政治局审阅。

10月26日，中央政治局召开会议，在决议事项第九项中写道："中央政治局听了刘少奇同志的报告后，认为刘少奇同志对王明同志谈话时所采取的立场是正确的，王明同志必须遵守二中全会决定，并按照二中全会上同志们对王明同志所作批评的方向及王明同志在会议上所作愿意写声明书的口头表示，从速写好声明书，交政治局审阅。"

11月1日，中央办公厅发出由主任杨尚昆署名的通知，将这一决定通知王明。

王明接到通知，见中央要求他写声明书一事抓得很紧，于11月6日给毛泽东写了一封信：

您在二中全会作结论时，要求我对于您所指出的我在内战时期和抗日时期所犯的错误再写一声明书，现遵示声明如下：

1. 关于内战时期错误问题，我于1945年4月20日已经写了一封信给六届七中全会，表示完全接受七中全会1945年4月20日通过的《关于若干历史问题的决议》。主席四五次反复问我对《关于若干历史问题的决议》还有什么意见？并说，如果我认为还有哪些不合事实的话，中央可以修改决议。前几次，我均答复已经没有什么意见了，最后一次我觉得主席既然这样反复地询问，不妨遵照主席的“知无不言，言无不尽”的指示，将我想到的有些意见向党的领袖陈述一次，现在我再向中央正式声明一次：我完全接受六届七中全会通过的《关于若干历史问题的决议》，对于决议中提到的一些问题，再不向任何人发表任何问题的不同意见。

2. 关于抗战初期错误问题，中央作出结论，我是一个党员，一切接受和服从。

11月27日，王明又写信给毛泽东说：“我请求你最近几天来我处谈谈，并抽出较久点的时间，我迫切地期待着，如何，请示复。”

王明热盼着，可毛泽东没有来王明处交谈。他的观点早就明朗，也没有时间和王明交谈，百废待举，许多国家大事要思考处理。不过有一点可以肯定，毛泽东对王明“即使不满”也“绝对服从”的态度，是不满意的。

正因如此，1950年6月的七届三中全会，作出《关于王明同志的决定》，全文如下：

中共七届三中全会《关于王明同志的决定》

关于王明同志在内战时期和抗战时期所犯的政治路线的错误，1949年3月党中央在第七届第二次全体会议上曾决定王明同志应写一声明书，提交政治局审阅。当时王明亦曾在全会上口头表示接受这一决定。但是事实上，王明同志对于这一决定的执行，一直采取拖延的态度，中间虽经政治局的催促，并于1949年10月23日派刘少奇同志代表政治局与王明同志谈话，指出王明同志不尊重二中全会决定，拖延不写声明书，是不对的，并催他从速写好声明书。同年12月20日，政治局听了刘少奇同志同王明同志谈话情形报告之后，又曾将政治局的决定通知王明同志，指出：“王明同志必须遵守二中全会决定，并按照二中全会上同志们对王明同志所作批评的方向及王明同志在会议上所作的愿意写声明书的口头表示，从速写好声明书交政治局审阅。”1949年11月6日王明同志写信给主席说，他对于内战时期所犯的错误问题，已于1945年4月20日写了一封信给六届七中全会，表示完全接受七中全会1945年4月20日通过的《关于若干历史问题的决议》。虽然他在后来又向主席表示不同意这个决议，但他除表示接受这个决议外，拒绝再有所声明。他对于抗日时期的错误问题除准备接受中央的结论外，亦拒绝声明他自己的任何意见。

三中全会认为，王明同志至此时为止，对于他过去所犯的错误是拒绝反省的，对党中央所采取的态度是不诚恳的，对不遵守二中全会决定向政治局写声明书的行为是无纪律的行为。

因此，三中全会决定，王明同志仍应执行二中全会的决定，对于他在内战时期及抗日战争所写的各种文章、小册子和其他文件中所犯的原则错误，作一次深刻的反省，借以证明他自己是深刻地认识了并承认了自己所犯的错误，而在思想上行动上真正有所改正。此次声明写好后，应即提交中央政治局审阅，并在必要时，由政治局提交以后中央全会讨论。

这一决定通过的当天，王明写信给杨尚昆并转毛泽东说：经过医师轮流注射几天葡萄糖后，心脏衰弱情况已有好转，惟肠炎腹泻未好，每日只吃少许流食，故仍不能起来工作，因而不仅三中全会未能参加，恐政协全国委员会头几天的会议，也很少可能参加，非常着急。除继续请假几天外，特将情况报告，请释念。

王明收到七届三中全会的决定后，心情是沉重而又复杂的。8 月 17 日，他致信毛泽东并中央书记处：

七届三中全会会场

三中全会《关于王明同志的决定》，于 7 月底收到。由于从天津视察回来，又病了一月左右；刚起床，又适逢司法会议开会在即，催着要我赶写报告和突击几个司法法规草案初稿，因而从 8 月初又病到现在。昨今两日腹泻较轻，特将有关写声明书问题请示：

1. 三中全会决定要我把内战时期及抗日时期所写的各种文章、小册子及其他文件，均作出检讨来写声明书，这需要相当久的时间。因为我身体带病（由于心脏和肠胃交互影响），加之还有法委会一批司法法规及公司法草案等，照政务院决定，应于秋季完稿；同时，要研究这么多文章、小册子和其他文件，也不是一件容易的事。因此，请示究竟要我在好多时间以内写成声明书？以便我好来计划支配时间。（但害病时间，请假外，如目前，照医生意见，至少还需要半个月时间左右，才能开始工作，因肠肿未消。）

2. 1937 年 12 月散会时，主席叫王首道同志把各同志笔记本都收下，不准带出去。我的笔记本也被收下去了，要请人查出来还我，以便研究。其他如武汉时期的新华日报、延安的新中华报，由于疏散时送到瓦窑堡都遗失了，如中央存有，均请允许借我一用。

从王明这封信来看，他当时还没有公开对抗中共七届三中全会《关于王明同志的决定》，他准备按照《决定》中的某些规定，把自己所写的文章、小册子及有关文件看一遍，然后写一份材料，但强调“这需要相当久的时间”。

鉴于王明的态度，第二天，毛泽东在王明的来信上明确批示：王明的声明书应于 11 月上旬七届四中全会开会以前写好，并送交政治局。王明的笔记本及武汉时期的报纸，请尚昆查清是否尚有保存。以上两点，由尚昆口头通知王明。

杨尚昆让孟庆树代转毛泽东的批示，通知王明。

王明在信中强调“这需要相当久的时间”，毛泽东在批示中明确强调应在“11 月上旬七届四中全会开会以前写好”。这期间，王明的病情又有所反复，于是他在 9 月上旬提出“请求到苏联医治”。按理，王明只有写完声明书后才能去苏联，但中央考虑到王明确实有病，而且当时苏联医疗设备和技术水平比国内好，还是同意了王明的请求。这样，王明一直到最后，也没有再向党中央写出任何声明。

4. 许多代表说：是经毛主席一再指示，才“忍痛投他一票”。中共八大上，长期在苏联养病的王明仍当选为中央委员

工作上的劳累，思想上的压力，王明的病情越来越重。9 月上旬，王明向中央提出去苏联治病的要求。

9 月 12 日，刘少奇代毛泽东起草了致斯大林的电报，经毛泽东、周恩来、朱德、任弼时诸同志传阅后，由师哲译好，苏联驻华大使罗申发出。电报全文

如下：

中共中央委员王明同志患胃肠心脏诸病，经长期医治，效果甚少，中共中央同意他的请求到苏联医治。是否可行，望复。

9月19日午后，毛泽东收到斯大林9月18日的复电：

你关于王明同志赴苏医病的电报，已获悉。王明同志随时都可以来莫斯科，为王明的医疗和休息将会准备好一切必要的条件。

毛泽东阅后转给了刘少奇。

杨尚昆将中央意见和同苏联交涉的结果通知王明，让其着手准备。10月23日，王明向刘少奇和毛泽东写了一封亲笔信：

得中央办公厅通知，一切准备好了，我可于日内起行。如主席和少奇同志对我有须当面吩咐之事，请于今明两日内通知我，以便前往聆示。否则，即不去辞行了，因你们忙得夜以继日，我不愿去耽搁你们宝贵的时间，专此敬礼，并祝健康。

1950年10月25日，王明、孟庆树和两个孩子以及保健医生、保姆一行六人，乘火车赴苏联治病。

王明走时匆忙，连在北京工作的弟弟都未告之。

20多年后，王明把自己申请去苏联治病，说成是毛泽东的突然安排，是企图假借美国人之手，把他炸死在赴苏的铁路线上。他说：

“1950年10月25日上午11点钟，中央办公厅主任杨尚昆来到我家通知说：‘早上九点钟刘少奇把我叫去对我说，今天凌晨毛主席同他谈了王明要在今天下午乘开往满洲里车站的火车去苏联，他吩咐我尽快去办理一切手续。’‘现在我把护照交给你……我已通知铁道部在当晚六时照例发往满洲里的列车上为你挂一节公车。’”

王明问杨尚昆：“据说，我们的志愿军为了抗美援朝今天午夜通过鸭绿江大桥入朝参战，麦克阿瑟已经下令美国空军在中国志愿军赴朝时，集中轰炸从山海关到满洲里的整条铁路线，以破坏从北京到满洲里和从苏联到满洲里的供给，这消息是真的吗？”

杨尚昆回答：“是真的。”

王明再问杨尚昆：“如果我们明天早上到达满洲里，正赶上集中轰炸，难道不是这样吗？”

“今天走不走，你自己决定。”杨尚昆明确回答，“如果你决定不去，就请告诉我，我好通知铁道部。”

王明悟出了“道理”：“我和孟庆树，当然马上明白了为什么毛泽东突然决定让我们起程的原因了。……我们商量应该怎么办。尽管有风险，我们还是决定走；否则，走不走得成就难说了。……在五个政法机关为我们饯行的招待会上，一些同志劝我不要拿生命去冒险。但是我们于六点半坐火车启程了。”

事实上，由东北边防军改称的中国人民志愿军四个军，已于10月19日傍晚开始过江，进入朝鲜境内，根本谈不上“正好赶上集中轰炸”。后来的事实也证明，王明一行乘火车平安到达莫斯科，路上并未遇上任何风险。

王明希望为党继续工作，可难敌恶病折磨。医生劝其手术治疗，他心有余悸，坚决不从。党和政府对王明政治上严格要求，生活上却周到安排。

1953年12月，王明病情稍有好转，便回到国内。

王明回国没几天，就致信毛泽东说：

9日晨抵京，一路尚好，请释念。听说主席身体健康，至为欣慰。三年未见，很想有机会见到毛主席和江青同志，如主席什么时候能抽出时间见我，请便中示知，以便遵示前往。

此时，王明的病情并未完全康复，中央对此十分关心。卫生部发出通知，要求各同志不要探访，以免他疲劳发病。不久，董必武亲自到医院看望王明，转达了中央书记处各同志的意见，要他安心治病，继续休养。

这时的中国政坛，平静的局面已被打破。高岗、饶漱石结成“死亡联盟”，明争暗斗，将当时几乎所有的政治领袖卷入其中。1954年2月6日至10日，中国共产党七届四中全会在北京举行，通过了《关于增强党的团结的决议》。会前，中央将这个决议送给王明征求意见，他表示完全同意。

王明是个“工作狂”，精神稍好，就参加了法制委员会的工作。1954年4月8日，他肝胆炎和肠炎急性发作，不得不再次住进医院，从此再也没有重新工作。1954年9月15日至28日，第一届人民代表大会在北京召开，政务院改称国务院，撤销了一些部委，法制委员会也被撤销，王明在政府中再没担任任何职务。

9月下旬，杨尚昆看望王明，转达了刘少奇的意见：法制委员会机关取消了，关于工作问题，等病好一些的时候，中央再决定。

12月14日，王明致信刘少奇并转毛泽东和中央书记处：“像我现在这样的情况，当然不能承担任何比较紧张吃力和经常系统性的工作，但有时身体比较好一些的时候，若不多少参加一点工作，感到自己完全成了不能劳动的废人，精神上是异常痛苦的。……因此，我要求中央考虑分配给我某些轻轻的工作试试看。”

就在王明再想出来工作的时候，他的老毛病又犯了。1955年初，王明又速发肝胆、肠胃、心脏诸病，医生建议做胆囊切除手术。王明、孟庆树心有余悸，竭力反对。由于病根难除，经常发作，王明的身体每况愈下，体重从60公斤下降到40公斤。

1955年3月21日至31日，中国共产党全国代表会议在北京召开。原东北抗联师政委、中共吉林省委副书记富振声见王明不参加会议，又一直不检讨自己的错误，便给毛泽东和大会主席团写信，大会主席团将此信转给了王明。4月1日，王明躺在病床上艰难地给主席团写了一封回信：

富振声同志的信收到了。我因病不能出席这次全国党代表会议，只能在床上听读一部分文件，未能听到许多同志的发言，因而未能得到很多的教益，对我确是莫大的损失。虽然这次中央又允许我请病假，但我经常因自己不能为党更多地工作和参加会议而痛苦万分！同时也为五年计划取得的每一个成绩而欢呼——在去年接到五年计划初稿时，我虽有病仍在秘书同志帮助下，读了两遍并提了一点修改意见，为我党完全战胜高饶联盟而喜悦——去年讨论高饶问题时，我曾带病参加党组小组会议，表明过自己的态度；因此，我自觉并未因病而和党疏远，更未因病而不重视党的代表会议。但是所以使富同志有此感觉，可能如富同志所说由于他不了解我的情况。而我现在的体力不可能给富同志写详细的说明。因此，我请求主席和主席团同志指示：我有无必要把我的有关病历和现在身体情况的材料给富同志看看？或者请主席和少奇同志为我向富同志解释一下，因为我这十几年来的工作和身体情况，都曾经常向你们二位作过报告，想你们都是了解的。

关于我在七大前根据六届七中全会决议所作的很长的检讨错误的声明书（中央曾印发七大代表）；二中全会上我也曾作过检讨性的发言；请考虑是否可向富同志说明，以免他误会我从来未向党交代。至于七届三中全会要我把我在第二次国内革命战争时期和抗日战争时期十几年来我所写的每一篇文章和每一个文件都重新检讨和作出自我批评来，因为这非我的身体所能，曾经中央允许暂且不作并送我去苏联治病。可惜我的身体越来越坏，正如富同志所说的这是一笔既重且多的债，至今尚未还！我自己比任何同志都更不满这一点，而这也是经常使我痛苦不安的。

1955年10月4日至11日，中共扩大的七届六中全会在北京召开。10月2日，王明让孟庆树代笔给刘少奇写信，请他代转中央并毛泽东，信中说：

今天下午孟庆树同志告诉我关于中央通知七届六中全会明日召开的消息，

……我听了这个消息非常难过，现在我要她用我的名义再给中央写这封信，除再次向中央请假外，并提出下列意见，请中央考虑。

七大以来的十年间，我只有约一半时间曾带病工作，另外一半时间则因病不能工作，从去年4月，我的肝胆病急性发作，……尤其是今年1月以来，肝胆炎连续不断的发作，使身体健康情况更加恶化，心脏也极度衰弱，右手已10个月不能动……

由于病的关系，我不能出席中央的几次会议和全党代表会议，也不能参加党的工作，这就是说，我的身体情况使我不能对党尽一个中央委员的起码责任，因而我认为：我继续担任中央委员的职务是不适宜的，因此，我请求中央解除我的中央委员职务，等我的病好到可以工作时，再由组织另行分配工作。

王明在国内治疗一段时间，病情未见根本好转，再次向中央提出赴苏治病的要求，经中央同意后，办理了出国手续。在刘少奇和几位苏联同志的帮助下，他从北京医院的病床上，被人用担架直接抬上了苏联飞机。

1956年1月30日，王明全家乘飞机去莫斯科。飞机飞至3000米高空时，王明心脏突然衰弱，急需抢救。虽然北京医院随行医生与护士带了六包注射器，可没有带针头。危急时刻，孟庆树拿出自备针头，立即安上给王明注射强心剂，王明这才化险为夷，平安到达莫斯科。

王明是作为中央委员去莫斯科治病的，他长期在苏联学习和工作，与各方面有交往，苏联政府给予了精心的治疗和周到的照顾，王明的病情很快好转，身体逐渐康复。

中国共产党第八次全国代表大会在北京召开

1956年9月，党的第八次全国代表大会在北京召开。这是新中国成立后第一次党的全国代表大会。会议筹备期间，邓小平代表中央于8月上旬致电王明，希望他在身体许可的条件下回国参加会议。9月8日，王明从莫斯科致电刘少奇并转中央和毛泽东：我个人及医疗、护理方面作了更多的努力，但至今身体状况仍不许我有回国参加八大学习的可能，不得不以深沉的愧疚向中央和八大主席团来电请假。

红军时期就开始给中央领导人治病的傅连暲医生，致信中共中央说：最近，克里姆林宫老医生斯洛巴尼克来我国，我曾向他询问王明同志健康状况。据他讲，王明同志几个月来，体重增加 13 公斤，每日能走很多的路，行动几如常人，如以现在的活动来估算，他可担任工作。自此可以证明，王明同志来电所述与他自己的身体状况是完全不相符的，他是有意躲避不来出席这次大会的。为了说明他的思想，我有责任把这一情况反映给中央，供中央参考。

尽管王明因病没有参加党的八大，对自己的错误也没有深刻反省检讨，党中央还是从团结的大局出发，把王明列入八大中央委员候选人名单，希望代表能够选他。

一些代表对王明既不回国出席大会又不承认错误，表示强烈不满。

王观澜在给中央的信中说：王明七大没有很好反省，七大以后 11 年的漫长时间，应该有积极反省自己错误的表示，可是一直到今天，没有令人满意的表示，这是很遗憾的。

傅连暲也在信中表示：从我党的历史上看，王明同志的错误是非常严重的，给党造成了不可估量的损失，任何人回忆起来，深感惨痛，特别严重的是至今尚无承认错误之意。经过中央一再动员和说服，许多代表放弃了不选王明

八大代表投票选举中央委员

的意见。有的明确表示，是经毛主席一再指示，才“忍痛投他一票”的。王明仍当选为中央委员，可在97名当选者中，得票最少，按得票多少公布的中央委员名单，王明列在最后一名。

虽然王明的病情已经好转，可以回国工作了，但王明没有回国。党中央为照顾他，也没有催他回国。

党和政府虽然政治上对王明严格要求，生活上却周到考虑。王明去苏联养病，每月工资照领，他要药品、要物、要人，政府都给予安排。派往苏联为王明服务的西医、中医、护士、警卫、保姆，不满意的随时更换。

王明工资是行政五级，孟庆树是行政八级，秘书代领后换成卢布，寄往苏联。“文化大革命”期间，王明在国内的秘书因“里通外国”被撤职，才没有再给王明夫妇寄工资和物品。

5. 站在苏共立场的中共中央委员

王明身居国外，两眼却注视着国内的情况。中国社会主义制度基本建立之后，开始了全面建设的十年，经济建设取得了重大成就，王明还写了不少诗歌，表情达意。看到成就，他热情赞扬，抒发自己的兴奋之情；发现挫折，他十分不满，甚至提出尖锐批评。应该来说，这时王明的文章还是有理性、讲根据的。但是随着中苏两党关系的恶化，王明很快倒向以赫鲁晓夫、勃列日涅夫为首的苏共一边，利用一切机会攻击毛泽东和中共中央的方针政策。

中苏争论由来已久。

1953年3月5号，斯大林逝世。作为中国人民的老朋友，斯大林对中国革命给予过无私的援助。虽然在解放战争后期，他对中国共产党领导的革命力量估计不足，但新中国成立后，他领导的苏联是在国际上率先承认中华人民共和国的。也许正因为这一点，斯大林后来以老大哥自居，对中国共产党指手画脚，影响是不好的。赫鲁晓夫有一段回忆证实了这一点，他说：

斯大林突然喜欢起菠萝罐头来了。他立刻指示马林科夫说：

给中国人发个电报，说我希望他们拿出一块地方来，让我们建立一个菠萝罐头厂。

一两天后，我们收到中国人的回电，毛泽东说：“我们接受你们的建议。假如你们对菠萝罐头有兴趣，可以给我们一笔贷款，由我们自己来建一个罐头厂。我们用这个厂生产的罐头来偿还你们的贷款。”恰如我所预料的那样，斯大林伤害了毛泽东。

当然斯大林也伤害了中国人民，毛泽东捍卫的是新中国的尊严。

但是，正如毛泽东所说：斯大林的成绩是主要的，缺点、错误是次要的。

斯大林逝世半年后，赫鲁晓夫成了苏联最高统治者。他在1956年2月的苏共二十大上作了《反对个人迷信及其后果》的秘密报告，全盘否定斯大林，在国际共产主义运动中引起强烈震动。中国共产党人认为“秘密报告”对斯大林的一些提法是不妥当的。

1957年11月，毛泽东率中国代表团访问苏联，参加十月革命40周年庆祝活动。在此期间，毛泽东和赫鲁晓夫进行过会晤。有一次，毛泽东对他说：“我在报纸上看见你们国防部长朱可夫说，要是哪个社会主义国家遭到帝国主义国家进攻，你们将迅速出击，我认为这个做法是错误的。”

赫鲁晓夫解释说：“朱可夫不是代表他个人说这番话的，他代表中央委员会表达了集体的决定。”毛泽东回答说：“我想，假如帝国主义进攻中国，你们不必干预。我们自己会打他们。你们的任务是保存自己，让我们自己照顾自己。”

1958年夏，赫鲁晓夫率苏联代表团访问中国。毛泽东与赫鲁晓夫在一次会晤说到原子弹问题时有这样一段对话：

毛泽东：“对我们来说，有我国自己的原子弹是特别重要的，而现在我们没有原子弹。”

赫鲁晓夫说：“你们要原子弹干吗？苏联有，它就可以保护中国，我们签订的苏中友好互助条约上不就有这样的规定吗？”

毛泽东：“谢谢，中国是一个独立的大国，我们应当有自己的原子武器来保护自己。要是贵国不愿意给我们原子弹，是否能在技术上帮助我们创制原子武器？”

赫鲁晓夫：“制造原子弹多昂贵。另外，生产原子弹会把中国生产的大部分电力消耗掉。”

毛泽东：“那好吧，我们能用自己的能力来对付美国纸老虎的。”

在这次会谈中，毛泽东对赫鲁晓夫全盘否定斯大林的做法提出异议，赫鲁晓夫固执己见，这次会谈给两党关系的破裂埋下了伏笔。

1959年，赫鲁晓夫访问美国结束后回到中国，这是他最后一次中国之行。在与毛泽东的会谈中，赫鲁晓夫要求说：“毛泽东同志，我们能不能达成某种协议，让我们的潜水艇在你们国家有个基地，以便加油、修理、短期停泊，等等?”

毛泽东回答说:“最后再说一遍,不行!而且我不再想听到有人提起这件事。”

赫鲁晓夫说:“大西洋公约组织国家在互相合作和供应方面并没有什么麻烦,可是我们这里——竟连这种简单的事情都达不成协议!”

“不能!”毛泽东斩钉截铁地说。

赫鲁晓夫又以交换的语气回答说:“假如你愿意,你们的潜艇可以使用摩尔曼斯克(苏联港口基地——作者注)作基地。”

毛泽东不假思索地说:“不要!我们不想在摩尔曼斯克干什么,也不希望你们在我们这儿干什么。英国人和别的外国人已经在我们的国土上待了很多年,我们再也不想让任何人利用我们的国土来达到他们自己的目的。”

赫鲁晓夫回国后不久,苏联方面突然撤走了正在中国帮助建设的技术专家,带走了工厂的图纸,单方面废除两国经济技术合作的多项协议,这种背信弃义的行为,给中国造成极大的损失。也极大地损害了中苏两党和两国的关系。

1961 年 10 月苏共二十二大后,苏共领导、苏联报刊和苏共影响下的许多国家的共产党的领导大量地发表决议、声明、文章,攻击中国共产党。中共也公开发表文章,答复和批评受苏共影响而指责中国的几个党。中苏争论进一步公开化。此间,中共派邓小平率团去莫斯科与苏共举行两党会谈,但没有取得成果。1963 年 9 月至 1964 年 7 月,中共中央以《人民日报》和《红旗》杂志编辑部的名义相续发表九篇评论苏共中央公开信的文章,指责批判“赫鲁晓夫修正主义”。这场空前规模的大论战,导致了国际共产主义运动和许多国家共产党的分裂。

1964 年 10 月,勃列日涅夫上台,中共抱着改善关系的愿望,派代表团赴苏参加十月革命庆祝活动。但勃列日涅夫集团对中国奉行比赫鲁晓夫有过之而无不及的政策,并向中苏边境增兵。1966 年 3 月,中共决定不派代表出席苏共二十三大,从此两党关系中断。综观中苏两党两国的矛盾冲突,主要原因,一方面是意识形态分歧,两党对于国际关系,对于国际共产主义运动路线和策略,对于对方的国际和国内政策,有尖锐的意见对立。另一方面是苏联党的领导仍然以“老子党”自居,要求中国党跟着他们的指挥棒转,企图控制中国,在军事和外交上服从其“苏美合作,主宰世界”的战略需要,苏联领导人提出损害中国主权的要求,毛泽东和中共其他领导人严词拒绝,是正义的;对苏联大国沙文主义的行径,予以坚决抵制,是无可非议的。理所当然得到中国人民的拥护。

然而，住在莫斯科的王明，啃着苏联人的面包（国内是从 1966 年下半年起才没给王明夫妇寄工资和物品），站在苏共领导人的立场上，大肆攻击中共党的对外方针，恶毒攻击毛泽东。1960 年，王明就无端谩骂毛泽东，"把造谣当发现，把造假当发明。把盗窃当圣手，把耍赖当本领。把阴谋当法宝，把拉蛮当后盾。"

1962 年 11 月，他为了"斥毛泽东利用加勒比海危机疯狂的反苏挑战"而写了题为《反苏迷——核战狂》的七律，说毛泽东"满囊毒箭射苏联"，是"马列叛徒假党员"。

在王明看来，不管苏联做什么事，也不能问其做得对不对，其他国家的党都要真诚地表示拥护，必须和他同唱一个调子，给予坚决支持，否则就是"反苏狂"。

6. 王明抓住毛泽东的失误大做文章，他立下誓言，不斗倒毛泽东，绝不回故乡

大量事实说明，从 60 年代起，王明就根据苏联当时的政治需要，为了发泄对毛泽东的不满，把自己立场完全转到苏联一边。从此，他与毛泽东誓不两立，完全站到中国共产党的对面去了。

1966 年 5 月，一场给党、国家和各族人民造成严重灾难的"文化大革命"，

史无前例的"文化大革命"

异常迅猛地发动起来。在“造反有理”的口号下，红卫兵蜂拥而出，“横扫一切牛鬼蛇神”。在这股狂潮的冲击下，中国社会陷入空前混乱状态。

毛泽东发动“文化大革命”，就是要反修防修。王明寄居苏联，又是早已定性的“死老虎”，自然成为攻击的目标。北京和其他地方出现了铺天盖地的大字标语：“打倒苏修代理人、反革命黑帮、大叛徒王明!”王明经常被媒体作为批评和攻击的对象，几十万字的《王明反革命言论集》，编印成册，广为流传。

王明远在国外，只受到舆论批评，受冲击的程度远不如在国内的“走资派”。不过，他在国内的亲属，无一例外地受到牵连，有的惨遭迫害，甚至折磨至死。

陈聘之去世后，孟公府2号剩下三位老人。“文化大革命”一开始，周恩来总理派人将王明继母黄莲舫送回原籍。金寨县接收黄莲舫后，每月给她13元生活费，并拨给她一间房屋居住。1970年，黄莲舫病逝，县民政局拨款130元，安葬了这位老人。当时，“反动家属”有的被撵到乡下，无人过问；有的被打被抓，关进监狱。黄莲舫这样的结局，实属幸运。

相比之下，王明的岳父岳母就惨淡得多。黄莲舫离开北京不久，国务院机关事务管理局将孟公府2号看管起来，派人将王明的手稿和藏书搬走，王明的岳父岳母搬出。1968年，王明岳母病逝，岳父孤身一人，生活艰辛，含冤死去。

王明的弟弟陈绍炜，在天津惨遭酷刑，险些丧命。王明的妹妹陈映民，这位红军女战士，当年浴血沙场，何等坚强。可她后来谈起“文化大革命”中的遭遇，未曾开口，泪流满面。她丈夫在四川遭受惨无人道的批斗，当场气绝身亡。

红卫兵同样没有放过王明死去了的父亲，这位曾为党做过有益工作的“亡魂”，也没能躲避过这场浩劫。“文化大革命”开始，有文章称王明出生“地主家庭”，红卫兵不由分说，冲进八宝山革命公墓。他们见到陈聘之的墓碑，很为气愤。在一片“砸烂王明狗父亲”的怒吼声中，这些“革命小将”毫无顾忌，将墓碑砸成三截……

此时的王明，已进入人生暮年。政治上的分歧，历史恩怨的纠葛，亲朋好友的遭遇，国内生活的失常，令其躁动不安。他用独特的视角评判“文化大革命”，掀起了人生的又一次写作“高峰”。

王明久居国外，对国内政治运动只能是一知半解。他根据有限的材料，戴着有色眼镜看问题，虽然发现了“文化大革命”的严重缺点和错误，但得出的结论往往似是而非，有些甚至令人啼笑皆非。

1969年3月，他写出《毛泽东进行的不是“文化大革命”而是反革命政变》，给“文化大革命”定性为“武装反革命”。

1970年4月，为纪念列宁诞生100周年，他在苏联出版了《列宁、列宁主义和中国》一书，认为毛泽东思想是反列宁主义的。

1971年，中国共产党成立50周年，他写了《中国共产党五十年》和《整风运动是“文化革命”的演习》两篇文章。

1974年初，中共十大召开后不久，他又写出《“孤僧”的命运和毛的十大》，把毛泽东说成是“一个带着破伞云游世界的孤僧”。1974年3月23日，王明强撑病体，将晚年撰写的几篇文章修改扩充，编辑成册。该书主要围绕“文化大革命”展开，贯穿了中国共产党50年的历史，其间不少个人之见。全书四篇12章29节，近20万字，定名为《中国共产党五十年和毛泽东的叛徒行径》。

……

“文化大革命”的失误，客观上为王明攻击毛泽东创造了条件。这时的王明身体状况已不是很好，但即使躺在病榻上，但仍然心绪不宁，没有停止“战斗”，他立言，不斗倒毛泽东，决不还故乡。在上述这些文章中，王明极尽恶毒攻击之能事，几乎到了丧失理智的地步，充满了奇谈怪论。

在共产国际和延安时期，王明曾积极评价毛泽东，宣传毛泽东，表示要跟着毛主席的路线走。这时，王明无所顾忌，对毛泽东破口大骂，造谣中伤，大肆诽谤，恣意攻击，仿佛要把心中多年的积怨喷涌而出。他说毛泽东是“极端个人主义者”“野心家”“阴谋家”“叛徒”“敌人”“当代的秦始皇”“新暴君、新军阀”……

对毛泽东思想的评论，王明有以下几个主要观点：

“把马克思主义中国化的口号是错误的，这样提出问题，本身就是非马克思主义的。民族化的马克思主义是没有而且也不可能有的。马克思主义现在只能是，将来也永远是国际主义的学说。”

王明说，毛泽东思想的重要来源和组成部分是封建主义，“天子”思想是毛泽东自我中心说和极端个人主义的思想来源。他甚至说毛泽东的诗词渗透着封建君主思想，如《沁园春·雪》《人民解放军占领南京》等；一些诗词鼓吹神秘论和迷信，如《送瘟神》《蝶恋花·答李淑一》等。

人所共知，毛泽东诗词生动形象，精湛高超，出神入化，是浪漫主义和现实主义有机结合的艺术典范。读过毛泽东诗词的人，除别有用心者外，恐怕没有人这样评价。当年在重庆谈判时，毛泽东将《沁园春·雪》抄送给友好人士，令其赞不绝口，视为珍品。倒是蒋介石组织一帮文人政客著文攻击，最后不了了之，草草收场。

王明在《论中国事件》中说："中国共产党和中国人民经历着空前的悲剧，中国革命的成果遭到彻底毁灭的威胁，中国社会主义建设面临彻底崩溃的危险。""根据无可辩驳的事实，根据我几十年来同毛泽东的思想和政策作斗争的切身经验，我首先要说，把中国共产党弄到目前这样的绝壁的罪魁祸首是毛泽东，是毛泽东的思想和政策……这是毛泽东苦心经营几十年的思想和政策的必然结果。"

当年延安整风时，毛泽东一腔愤慨，说王明是教条宗派的罪魁祸首。如今，王明有了可乘之机，可谓以牙还牙。

王明还说："今天，毛泽东思想以及他本人，在中国人民和全世界劳动者眼里，已成为灾难和谎言的象征，野蛮和残暴的象征，黑暗势力和反革命势力的象征。"

"文化大革命"时期，中苏两党两国关系极为紧张。王明竭力攻击毛泽东，一方面是配合苏联对外宣传的需要，一方面是为了恢复自己"百分之百的布尔什维克"形象。他根本不承认自己曾经犯有错误，认为所谓的错误都是毛泽东强加在他头上的。认为"毛泽东不仅把自己错误和罪行摊到别人头上，而且还不断伪造'罪行'，好像这些'罪行'是党内他的那些政敌犯的。"

"文化大革命"是"一场由领导者错误发动，被反革命集团利用，给党、国家和各族人民带来严重灾难的内乱"。十一届三中全会后，我们党彻底否定"文化大革命"，王明也完全否定"文化大革命"，表面上似乎是一致的，但本质和内涵截然不同。

王明说，毛泽东依靠受蒙骗的军队和受欺骗的红卫兵，在"文化革命"的旗帜下搞反共反人民的政变，确立自己的独裁统治，发动政变的是毛泽东本人及其集团，政变的工具是人民解放军。

一般来说，政变是由少数人秘密策划，依靠少数人的有限力量，采取突然袭击的方式，在较短的时间内完成，以实现政权或政府更迭。而反革命政变，在中国应该是指一部分人以推翻中国共产党的领导，改变社会主义制度，夺取国家的最高领导权为目的。事实上，"文化大革命"是毛泽东领导发动的，又是在共产党的领导下公开发动起来的，当时作为全党全国压倒一切的中心任务。由此可见，王明的说法显然是站不住脚的。

王明只见树木，不见森林。看到一大批党和国家领导人遭到迫害，而江青呼风唤雨，政治地位直线上升时，他下结论说："文化大革命"是毛泽东为了建立"江青王朝"。

"文化大革命"中，毛泽东确实重用了江青，使她利用自己的威信和错误，干了许多坏事，毛泽东对此是有责任的。当发现江青的"女皇"野心之后，毛泽东采取断然措施，阻止了她的组阁阴谋，为党和人民粉碎江青集团，埋下了伏笔，只是王明没能看到这一天。

在王明写的这些文章中，"毛美亲近""毛美合作"的字样，随处可见。王明说，"文化大革命"初期，毛泽东已感到孤立，等待"美国救援之手"，"同帝国主义合作是毛泽东反革命政变的组成部分"，并以基辛格秘密访华和尼克松访华加以说明。

按照王明的逻辑，只要和苏联站在一起，就什么问题也没有了。事实上，毛泽东在"文化大革命"期间正确处理与美国的关系，正是他的一大历史功绩。对于毛泽东的这一英明之举，王明视为大逆不道，再一次证明"左"的思想，深深地根植于他的头脑之中。

就在美国总统尼克松即将访问北京的时候，中国发生了惊天动地的"九月事件"。被宣扬为对毛泽东思想举得最高、跟得最紧、学得最好、用得最活的"英明副统帅"林彪，政变未遂，仓皇出逃，摔死在蒙古的大草原上。

国外媒体议论纷纷，认为林彪与毛泽东决裂，与毛美亲近有关。王明根据一些零碎的材料，作出了"毛泽东迫害林彪"的结论。

王明回顾历史，说林彪在政治和军事上往往有自己独到的见解，并不盲目服从毛泽东，但毛泽东又不能不依靠林彪。自从林彪接替彭德怀主持中央军委工作后，毛泽东更加积极地利用林彪，大肆宣传自己的思想，而毛泽东控制的宣传机器，不分昼夜地叫嚷"林彪是毛主席最亲密的战友""最忠诚的接班人"。

王明接着分析说，林彪反对"文化大革命"，主张进行社会主义建设，受到"四人帮"的坚决反对。毛泽东口头上抬举林彪，表面上同意让林彪做接班人，实际上是准备条件把权力让给江青。

王明还说，林彪在九届二中全会上发动反革命未遂政变，制定《571 工程纪要》政变计划，谋害毛泽东另立中央，都是伪造。

林彪与毛泽东决裂，是谁使用了阴谋手段？世人早已共知。王明为林彪辩护，只能说明在反对毛泽东这一点上，俩人各有千秋，殊途同归罢了。

1974 年 3 月 27 日，王明编写完近 20 万字的《中共五十年》后的第四天，病死于莫斯科，终年 70 岁。据孟庆树说，王明曾准备从哲学角度写一本批判毛泽东的书，终未能遂愿。看来，王明是带着深深的遗恨离开这个世界的。

莫斯科新圣母公墓中的王明墓

王明去世后，中国的“文化大革命”仍在进行。对于他的死，国内悄无声息，仅《参考消息》上略有见闻。苏联《远东问题》杂志在介绍王明生平时，重点赞扬了王明和苏联的友好。文章大量引用王明称颂苏联共产党特别是苏共中央总书记勃列日涅夫的话，说王明始终是苏联人民的真诚朋友，一贯主张中苏两国人民和两国间的密切合作，主张在马列主义和无产阶级国际主义基础上改善中苏两党之间的关系。称赞了王明反对毛泽东的功绩。文章说，毛泽东是李立三路线形成和实施的积极参与者。王明关于统一战线的文章，对克服毛泽东及其追随者所坚持的扩大内战的“左”倾宗派主义路线，有着极端重要意义。由于王明的威信，很长一段时间内，毛泽东对王明不得不表示尊重，他千方百计地同王明套近乎，企图把他拉到自己一边。当没有成功时，就采取各种手段打击王明，培植个人崇拜，对共产国际和中共在30年代共同制定的总路线进行攻击，并把两者在制定和实施马列主义战略和策略方面的全部功劳据为己有。

当然，我们也不否认王明也曾为党做过有益工作，在一定历史时期的某些方面有过贡献。但是，作为一个脱离实际的教条主义代表，作为“左”倾错误的代表人物，不管王明怎么歪曲历史，不管苏联官方怎么为王明涂脂抹粉，也无法抹杀掉他的过失，作为反面教员，王明已永久地载入中国共产党的史册。也无论怎样诽谤和诬蔑，即使王明把他肚里那点货都倒出来，也无损于毛泽东的光辉。

历史的无情也正是历史的公正，人民的评说才是历史的评说！

让我们尊重历史吧！

主要参考书目

1.《王明传》，曹仲彬、戴茂林著，中共党史出版社 2008 年版。

2.《李立三全传》，唐纯良著，安徽人民出版社 2003 年版。

3.《陈独秀传》，朱洪著，安徽人民出版社 2003 年版。

4.《刘少奇传》，中央文献出版社 1998 年 10 月第 1 版。

5.《任弼时传》，中央文献出版社 2000 年 1 月第 1 版。

6.《周恩来传》，中央文献出版社 1989 年 2 月第 1 版。

7.《毛泽东传》，中央文献出版社 1996 年版。

8.《陈云传》，中央文献出版社 2005 年第 1 版。

9.《王明言论选辑》，人民出版社 1981 年版。

10.《中共五十年》，王明著，东方出版社 2004 年版。

11.《毛泽东与莫斯科的恩恩怨怨》，杨奎松著，江西人民出版社 2008 年版。

12.《疾风知劲草——毛泽东与王稼祥》，朱仲丽著，中央党校出版社 1999 年版。

13.《斯大林、毛泽东与蒋介石》，袁南生著，湖南人民出版社 1999 年版。

后　　记

中国共产党是在各种错误倾向的斗争中成长壮大的，这里摘取其中的一幕，表达我们对毛泽东等老一辈革命家的怀念。在长达半个多世纪的历程中，毛泽东和王明在一系列重大问题上进行了激烈的较量，在较量中，难免留有他们各自个性的某些问题痕迹。但是，他们之间的斗争绝不是个人的感情之争，而是围绕着党在各个历史时期面临的大是大非之争，因此，相当数量的干部身不由己投身于这场纷争，毛泽东及其所代表的正确路线历经曲折后也终于能顺应历史趋势占据上风，战胜王明及其所代表的错误倾向。

在党的历史上出现王明这样的角色是不足为奇的，党的发展、壮大过程本身就是大浪淘沙的结果。

本书主要由叶健君、王龙彪、熊廷华撰写，肖巧平、张飞燕、朱丽翔、文慧敏、王小平、赵云、欧阳乐安、蒋贵龙、丁红等也参与部分章节的写作和资料整理工作，在编写过程中，我们翻阅了大量的党史资料，其中重点参考了近年出版的有关毛泽东的传记、生平纪实以及有关王明的生平传记等书刊，吸收了近年有关专家、学者研究毛泽东和王明的成果。在此，对他们表示衷心感谢！

由于我们水平有限，缺点和错误在所难免，敬请读者批评指正。

图书在版编目（CIP）数据

毛泽东与王明 / 叶健君，王龙彪，熊廷华 等著．—北京：东方出版社，2013.10
ISBN 978-7-5060-6945-8

Ⅰ．①毛…　Ⅱ．①叶…　②王…　③熊…　Ⅲ．①毛泽东
（1893 ~ 1976）—人物研究②王明（1904 ~ 1974）—人物研究
Ⅳ．① A755 ② K827=7

中国版本图书馆 CIP 数据核字（2013）第 243209 号

毛泽东与王明
（MAOZEDONG YU WANGMING）

作　　者：叶健君　王龙彪　熊廷华 等
责任编辑：姚　恋　吕晓芬
出　　版：东方出版社
发　　行：人民东方出版传媒有限公司
地　　址：北京市东城区朝阳门内大街 166 号
邮政编码：100010
印　　刷：北京联兴盛业印刷股份有限公司
版　　次：2013 年 11 月第 1 版
印　　次：2023 年 5 月第 3 次印刷
开　　本：710 毫米 ×1000 毫米　1/16
印　　张：16.5
字　　数：292 千字
书　　号：ISBN 978-7-5060-6945-8
定　　价：48.00 元
发行电话：（010）85924663　85924644　85924641
